1722

Das Buch

Was für ein Wechselbad für Arno Bussi in seinem zweiten Fall: Mitten in der Hitzewelle des Jahrhunderts soll er einen Mord aufklären, der sich schon vor fünf Jahren am idyllischen Tiroler Lärchensee ereignet hat. Damals ertrank der Seewirt, nachdem er betäubt ins Wasser geworfen wurde. Die Polizei tappte im Dunkeln. Jetzt will Innenminister Qualtinger endlich Resultate sehen und schickt seinen »Spezialfreund«, Inspektor Arno Bussi, nach Tirol. Als dort ein weiterer Einwohner stirbt, wird aus dem kalten Fall ein brandheißer, und der Arno ahnt: Will er dem Mörder auf die Schliche kommen, muss er zuerst das Rätsel vom Lärchensee lösen …

Der Autor

Joe Fischler, geboren 1975 in Innsbruck, arbeitete nach einem Studium der Rechtswissenschaften einige Jahre im Bankwesen. 2007 machte er sich als Blogger und Autor selbstständig. Mit »Veilchens Winter«, dem ersten Teil seiner Reihe rund um Valerie »Veilchen« Mauser, legte Fischler 2015 ein fulminantes Debüt als Krimiautor vor. »Die Toten vom Lärchensee« ist der zweite Teil seiner Krimireihe rund um den so liebenswerten wie stets unglücklich verliebten Inspektor Bussi. Der passionierte Bergwanderer Fischler lebt in Tirol.

Joe Fischler

Die Toten vom Lärchensee

Ein Fall für Arno Bussi

Kiepenheuer & Witsch

Verlag Kiepenheuer & Witsch, FSC® N001512

1. Auflage 2020

Covergestaltung: Sabine Kwauka,
unter Verwendung von shutterstock-Motiven
Karte auf der Umschlaginnenseite: Oliver Wetterauer
Gesetzt aus der Dante MT
Satz: Buch-Werkstatt GmbH, Bad Aibling
Druck und Bindung: CPI books GmbH, Leck
ISBN 978-3-462-05320-3

Sein Name ist Bussi. Arno Bussi.

Aber was nützt's.

Fast ein ganzes Jahr ist vergangen, seit er ans Bundeskriminalamt in Wien zurückgekehrt ist, der *Held des Kitzlingtals* – so hat ihn die Tiroler Zeitung damals genannt, einen *Lebensretter* und *Alpen-Columbo*. Aber wen hat das in der Bundeshauptstadt gejuckt?

Gar niemanden.

Dabei hat der Arno Kopf und Kragen riskiert. Inmitten von Stürmen, monsunartigen Regenfällen und Bergstürzen hat er einen ganz verzwickten Fall quasi im Alleingang gelöst, und dabei nicht nur beinahe sein Leben, sondern fast auch noch sein Herz in den Tiroler Bergen gelassen.

Herz? Kommt gleich.

Jedenfalls ist er damals als frischgebackener Ehrenbürger einer Tiroler Gemeinde zurück nach Wien gekommen, wo ihn der Chef des Bundeskriminalamts, Oberst Wiesinger, gleich wieder in die Abteilung Kriminalstatistik zurückgesteckt hat. Zur Frau Reiter, zum Herrn Pospisil, zur Frau

Novak und zum Herrn Major, dem Chef. Als wär gar nix gewesen. Und da arbeitet der Arno ein knappes Jahr später immer noch. Still und starr sitzt er an seinem Schreibtisch und holt die Auswertungen aus dem Computer, mit denen die Politik dann vorweisen kann, wie toll sie nicht ist. Aber Freude macht das keine. Im Gegenteil: Da lässt man den Bleistift schneller fallen, als die Kuckucksuhr im Büro vom Oberst Wiesinger fünfmal krähen kann, und ehe man sich's versieht, ist man fünfundsechzig und mausgrau und der Sensenmann holt schon mal den Schleifstein raus.

Das mag jetzt ein bissl übertrieben sein, aber im Moment fühlt sich das Leben für den Arno genau so an. Keine dreißig, weder Frau noch Kind, und trotzdem schon mit einem Bein im Ruhestand. Aber blöd wär er, würd' er was an seiner Situation zu ändern versuchen, vielleicht gar noch ein zweites Versetzungsgesuch schreiben. Was dabei herauskommt, hat er ja beim letzten Mal gesehen.

Solange sein *Spezialfreund*, der Herr Innenminister Friedolin Qualtinger, immer noch in Amt und Würden ist, kann's der Arno sowieso vergessen mit seiner Polizeikarriere. *Unterschätze niemals die Rachlust eines gehörnten Ehemanns*, und die eines gehörnten Spitzenpolitikers schon zweimal nicht.

Und wie heißt's noch so schön? *Lebe nicht, um zu arbeiten, sondern arbeite, um zu leben.* Also hat er sich im letzten Jahr ganz auf sein Privatleben konzentriert. Achttausend Kilometer ist er mit seiner hellblauen Vespa gefahren. Er war in den Bergen, am Meer und in den Masuren, hat seine Wohnung am Alsergrund verschönert und neue Freunde gefunden, für ein paar Monate auch eine Freund*in*, die Minnie, mit der er unbedingt einen Tanzkurs besuchen musste –

Seit-Schritt-Stepp und eins, zwei, drei, besonders eins, zwei, drei, und das auch noch linksherum, weil die Minnie unbedingt auf den Opernball – egal, im Januar war aus die Maus, ein anderer Märchenprinz konnte noch viel besser tanzen als der Arno und die Minnie hatte sowieso schwer einen an der Waffel.

Apropos Waffel …

Erster Tag

1

Heiß ist's in der großen Stadt. So heiß, dass die Waffeln, die in den beiden Eisbechern vorm Arno stecken, im Nu Schlagseite bekommen und nur durch sein beherztes Eingreifen vorm Herausfallen gerettet werden können. So heiß, dass die Fiaker Fahrverbot bekommen haben, weil's sonst noch mehr Pferdequälerei wär als eh schon, ja sogar so heiß, dass der Reparaturasphalt auf der Straße dermaßen klebrig wird, dass man sich beim Draufsteigen vorkommt wie die Fliege auf dem Klebestreifen. Der Arno hat schon einen anderen Treffpunkt vorschlagen wollen als die Innere Stadt, vorzugsweise das Polarium im Tiergarten Schönbrunn oder die Eisstadthalle, aber dafür wäre seine Mittagspause zu kurz gewesen. Und da sitzt er jetzt, der Arno, vor der Zanoni-Eisdiele in der Wiener Innenstadt, schwitzt und schwitzt und wartet auf die Frau, die sich *nur mal schnell frisch machen* hat wollen – vor zehn Minuten schon.

»So, da bin ich wieder«, sagt die Eva wie aufs Stichwort und bleibt noch kurz im Wassernebel stehen, der aus der Anlage über ihnen zischt, zieht ihr glattes, pechschwarzes Haar zur Seite und lässt sich das zerstäubte Wasser in den Nacken sprühen. Der Arno merkt, wie sein Puls gleich noch schneller wird, vor lauter Eva im schwarzen Minikleid.

Ach, die Eva! Tochter einer bekannten Schnitzelwirtin, von bezaubernder Schönheit und dann auch noch nett! Letztes Jahr, während dieser haarsträubenden Tage in Tirol, hat er sie so gut kennengelernt, dass er sich schon viel, viel mehr mit ihr hätte vorstellen können … Aber leider gehört ihr Herz einem anderen. Und zwar dem Franz. Franz Ertl, Bürgermeistersohn, Hoferbe in spe und seit ein paar Monaten auch Evas Verlobter. Jaja. Eine gute Partie, wie man so schön sagt. Aber es ist halt immer das Gleiche mit dem Arno und der Liebe. Entweder, die Angebetete merkt gar nicht, wie er frohlockt – Stichwort Florine, Schwarm seiner Jugend; sie hat einen an der Waffel – Stichwort Minnie; oder ein anderer war schneller – Stichwort Franz.

»Pfuh!«, sagt die Eva, als sie Platz genommen hat. Dann stochert sie in der Zuckersuppe herum, die vor wenigen Minuten noch ein gemischtes Eis gewesen ist. »Kann ich bitte einen Strohhalm haben?«, fragt sie die Kellnerin, lacht und schaut den Arno an, so wie es nur die Eva kann, mit ihren langen Klimperwimpern und den braunen Augen, den süßen Sommersprossen, den …

»Geht's dir nicht gut, Arno?«, fragt sie.

»Doch doch«, antwortet der schnell und reißt sich aus der Verzückung. »Schön, dass wir uns sehen!«

»Ja, endlich, oder? Aber wenn der Arno nicht zur Eva

kommt …«, sagt sie und leckt genüsslich einen Tropfen vom Stiel ihres Löffels.

Muss die Eva eben zum Arno kommen, ergänzt er in Gedanken und ihm wird gleich noch wärmer. Er räuspert sich, um seine Verlegenheit zu überspielen, und fragt dann: »Ist's bei euch eigentlich auch so heiß?«

»Aber wie! Der Bach ist fast ausgetrocknet. Wahnsinn, oder? Aber jetzt sag: Wie geht's dir denn in der Stadt? Gut schaust du aus«, meint sie und klimpert wieder mit den Wimpern.

Wenn er's nicht besser wüsste, könnte er glauben, die Eva baggert ihn gerade an. »Alles gut … und danke, du auch.« Um Zeit zum Nachdenken zu haben, löffelt er sich etwas von der Haselnuss-Pistazien-Suppe in den Mund und schluckt. »Wien ist ein Traum«, behauptet er dann. »Die Stadt bietet so viele Möglichkeiten«, legt er noch eine Plattitüde drauf. Dabei kann er's schon nachvollziehen, warum Wien ein Jahr ums andere zur lebenswertesten Stadt der Welt gekürt wird, mit all seiner Kultur, den Freizeitmöglichkeiten, der Sicherheit und schlag mich tot. Wenn nur sein Job nicht so furchtbar langweilig wär.

»Wahrscheinlich komm ich in Zukunft öfter!«, sagt die Eva.

Er horcht auf und freut sich gleich mehr, als dass es einem unverdächtig vorkommen dürfte. »Ach, echt?«

»Ja, stell dir vor: Mit dem Geld aus meiner Erbschaft wollen wir ein Franchise machen, die Mama, der Franzl und ich. Wir schauen uns gerade ein paar leer stehende Lokale an. Bald könnt's Resis Schnitzelparadies überall geben, auch in Wien. Wär das nicht toll?«

Jetzt muss der Arno aufpassen, nicht mit den Augen zu rollen. Weil: Wiener Schnitzel nach Wien zu bringen, das ist, als wollte man den Eskimos Kühlschränke verkaufen. Aber was die Eva mit ihrem unverhofften Riesen-Erbe anstellt, geht ihn ja nix an – und er will ihr auch keine falschen Hoffnungen nehmen. »Super!«, sagt er deshalb unter Aufbringung all seines Schauspieltalents.

»Findest du nicht?«

»Doch doch!«, lügt er weiter. »Schon.«

Die Eva schiebt ihren Eisbecher weg. »Du wirst schon sehen, wie wir das machen. Da kann sich die Konkurrenz warm anziehen.«

Bei der Vorstellung, sich warm anzuziehen, platzt ihm fast ein Lachen heraus, aber die Eva bleibt ernst. *Schnitzel in Wien*, denkt der Arno. Dabei hat die Eva ja ein paar Jahre in Berlin gelebt, bevor sie in ihr Tal zurückgekehrt ist, und müsste eigentlich einschätzen können, wie das mit der Gastronomie in großen Städten läuft. Vielleicht ist sie schon zu lang wieder daheim, wo sie die Welt vor lauter Bergen nicht sieht?

»Aber lassen wir das Geschäft beiseite«, erlöst sie ihn endlich. »Was hast du noch auf dem Programm heute? Gefährliche Verbrecher jagen?«, fragt sie verschwörerisch und klimpert jetzt so schön, dass man's gleich mitfilmen möcht.

Er seufzt, schaut auf sein Handy und erschrickt, als er sieht, dass seine Mittagspause in zwanzig Minuten vorbei ist. Und mit der U4 braucht er mindestens eine Viertelstunde zurück zum Amt. Als er gerade eine elegante Umschreibung dafür sucht, dass er sich um keine Minute verspäten darf, weil *Herr Major* darauf allergisch reagiert, fängt sein Handy zu klingeln an. Eine Festnetznummer aus Wien, eine ziemlich dienstlich aussehende, und der Arno ahnt gleich, dass ihn da nix Gutes erwartet.

»Geh nur dran«, sagt die Eva und schlürft an ihrem Eis weiter.

Also geht er halt dran. »Bussi?«

»Innenministerium, Klein, grüß Gott«, quakt ein Herr aus dem Apparat, der Kermit aus der Muppet Show zu imitieren scheint.

»Ja?«, sagt der Arno und räuspert sich stellvertretend für den Anrufer.

»Herr Gruppeninspektor, Sie mögen sich bittschön alsbald beim Herrn Minister einfinden.«

»Beim Herrn Minister?«, echot der Arno erschrocken.

Die Eva schaut groß. Hinter ihm rücken Stühle. Blicke bohren sich förmlich in seinen Nacken.

»Der Herr Minister wünscht Sie persönlich zu sprechen, Herr Gruppeninspektor. Geht's jetzt gleich?«

Der Arno will schon sagen, dass er sich zuerst beim Herrn Major freinehmen müsste, lässt's dann aber bleiben, weil er der Eva und den vielen interessierten Zuhörern ja nicht wie der letzte Spießer vorkommen will, sondern wie ein Mann von Welt, ein würdiger Vertreter des Bundeskriminalamts, ein echter Agent, ein *Bond, James Bond*, denkt er und sagt: »In einer halben Stunde hätte ich für den Herrn Minister Zeit, wenn's pressiert. Er kann ja derweil schon einmal ohne mich anfangen«, legt er noch ein Schäuferl drauf.

»Anfangen? Womit soll er denn anfangen?«, fragt Kermit.

»Genau«, gibt der Arno zurück, lacht kurz auf, beendet das Gespräch und greift zur Sonnenbrille.

Zwanzig Minuten später ist dann Schluss mit lustig. Der Arno sieht das Innenministerium in der Herrengasse vor sich auftauchen, diesen altehrwürdigen Bau mit den schmiedeeisernen Gittern vor den Fenstern, den rot-weiß-roten Fähnchen neben dem Haupteingang und den uniformierten Wachebeamten, die mit Argusaugen darauf achten, dass nur ja niemand dem Herrn Innenminister näher kommt, als der das gerne haben will.

Das gibt's nicht!, hat sich der Arno auf dem kurzen Weg hierher gedacht. Das gibt's nicht, dass der Qualtinger ihn ausgerechnet an dem Tag zu sich zitiert, an dem die Schupfgruber Eva in Wien auftaucht. Ein ganzes Jahr lang hat er nix mehr von dem Kerl gehört. Aber so ist das eben mit den Leuten, die einem nix Gutes wollen, die haben meistens einen sechsten Sinn für schlechte Gelegenheiten.

»Bussi«, sagt er gedankenverloren zum Wachebeamten am Haupteingang, und der schaut gleich komisch. »Bundeskriminalamt«, vervollständigt er schnell und zieht seinen Ausweis aus der Hosentasche. »Arno Bussi. Der Herr Innenminister erwartet mich.«

Der andere nickt und lässt ihn passieren.

»Gehn'S, nehmen'S einmal die Sonnenbrille runter, Herr Kollege«, meint der Kontrolleur, der ihn drinnen empfängt, und hält dann Arnos Ausweis neben dessen Gesicht, als könnt er sich das Bild keine Sekunde lang merken. Als Nächstes muss der Arno seine Brille, Geldtasche, Schlüssel und allen Krimskrams, den er sonst noch einstecken hat, in eine Plastikschüssel geben, bevor er durch den Metalldetektor gehen darf, wobei jede seiner Bewegungen genau beobachtet wird, nicht nur von den Beamten, sondern auch von

Kameras, die überall installiert sind. Aber wer jetzt glaubt, damit wär's getan, der irrt. Fast könnt man meinen, der Herr Innnenminister leide ein bissl unter Verfolgungswahn. Nach dem Durchleuchten muss sich der Arno nämlich noch an so einer Theke anmelden, neben der schon der nächste Bewaffnete steht.

»Zweck des Besuchs?«, fragt eine Frau mit hochgesteckter Frisur und windschnittiger Siebziger-Jahre-Brille.

»Unbekannt.«

»Voraussichtliches Ende?«

»Unbekannt.«

Die Frau mustert den Arno, als stünde die Reinkarnation von Osama bin Laden vor ihr.

»Der Herr Minister will mich dringend sprechen«, schickt er nach.

Sie kramt in ihren Listen und schüttelt dann den Kopf. »Tut mir leid, aber ich kann hier keinen Herrn Bussi finden.«

Der Arno zuckt mit den Schultern. »Dann geh ich halt wieder.«

Das scheint sie dann doch nicht riskieren zu wollen, denn sie fordert ihn auf zu warten, tätigt einen Anruf, und schau schau: Der Einlass wird gestattet. Nachdem er zu Hofrat Klein eskortiert wurde – der nicht nur klingt wie Kermit der Frosch, sondern sich auch noch bewegt wie ein Pinguin –, öffnet ihm dieser die Pforte zu Qualtingers Büro, aus der ihm eiskalte Luft entgegenströmt. Der Arno tritt ein und schaut. Und schaut.

Und staunt.

Also, jetzt hat er als gelernter Österreicher ja schon so manche Extravaganz der heimischen Spitzenpolitik mitbekommen, inklusive Tennisplatz auf Fischgrätparkett, den es in den Räumen eines Wiener Amtes gegeben haben soll. Aber mit dem, was er da jetzt sieht, hätte der Arno trotzdem nicht gerechnet. In Qualtingers Büro ist seit dem letzten Mal nämlich kein Stein auf dem anderen geblieben. Kein Parkett, keine dunklen Möbel und keine alten Schinken mehr an der Wand, stattdessen Glas, Glas und noch mehr Glas, und in der Mitte etwas, das ausschaut wie ein riesiger …

»Arno Bussi!«, kommt's aus dem gegenüberliegenden Eck, und der Arno reißt seinen Blick vom einen Riesendödel zum nächsten. Der Qualtinger ist schon aufgestanden, wankt grinsend auf ihn zu und schüttelt ihm dann die Hand, als seien sie die allerbesten Freunde überhaupt. Mit den blonden Locken, die nur noch im Haarkranz sprießen, dem beachtlichen Doppelkinn und seinem antrainierten Eiskunstlaufgrinsen erinnert er den Arno immer ein bissl an einen Clown. »Schön, dass Sie so kurzfristig Zeit gefunden haben«, sagt dieser und grinst gleich noch viel mehr. »Na, was sagen Sie zu meiner Neugestaltung?«, fragt der Hausherr und präsentiert sein Glasbüro, als wollte er es ihm verkaufen. »Gelebte Transparenz.«

Der Arno staunt wie befohlen und denkt sich seinen Teil. Die Tische aus Glas, die Schränke aus Glas, die Wände hinter Glas – ihn hätt's jetzt gar nicht mehr gewundert, wär auch das Schreibpapier vom Qualtinger aus Glas gewesen.

»Glas!«, sagt der und schreitet an den weißen Riesenpimmel heran, der sich aus dem Zentrum des Raums erhebt und bei genauerer Betrachtung ein Brunnen ist, der leise vor sich hin wischelt. Der Qualtinger legt eine Hand an den Phallus und lässt Wasser drüberlaufen. »Aah«, kommentiert er. »Probieren'S, Bussi, wie angenehm das ist!«

Der Arno glaubt's ihm auch so und überlegt, was der Glasdödel wohl über das Unterbewusstsein vom Qualtinger aussagt, mehr noch, ob die Sache gar etwas mit damals zu tun haben könnte, als die Qualtingerin und der Arno auf frischer Tat ertappt worden sind, im ministeriellen Ehebett, sturzbetrunken immerhin.

»Zugfreie Klimaanlage«, spricht der Herr Minister und steht nun an der Kapselmaschine, von wo aus er dem Arno eine Espressotasse – natürlich aus Glas – entgegenhält und fragend schaut.

Der Arno nickt, und während er dem Surren zuhört, wird ihm erst richtig bewusst, wie kalt es hier drinnen ist. Bestimmt hat's keine zwanzig Grad – die reinste Schockfrosterfahrung für jeden, der von draußen reinkommt. Die wachsende Nervosität und das kalt anmutende Glas überall tragen noch dazu bei, dass sich der Arno wünscht, er hätte nicht nur die Leinenhose und das durchgeschwitzte Hemd an, sondern auch noch einen Daunenmantel mitgenommen. Dem Qualtinger scheint das arktische Klima überhaupt nichts auszumachen.

»Milch? Zucker?«, fragt der und grinst munter weiter.

Zweimal schüttelt der Arno den Kopf.

»Ach, Bussi!«, sagt der Herr Minister, als sie synchron auf der ebenso hellen wie kalten Echtledercouch Platz nehmen und der Qualtinger sich extra breit hinlümmelt, »endlich habe ich einmal ein paar Minuten, um mich persönlich bei Ihnen zu bedanken.«

Der Arno wird noch misstrauischer als ohnehin schon, greift nach der Espressotasse, trinkt aber nicht, sondern behält sie wie einen Taschenwärmer in der rechten Faust.

»Wissen'S, letztes Jahr, als ich Ihnen diesen Sondereinsatz delegiert habe ... in Kitzingen ...«

»Hinterkitzlingen«, präzisiert der Arno.

»... kitzlingen, genau«, meint der Qualtinger und krault sich die spärlichen Goldlöckchen im Nacken. »Damals hab ich schon gewusst, dass auf Sie Verlass sein würde, und ich wurde nicht enttäuscht.«

Der Arno glaubt, er hört nicht recht. *Er* sich auf *ihn* verlassen. Ja, genau. Eine Mission Impossible war das, eine Strafarbeit sondergleichen, sonst nichts!

»Wenn man sich den Bericht durchliest, kann man ja nur zu dem Schluss kommen, dass Sie ein eiskalter Hund sind, Bussi. Eiskalt!«

Der Arno fängt zu zittern an.

»Und für so einen eiskalten Hund wie Sie, Bussi, habe ich hier genau das Richtige«, sagt der Qualtinger und tippt mit dem Zeigefinger auf eine Akte neben sich, die dem Arno erst jetzt auffällt. »Ein eiskalter Fall, um genau zu sein.«

»Eiskalt?«, fragt der Arno und schlottert jetzt regelrecht. Er überlegt, ob er nach der Toilette fragen soll, um sich draußen aufzuwärmen.

»Ein *Cold Case!*«, bestätigt der Herr Innenminister. »Fünf Jahre alt, also noch weit vor meiner Zeit. Unter mir hätt's solche Laissez-Faire-Ermittlungen nicht gegeben, das kann ich Ihnen sagen.«

»Worum geht's?«, drückt der Arno aufs Tempo. Er will hier raus.

Bevor der Qualtinger weiterspricht, schlürft er erst einmal genüsslich an seinem Espresso herum, schmatzt und schluckt dann so langsam, dass der Arno ihm am liebsten eine schmieren möchte. Endlich redet er weiter: »Es geht um einen ungeklärten Mordfall im schönen Tirol.«

Der Arno horcht auf. *Schon wieder in die Strafkolonie?*, denkt er.

»Sie sind doch Tiroler, nicht wahr, Bussi?«

»Ja, aber …«

»Dann kennen Sie doch sicher den schönen Lärchensee, nicht wahr?«

Natürlich kennt der Arno den Lärchensee – wer nicht? Dort gewesen ist er aber noch nie. Dabei kommt's ihm so vor, als hätte er erst kürzlich etwas gelesen. Oder war der See im Fernsehen? Aber zu welchem Anlass? Auch sein Hirn scheint langsam einzufrieren.

Der Herr Minister spricht weiter: »Jedenfalls hab ich mir gedacht, ein Tapetenwechsel täte Ihnen auch mal wieder gut, gell … Sagen'S, zittern Sie?«

»Nein, nein«, wehrt sich der Arno sofort, schüttelt den Kopf und schafft's fast nicht, mit dem Schütteln wieder aufzuhören.

»Na dann. Die Sommergrippe können wir nämlich gar nicht brauchen! Ha! So, Spaß beiseite. Arno Bussi: Seien Sie mein Mann für Tirol. Zeigen Sie mir, dass ich Ihnen zu Recht mein Vertrauen schenke, und lösen Sie für mich das Rätsel vom Lärchensee.«

Der Arno hört nur noch mit einem Ohr zu. Am liebsten würde er einfach rausrennen, so kalt ist ihm mittlerweile. Bildet er sich das vielleicht nur ein? Vielleicht klappt's ja mit Autosuggestion. Er konzentriert sich ganz auf heiße Sachen …

Eine Badewanne …

»Dafür will ich Ihnen auch etwas bieten, Bussi.«

… eine finnische Sauna …

»Lösen Sie den kalten Fall …«

… Feuer …

»… und kehren Sie in den aktiven Dienst zurück!«

… Höllenglut … Was?, denkt der Arno und ist wie auf Knopfdruck wieder da. *Aktiver Dienst?*

Der Qualtinger räuspert sich, nimmt Haltung an und spricht dann so feierlich, dass nur mehr das Schwert für den Ritterschlag fehlt: »Arno Bussi! Hiermit übertrage ich Ihnen die Sonderermittlung Stubenwald am Lärchensee. Flugticket und alles Weitere finden Sie in der Akte. Sorgen Sie für Ordnung im Heiligen Land, Bussi, und ich bringe Ihre Karriere wieder auf Schiene!«

Der Arno spürt seine Zehen nicht mehr. Er weiß, dass er Fragen stellen sollte – insbesondere, warum's denn so pressiert, wenn's doch bloß ein Cold Case ist –, kann aber nur noch mit den Zähnen klappern. Er muss aus diesem Kühlschrank raus. Sofort. Also greift er nach der Akte und streckt dem Qualtinger die Hand entgegen, gedanklich schon vor der Tür.

»Mein Gott, Sie sind ja kalt wie eine Leiche!«, scherzt der Grinsemeister und lässt den Arno nicht mehr los, zieht ihn sogar noch ein bissl näher an sich heran und rät: »*Gripp-Attack,* dreimal täglich. Die beste Vorbeugung, die's gibt!«

Der Arno nickt schnell, reißt seine Hand frei, dreht sich um und eilt aus dem Ministerbüro, vorbei an den Wachen ins Freie, wo es so herrlich warm ist, dass er sich fühlt wie im Paradies. Er läuft zum Michaelerplatz hinüber und lehnt sich mit seiner Hinterseite gegen eine von der Sonne aufgeheizte Marmorfassade. Und es ist ihm völlig egal, ob die Leute ihn für übergeschnappt halten oder nicht, es muss jetzt einfach gesagt werden: »Aaaah.«

Ein paar Stunden später sitzt der Arno in der Abendmaschine nach Innsbruck, von wo ihn ein Kollege aus Stubenwald abholen kommen soll. Fast tut's ihm ein bissl leid, dass er dieses Mal nicht mit seiner Vespa nach Tirol fahren kann. Andererseits hat er in seinem Flugtrolley für mehr Sachen Platz als letztes Mal, wo er am eigenen Leib erfahren hat müssen, dass nicht nur guter Rat, sondern auch trockene Kleidung teuer wird, wenn das Wetter verrücktspielt. Nach solchen Kapriolen schaut's zwar dieses Mal nicht aus – auch die kommenden Tage sollen tropisch und trocken bleiben –, aber: Unverhofft kommt bekanntlich oft.

Als die ersten Alpengipfel unter der Maschine auftauchen, die in der Abendsonne zu glühen scheinen, kann der Arno gar nicht anders, als von der Akte aufzusehen und wie der ärgste Tourist aus dem Fenster zu starren. Jaja. Da kann er Wien schön finden, wie er mag, am Ende hüpft ihm das Herz, sobald er den ersten Gipfel sieht. Denn als Tiroler, da hat er die Berge im Blut.

»Meine Damen und Herren, wir haben soeben unsere Reiseflughöhe verlassen und befinden uns im Sinkflug auf Innsbruck. Dort ist es zurzeit windstill bei zweiunddreißig Grad.«

Der Arno seufzt. Halb zehn am Abend und immer noch so heiß! Fast könnt er glauben, er wär tausend Kilometer weiter im Süden.

Die meisten seiner Landsleute sehen das pragmatisch. Kauft man sich halt eine Klimaanlage, dann kann man auch wieder gut schlafen, und so eine Palme tät schon auch noch in den Schrebergarten passen. Ein Jahrhundertsommer folgt auf den nächsten, der braun gebrannte Wetterfrosch im Fernsehen freut sich einen Haxen aus und überhaupt ist's eh immer viel zu kalt gewesen bei uns. Jaja.

Aber zurück zum Arno.

Der Flug von Wien nach Tirol ist nicht viel mehr als ein Katzensprung. Während man noch darüber rätselt, welche der vielen Bergspitzen wohl zum Großglockner gehören könnte, schwebt man schon ins Inntal hinein, über Schwaz, Wattens und Hall geht's immer knapper an die Hänge des Karwendels heran, bis plötzlich das Häusermeer unter einem auftaucht und rasch größer wird, bis man fast schon glaubt, man landet auf der Maria-Theresien-Straße, aber dann zum Glück Wiese und Asphalt und willkommen in Innsbruck und danke fürs Mitfliegen und was würden wir uns nicht freuen, Sie bald wieder bei uns an Bord begrüßen zu dürfen.

Der Arno nützt die letzten Flugminuten, um sich mental auf den Fall einzustellen. Nicht zum ersten Mal überlegt er, was der Qualtinger ihm wohl verheimlicht haben mag. Zwischen der ganzen organisatorischen Kofferei, dem Kofferpacken und Zum-Flughafen-Koffern hat er gar keine Zeit mehr gehabt, ins Internet zu schauen, und hier an Bord geht's auch nicht. Er hätte zu gern gewusst, in welchem Zusammenhang ihm der Lärchensee kürzlich untergekommen ist. Irgendwas war da umstritten, und es tät ihn gar nicht wundern, wenn genau das – und nicht dieser Cold Case – der eigentliche Grund für seine Entsendung nach Tirol gewesen wäre. Am Ende waren die arktischen Temperaturen in Qualtingers Büro noch Absicht, damit er nicht zu viele Fragen stellt und kuscht, der Arno.

Oder tut er dem Herrn Innenminister jetzt unrecht? Ist Arnos besoffene Geschichte mit dessen Frau, der Qualtinger Marita, in Wahrheit längst vergessen, und der Oberchef hält wirklich so große Stücke auf ihn, wie er sagt? Wird der Arno demnächst endlich das machen dürfen, was er sich am meisten ersehnt, für Gerechtigkeit sorgen nämlich, als Ermittler des Bundeskriminalamts, heute in Wien, morgen in London und übermorgen in Paris? Ach, es wär zu schön, um wahr zu sein.

»Stellen Sie die Rückenlehne bitte gerade«, reißt ihn die Flugbegleiterin aus der Tagträumerei. Er tut's und wirft einen letzten Blick in die Akte, die nicht einmal halb so viel Klarheit schafft, wie's der Qualtinger ihm weismachen hat wollen.

Immerhin steht inzwischen so viel fest: Vor fünf Jahren ist Sebastian Baldauf, der Wirt vom Lärchensee, beim Fischen ertrunken. Ein tragischer Unfall, hat der Dorfpolizist damals voreilig in seinen Bericht geschrieben, und die bekannte Trunksucht des Wirts verantwortlich gemacht. Solche Unfälle gibt's ja zuhauf. Mit drei Promille im Blut hat man halt weder in einem Auto noch im Ruderboot etwas verloren. Aber das Landeskriminalamt hat dann doch noch einmal genauer hingeschaut, weil die Leiche auf dem Seziertisch so gar keine Hinweise aufs Ertrinken zeigen hat wollen, und die Gerichtsmedizin fand Spuren eines Narkosemittels samt Einstichstelle. Aber damit war das Ermittlerglück dann auch schon wieder vorbei. Wochen später haben sie immer noch keinen Verdächtigen gehabt, nicht einmal den Hauch einer Spur, und weil's der Öffentlichkeit auch ziemlich egal war – ein Mann ist ja selten so ein medienwirksames Opfer wie, sagen wir, ein Hund –, sind die Ermittler wieder abgereist und haben Stubenwald Stubenwald sein lassen.

»Cabin Crew, prepare for landing.«

2

Ach, Innsbruck. *Innsbruck, ich muss dich lassen, ich fahr dahin mein Straßen, in fremde Land dahin*, soll Kaiser Maximilian I. voll Schwermut gedichtet haben, vor lauter Elend, das ihn überkommen hat, weil er aus der Stadt raus hat müssen. Und man kann ihn schon verstehen, den selbst ernannten *Letzten Ritter*, wenn ringsum die Alpen in die Höhe ragen, dass es pompöser kaum noch geht, während man untenrum alles findet, was man zum Leben braucht, die Wälder, die Wiesen, den namensgebenden Fluss – und ja, die Stadt und die Menschen natürlich auch. Da will man ganz automatisch immer wieder zurückkommen, egal wie komisch die Leute reden mögen.

Als die Triebwerke der Maschine stillstehen, steigt der Arno aus und betritt nach kurzem Fußweg die Ankunftshalle, schreitet unbehelligt an Gepäckbändern und Zollkontrolle vorbei, und als sich die automatische Tür zur Halle öffnet, weiß er sofort, dass der Polizist, der da draußen auf der Sitzbank herumlümmelt, auf ihn wartet. Weil: Ein solcher Almöhi wie der kann auch nur aus einem Ort wie Stubenwald kommen, Uniform hin oder her.

»Inspektor Bussi?«, fragt er wie aufs Stichwort, streicht sich über den mächtigen, schneeweißen Schnauzer und steht auf, zuerst gebückt, dann langsam gerader. Jaja, es ist ein Kreuz mit dem Kreuz.

Der Arno nickt und reicht dem Kollegen die Hand. Dessen Gesicht ist so wettergegerbt, dass es wie ein braunes Lederstück ausschaut, und vor einem solchen Hintergrund leuchtet der Schnauzbart gleich noch viel mehr.

»Und Sie sind ...?«, fragt der Arno, als er genug hat vom Händeschütteln.

»Franz.«

»Äh – Arno.«

»Ach so, nein, ja doch, äh«, stammelt der andere herum, wird rot und kratzt sich so verlegen unter der Schirmmütze, dass Meister Eder es auch nicht besser könnt, wobei sein ebenso schneeweißes wie volles Haar zum Vorschein kommt. Dann nimmt der Polizist Haltung an und sagt: »Bernhard Franz, Dienststelle Stubenwald. Aber wir können uns schon duzen.«

Der Arno nickt, weil's ihm sowieso lieber ist – die ständige Siezerei ist eine echte Plage in der Stadt. Er erinnert sich daran, den Namen des Kollegen in der Akte gesehen zu haben. Ein gewisser *Inspektor B. Franz* war der Polizist, der damals vorschnell von einem Unglücksfall alkoholischer Natur überzeugt war.

Erst jetzt fällt ihm der riesige Hund auf, der zu Füßen des Alten liegt, und da muss man kein Zoologe sein, sondern braucht sich bloß ein Schnapsfass um den Hals herumzudenken, um den Bernhardiner zu erkennen. Dieser schaut auf, mustert den Arno mit ähnlich schweren Augen wie sein Herrl und legt den Kopf auf den kühlen Steinboden des Flughafens zurück.

»Und das ist …?«, fragt der Arno und bückt sich zum Hund hinunter, die rechte Hand schon ausgefahren.

»Der Bernhard. Lawinenhund a. D. – aber Achtung, der …«, sagt's der andere Bernhard gerade noch rechtzeitig, weil der Hund schon nach ihm schnappt wie die Klapperschlange nach der Wüstenmaus. Dem Arno gelingt's mit Not, seine Finger aus dem mächtigen Maul zu ziehen, bevor die Zähne aufeinanderkrachen, und dann erschrickt er gleich noch einmal, weil ihn der Bernhard anbellt, einmal nur, aber so laut, dass gleich alles gesagt ist.

»Jaja, schon recht, Bernhard«, sagt der Polizist, bückt sich ebenfalls und reibt über Kopf und Körper des Hundes, dessen Haut sich so frei verschieben lässt, als sei sie gar nicht mit dem Darunter verbunden, und fast möcht man sich um ihn sorgen, weil: Man kennt das ja mit zu viel Zärtlichkeit, am Ende hat man den Pullover noch verkehrt herum an.

»Der tut nix«, meint der Bernhard, »aber wenn der keinen Schnee sieht … komm, auf!«, sagt der Bernhard zum Bernhard, und der Bern … ach, wem auch immer, der Arno geht einfach beiden hinterher.

Ein paar Minuten später haben sie Innsbruck hinter sich gelassen und fahren auf die Autobahn. Viel ist um diese Zeit nicht mehr los. Im Sommer schon gar nicht. In Wien merkt man jederzeit, dass man sich die Stadt und das Umland mit bald zwei Millionen Menschen teilt. Aber hier? Klappen die Gehsteige schneller hoch, als es dunkel wird.

Der Arno überlegt, was er sagen könnte. Dass weder der Bernhard auf dem Fahrersitz noch jener im Kofferraum die großen Redner sind, hat er schon am Flughafen gemerkt, aber jetzt wird ihm die Stille langsam unangenehm.

»Wie lang brauchen wir?«, fragt er, um das Schweigen zu brechen.

»Eine Dreiviertelstunde.«

Und Ende der Durchsage.

Längst liegen die Lichter der Stadt hinter ihnen und die Dunkelheit umhüllt sie ganz. Es wird stickig. Also lässt der Arno das Fenster einen Zentimeter herunter. Sofort räuspert sich der Fahrer, fast zeitgleich bellt auch der Hund, so laut, dass es in den Ohren klingelt, also Fenster wieder zu.

»Der Bernhard verträgt keine Zugluft.«

»Können wir wenigstens die Klimaanlage …«

»Zieht auch, leider.«

Und wieder Funkstille.

Eine Schweißperle rinnt seitlich an Arnos Auge vorbei. Er greift an einen Hemdknopf und versucht, sich Luft zuzufächern, aber das bringt keine Erleichterung. Vor ein paar Stunden wär er beim Qualtinger fast erfroren, und schon bahnt sich die nächste Klimakatastrophe an. Minute um Minute schlägt sein Herz schneller, der Schweiß dringt aus allen Poren und auch der Fahrer wischt sich jetzt über die Stirn. Es ist die reinste Brutkammer – aber Hauptsache, der Hund hat keine Zugluft. Jaja. Manch eine Mensch-Tier-Beziehung läuft über die Jahre ordentlich aus dem Ruder, und am Ende stellt man sich die Frage, wer da eigentlich wen an der Leine hat. Aber egal.

Irgendwann fahren sie von der Autobahn ab und in ein Tal hinein. Neben der gewundenen Straße verläuft ein Bach. Nix tät der Arno jetzt lieber, als hineinzusteigen, weil Bergbäche noch bei der größten Hitze eiskalt sind, gespeist von Gletschern oder Quellen, die so tief aus dem Gebirge kommen, dass sie kälter sind, als ein Tauchbecken nach der Sauna jemals sein könnte.

Der Hund fängt genüsslich zu schnarchen an, und auch über den Arno legt sich eine bleierne Schwere. Die Hitze zehrt an allem und jedem, auch am Fahrer, dessen Augenlider fast geschlossen sind, wie ein Seitenblick verrät.

»Wenn Sie … wenn du willst, kann ich auch fahren«, schlägt der Arno vor.

»Wieso?«

»Ich hab im Flieger schlafen können«, lügt er.

»Geht schon.«

Und wieder Schweigen im Wald.

Sie fahren und schwitzen und fahren. An einer Baustelle wird der Verkehr einspurig vorbeigeführt, natürlich haben sie Rot und müssen warten, auf wen auch immer, das letzte Auto ist ihnen vor zehn Minuten entgegengekommen. Der Arno starrt auf die Anzeige der Außentemperatur, die nicht unter die Dreißig-Grad-Marke fallen will. Wie heiß es im Inneren des Fahrzeugs ist, will er gar nicht wissen. Die reinste Tierquälerei ist das, nur eben umgekehrt. Wie aufs Stichwort jault Prinz Bernhard im Kofferraum genüsslich auf.

»Er träumt vom Schnee«, weiß der alte Polizist, lächelt versonnen und beschleunigt wieder.

Ein Schild verrät, dass sie noch zehn Kilometer vor sich haben. Die Talstraße ist nicht sonderlich steil. Stubenwald und der Lärchensee liegen kaum mehr als tausend Meter über dem Meeresspiegel, womit man eine kühle Nacht wohl vergessen kann. Der Arno hat einen Riesendurst.

Stubenwald: Acht Kilometer.

Er schaut nach links und merkt, dass der Fahrer jetzt noch müder dreinschaut als zuvor. Er fängt schon zu nicken an. Jaja. Das berüchtigte Senioren-Headbanging, und am Ende Kopf im Airbag und Wagen auf dem Dach.

»Wo bin ich untergebracht?«, fragt der Arno lauter als nötig. Er merkt, wie der Polizeikollege erschrickt und erst einmal sein Betriebssystem neu starten muss, bevor er antworten kann.

»Ich soll dich nur holen kommen und nach Stubenwald bringen. Hat man dir nix von Wien aus organisiert?«, fragt der Bernhard unerwartet wortreich.

»Äh … nein?«

»Na dann … weiß ich auch nicht.«

»In der Wache vielleicht?«, schlägt er in Erinnerung an seinen letzten Einsatz in Tirol vor, wo er ein ganzes Polizeihaus für sich allein gehabt hat.

»Viel zu klein.«

»Irgendwo gibt's sicher was«, meint der Arno und stellt sich vor, wie er sich gleich als Erstes unter die Dusche stellt und kalt, eiskalt …

»Darauf tät ich nicht wetten«, holt ihn der Bernhard postwendend auf den Boden der Tatsachen zurück.

»Wieso?«

»Der Rosswirt ist zu.«

Und wieder Funkstille.

»Wieso zu?«, muss er gleich noch mal fragen.

»Sommer.«

Stubenwald: Fünf Kilometer.

Jaja, der Sommer, der ist noch so eine Tiroler Spezialität. Der Tourismusmotor läuft zwar auf Höchstdrehzahl, aber halt ein bissl arg unwuchtig. Halligalli im Winter und im restlichen Dreivierteljahr fast nichts. Dabei ist der Sommer in Tirol noch viel schöner als der Winter, und schneefrei obendrein! Aber vielleicht ist's ganz gut, wenn sich das nicht so schnell herumspricht, weil: Wenn sich die Skilehrer auch im Sommer um die Touristen kümmern müssen, wer soll dann die ganzen Bagger fahren?

Um Punkt elf am Abend hat das Martyrium ein Ende. Sie halten am Dorfplatz von Stubenwald. Sofort springt der Arno ins Freie, japst und merkt, wie alles klebt. Bis auf die Unterwäsche ist er durchgeschwitzt, aber auf Verdunstungskälte kann er in dieser mediterranen Schwüle nicht hoffen. Immerhin bläst ein Hauch von Wind, dem er sich gleich zuwendet, er zieht sein Hemd auf – und fort ist er, der Hauch. Der Arno seufzt, holt seinen Trolley aus dem Auto, streicht sich durchs feuchte Haar und sieht sich um. Das Zentrum von Stubenwald ist genauso ausgestorben wie jeder andere Ort, den sie auf dem Weg hierher passiert haben. Kein Mensch zu sehen, die Gebäude dunkel. *Gemeindeamt* lässt sich gerade noch auf einem davon lesen. Das Schild der Polizeiwache ist unbeleuchtet. Dafür taucht jenes der Bank die ganze Umgebung in fahles Gelb. Ein Hotel sieht der Arno nicht. So weit, so schlecht.

»Auf geht's!«, hört er, dreht sich um und sieht, wie der eine Bernhard den anderen Bernhard aus dem Kofferraum holt und gleich größte Mühe hat, ihn zurückzuhalten. »Er muss Gassi«, meint der alte Polizist, »du kommst zurecht?«

Bevor er verneinen könnte, sind die beiden auch schon

hinter der nächsten Ecke verschwunden. Und da steht er jetzt, der Arno, mit seinem Hauptstadt-Trolley am verwaisten Dorfplatz von Stubenwald und weiß nicht ein und auch nicht aus.

Als er ein sanftes Plätschern hört, dreht er seinen Kopf und erkennt den Dorfbrunnen. Wenigstens seinen Durst kann er also gleich löschen. Er lässt den Trolley einfach stehen – wem sollte er hier schon im Weg stehen? –, steigt zum Brunnen hoch und wendet sich dem Rinnsal zu, das so dünn aus dem Hahn rinnt, dass man ihm fast schon beim Verdunsten zuschauen kann. Dünn – aber kalt. *Kalt!* In Zeitlupe füllen sich seine Hände, er schürzt seine Lippen und saugt, schluckt, muss warten, bis nachgelaufen ist, schlürft und schluckt wieder, minutenlang, zwischendurch lässt er sich auch etwas in die Haare träufeln, bis es ihm den Buckel hinunterläuft, dann schlürft und schluckt er wieder, als hätt er gerade dreißig Kilometer Wüstenmarsch hinter sich gebracht, und möcht gar nie mehr aufhören. Herrlich!

Der Arno richtet sich auf und fühlt das schwere, kühle Nass in sich, dazu den nächsten Windhauch, der ihn umweht. Er legt den Kopf in den Nacken und sieht Tausende Sterne, und für einen Moment ist er mit sich und der Welt und dem Wetter versöhnt.

Bis jemand bellt. Von hinten. Einmal nur, aber laut und deutlich. *Der Bernhard*, weiß der Arno sofort.

Und auch der andere Bernhard sagt etwas.

»Das da ist kein Trinkwasser.«

Zweiter Tag

3

Also, wer an hartnäckiger Verstopfung leidet oder wem nach einer zünftigen gastroenterologischen Selbsterfahrung ist – die Geschmäcker sind ja bekanntlich verschieden –, dem sei so ein ordentlicher Schluck aus dem Stubenwalder Dorfbrunnen aufs Wärmste empfohlen. Der räumt einen dermaßen aus, dass man hinterher schnurstracks zur Koloskopie rennen kann. Hätte der Arno doch bloß einen Blick auf das Schild am Brunnen geworfen. Aber *hätte* nützt halt hinterher meistens nix, sonst hieße es ja *hat*. Dabei kann man Arnos Nachlässigkeit schon verstehen. Generell lässt sich das Tiroler Wasser nämlich bedenkenlos aus jedem Hahn trinken, egal ob im Dorf, im Wald oder auf der Alm. Wenn dort einmal ein Schild hängt, auf dem *Kein Trinkwasser* steht, dann meistens deshalb, weil der Wirt um seine Einnahmen bangt. Am Ende fangen die ganzen Fünftausend-Euro-E-Bike-Fahrer noch Quellwasser statt Bier zum Trinken an und er hat den Salat.

Aber zurück zum Arno. Der hat gar nicht so schnell schauen können, wie sein Bauch zu knurren begonnen hat. Das Stubenwalder Durchmarschwasser hat in null Komma nix alle Kurven, Schlingen und Loopings seines Verdauungsapparats genommen, und wie der alte Polizist seinen Gesichtsausdruck gesehen hat, hat der so laut gelacht, dass der Arno ganz wütend geworden ist, aber dann hat er ganz schnell gemerkt, dass sein Universum ein neues Zentrum bekommen hat, und dieses Zentrum war sein Schließmuskel.

»Wo ist das nächste …?«

Der Bernhard hat sich gekringelt, zur Wache hinübergezeigt und nach seinem Schlüssel gekramt. Dort hat der Arno dann die halbe Nacht auf dem Donnerbalken verbracht. Und mein Gott, was er dort durchmachen hat müssen. Das mag sich ja kein Mensch vorstellen! Vielleicht ist's auch besser, wenn man nicht allzu viele Worte darüber verliert und es der Phantasie überlässt. Nur so viel sei noch erwähnt: Leer, leerer, Arno.

Irgendwann, vielleicht war's drei, möglicherweise auch vier Uhr in der Früh, hat er sich zum ersten Mal wieder aus dem WC getraut, so geschlaucht, dass er sich nur noch auf der hölzernen Wartebank ausstrecken hat können, auf der er sofort eingeschlafen ist.

Ein Geräusch weckt ihn. Etwas rumpelt. Rasch wird es lauter, bevor es schlagartig aufhört. Dann hört der Arno, wie jemand einen Schlüssel ins Türschloss steckt und gleich zweimal umdreht, und da strahlt ihm auch schon die Sonne ins Gesicht, viel zu hell, er muss sich eine Hand schützend vor die Augen halten und sieht zwei Schatten im Eingang, drei eigentlich, von denen einer sein Trolley ist, der zweite sich laut winselnd umdreht und der dritte mit zugehaltener Nase alle Fenster aufreißt. »Bernhard, HIER!«, ruft der Polizist und wetzt wieder raus, seinem Hund hinterher.

Der Arno richtet sich auf und starrt den Trolley an. Ist der etwa die ganze Nacht lang am Dorfplatz gestanden? Oder hat der Bernhard drauf aufgepasst? Egal.

Arnos linke Körperseite, auf der er die letzten Stunden gelegen hat, schmerzt. Ansonsten geht's ihm aber erstaunlich gut. Nicht besonders ausgeschlafen, logisch, aber deutlich besser als vor ein paar Stunden noch. Auch seine Gedanken sind irgendwie klarer als sonst um diese Uhrzeit.

Die beiden Bernhards stehen wieder in der Tür. »Gehst du jetzt rein? Aber dalli!«, schimpft der eine den anderen, aber der denkt ja gar nicht daran, fährt an der Türschwelle alle vier Bremsen aus, also kommt sein Herrchen schließlich allein herein.

»Morgen, Arno!«, sagt er mit einem schelmischen Grinsen unter seinem Schnauzer. »Jaja, die Rache vom Lärchensee …«, hängt er versonnen dran und bindet die Hundeleine am Türbügel fest.

»Morgen. Die Rache vom – was?«

»Nennt man so bei uns. Wie die Rache des Montezuma, nur besser.«

Der Arno gähnt erst einmal und greift sich an den Kopf, dann an den Bauch, fühlt in sich hinein, quasi Systemcheck. Fieber hat er keins, übel ist ihm nicht, herauskommen will auch nix mehr … »Wieso besser?«, fragt er dann.

»Weil am nächsten Tag nur mehr die anderen leiden«, sagt

der Bernhard, lacht und greift sich demonstrativ an die Nase. »Der Bernhard packt diesen Mief überhaupt nicht«, zeigt er zum Hund zurück. »Dabei steckt der seine Nase echt in jeden Dreck hinein.«

Jetzt sagt man Männern ja gerne nach, dass sie sich über die Vorgänge der menschlichen Verdauung viel mehr amüsieren können als Frauen, dass das Thema geradezu völkerverbindende Qualitäten hat, jedenfalls wie auch immer, der Bernhard, der bisher nicht sonderlich hilfsbereit gewesen ist, sagt jetzt zum Arno: »Die Vevi hat ein Zimmer für dich frei.«

»Die Vevi?«

»Genoveva Altenburger. Die Rosswirtin. Sie hat gemeint, du könntest gleich duschen und ein Frühstück hätt sie auch.«

»Ich glaub nicht, dass ich was runterbring.«

»Irrglaube«, fällt der Bernhard in seine alte Wortkargheit zurück, schaut auf die Uhr und setzt nach: »Bis um acht muss der Mief aus der Wache draußen sein!«

Also geht der Mief halt.

Bald darauf sitzt der Arno vor einem herrlichen Frühstückstisch mit Wurst, Käse, Marmelade, Eiern und den schönsten Brotsorten, *frisch vom Dorfbäck*, wie die Vevi ihm vorgeschwärmt hat. Er schmiert sich aber bloß eine Buttersemmel. *Erst einmal vorsichtig anfangen*, denkt er sich. Der grüne Tee, den er gleich zu Beginn getrunken hat, verhält sich bisher unauffällig, und vielleicht ist's ja wirklich so, wie der Bernhard angedeutet hat, und nach wenigen Stunden ist diese *Rache vom Lärchensee* gegessen. Den Weg zum nächstgelegenen WC hat er sich trotzdem gut eingeprägt.

»Kaffee?«, fragt die Vevi, die ihn mit ihrer Föhnfrisur, dem breiten Lächeln und den blauen Augen an Mutter Beimer aus der Lindenstraße erinnert. Nur die rot gefärbten Haare und der Tiroler Dialekt passen nicht so ganz in dieses Bild.

Er nickt. »Gern!«

Sie nickt ebenfalls und lässt ihn alleine in der Stube sitzen. Jetzt kommt's ihm fast ein bissl wie Urlaub vor, hier im Rosswirt, der eigentlich geschlossen wär, *wegen Sommer*. Wie der Polizeibernhard es geschafft hat, die Vevi zu erweichen, den Arno trotzdem bei sich aufzunehmen, sei einmal dahingestellt, jedenfalls ist er dankbar dafür, und das Zimmer, das er bekommen hat, ist wunderbar. Kühle Lage, Bergblick und die Einrichtung alt, aber gut. Als er der Vevi dann noch mitgeteilt hat, die Rechnung könne sie direkt ans Büro vom Innenminister Qualtinger stellen, ist sie flugs von Jeans und Bluse in ein Dirndl umgestiegen und hat ihm dieses Bombenfrühstück zubereitet, während er unter der Dusche war.

Die Vevi kommt mit dem Kaffee. Er schaut ihr beim Einschenken zu. Arnos Sinne sind irgendwie schärfer als gestern noch. Der Bohnenduft steigt ihm in die Nase, die Rezeptoren brennen ein regelrechtes Feuerwerk ab, und der Magen knurrt wieder, jetzt aber vor lauter Hunger.

»Essen'S nur, Herr Inspektor. Da passiert nix mehr«, gibt sie zu erkennen, dass sie von seinem Missgeschick letzte Nacht erfahren hat.

Der Arno ist zwar ein bissl peinlich berührt, spricht's dann aber direkt an: »Was ist eigentlich mit dem Wasser los?« Bevor er eine Antwort bekommt, beißt er in die Semmel rein.

»Ach, dieses Wasser«, sagt sie, wendet sich um und blickt zum Dorfplatz hinaus, »das Wasser ist ein Mysterium, seit …«

»Mhm?«

»Ach, ewig schon«, drückt sie herum.

Er schluckt den Bissen. »Aber wieso denn? … Bakterien?«

»Nein. Das ist alles zehnmal untersucht worden. Ganz normales Wasser haben sie's in Innsbruck genannt. Aber jeder, der es direkt aus dem Brunnen trinkt, kriegt schneller den Durchmarsch, als er schauen kann, und in den Tagen danach …«

»Was?«

»Nix, nix.«

Jetzt bekommt er's fast ein bissl mit der Angst zu tun, von wegen dunkle Prophezeiung, und die Wirtin scheint's ihm anzusehen, weil sie gleich dazusagt: »Nix Schlimmes. Eigentlich. Jedenfalls wenn man sich's leisten kann wie Sie, Herr Polizist. Aber werden'S schon merken.«

Ja, was denn?, will er am liebsten nachhaken, aber *nix Schlimmes* beruhigt ihn dann doch, und außerdem ist's ja untersucht worden, was kann da schon groß sein.

»Es heißt, es sei verhext«, sagt die Vevi plötzlich.

»Verhext?«, staunt er.

»Verhext, verflucht, verwunschen. Man sagt ja, Wasser habe ein Gedächtnis. Ein Gast hat einmal behauptet, genau unter dem Dorfbrunnen würden sich irgendwelche Energielinien kreuzen.«

Der Arno zieht die Augenbrauen hoch.

»Ich seh schon, Sie glauben nicht an so was. Aber wer's trinkt, braucht nix mehr glauben, der weiß dann Bescheid. Brauchen'S noch was, Herr Inspektor?«

»Nein, nein, danke. Sagen'S, wie komm ich eigentlich zum Lärchensee?«

Sie schaut weg. »Sie sind wegen der Chalets hier?«, fragt sie so beiläufig, dass es nur gespielt sein kann.

Da fällt's dem Arno wie Schuppen von den Augen. *Die Chalets, genau!*, erinnert er sich an die umstrittene Sache in Stubenwald, auf die er im Flieger nicht gekommen ist. »Nein, es geht um so eine alte Sache, die am Lärchensee passiert ist – vor fünf Jahren.«

»Ach so«, sagt sie und wirkt irritiert. »Den Lärchensee können'S gar nicht verfehlen. Hinterm Haus rauf, dann den Steig entlang, bis Sie quasi hineinfallen. So, jetzt muss ich aber zum Doktor. Genießen'S Ihr Frühstück, Herr Inspektor. Mit dem Zimmerschlüssel kommen'S auch beim Haus herein.«

Sagt's – und fort ist sie, die Vevi.

4

Ach, die Chalets! Die sind ja mittlerweile zum politischen Dauerbrenner geworden. Der moderne Gast wünscht sich Chalets statt Hotelzimmer, und man kann ihn schon verstehen, den Gast, denn so ein Häuschen in den Bergen ist schon eine wahnsinnig angenehme Sache. Statt ein Zimmer in einem riesigen Hotel zu beziehen, wohnt man quasi in der eigenen Hütte, mit Kaminofen, Luxusbad, Boxspringbetten und Sauna. Flatscreen und Breitbandinternet dürfen heutzutage natürlich auch nicht fehlen. Außen urige Blockhütten-Optik, zur Weihnachtszeit kommt wie von Zauberhand ein schönes Bäumlein in die Stube – vorgeschmückt und elektrisch beleuchtet, damit auch ja nix passiert –, und ehe man sich's versieht, fühlt man sich wie ein echter Holzfäller in der Wildnis, nur ohne Holzhacken.

Jetzt wär das alles nicht so schlimm, hätten diese Chalets nicht den Drang zur Rudelbildung. Und so ein Rudel nennt man dann Chaletdorf. Und auch das macht Sinn. Irgendwer muss sie ja betreuen, putzen, instand halten und die ganzen Weihnachtsbäume in die Stuben stellen, und mach das einmal, wenn die Blockhütten kilometerweit auseinander liegen, vielleicht noch irgendwo im Wald. Also stellt man gleich zehn oder fünfzehn am selben Fleck auf und verbraucht so die gleiche Grundfläche wie für ein Riesenhotel oder fünfzig erschwingliche Wohnungen für die einheimische Bevölkerung. Und weil Grund und Boden in Tirol, das zum größten Teil aus Bergen besteht, ein knappes Gut ist, hat die Politik den Salat. Jetzt eben auch in Stubenwald.

Während der Arno die letzten Bissen seines Frühstücks runterschlingt, liest er sich auf seinem Handy schnell einen der Medienberichte durch, die er in Wien nur halb mitbekommen hat.

Chalet, Chalet am Uferrand:
Wer hat die größte Macht im Land?

Stubenwald. Feierstimmung bei Arthur Aschenwald: Die Umweltverträglichkeitsprüfung (UVP) des Landes Tirol hat seinem Chaletdorf-Projekt am Lärchensee grünes Licht erteilt. Der Bauherr zeigte sich gegenüber der Tiroler Zeitung hocherfreut und setzt auf Tempo: »Im Winter gehen die ersten Chalets in Betrieb. Buchen kann man ab sofort!«
Doch zuletzt regte sich Widerstand. »Turbo-Tourismus ist von gestern. Der Lärchensee muss für alle offen bleiben«, meint Laura Gams, eine Aktivistin vor Ort. Sie werde »das Bundesverwaltungsgericht anrufen, notfalls auch den Europäischen Gerichtshof«.
Auf das geplante Ende des freien Zutritts angesprochen, sagt Aschenwald: »Tirol ist nicht Venedig. Es gibt noch viele schöne Platzerln, wo die Einheimischen hingehen können. Der Lärchensee hat bis zu den Projektplänen ja auch kaum jemanden interessiert.«
Zu den Projektbefürwortern zählt auch die Stubenwalder Bürgermeisterin Heidemarie Larcher, der zuletzt Ambitio-

nen für das Amt der Parteichefin der österreichischen Roten nachgesagt wurden. Sie war zu keiner Stellungnahme bereit.
(tha)

Der Arno seufzt, als er die Visualisierung der Chalets unter dem Artikel betrachtet. Da strahlen sie im Dutzend, die Luxushütten, die den Lärchensee umrunden wie einen Badeteich. Schön schaut's aus, irgendwie. Aber so viel Natur zu verschwenden ist schon auch unverschämt. Doch was nützt's. Er muss ermitteln, genau dort oben am See, wo dieser Wirt vor fünf Jahren ertrunken ist.

Also packt er sein Handy weg, verlässt den Rosswirt und will gleich zur Polizeiwache hinüber, um mit dem Bernhard zu reden, der ihm vermutlich am meisten zu diesem Cold Case erzählen kann.

Aber die Wachstube ist zugesperrt. *Komme gleich wieder*, steht auf einem Post-it am Eingang, als wär's der Greisler ums Eck und nicht die Polizei. Der Arno speichert die Mobilnummer ab, die ebenfalls auf dem Zettel steht, und weil er hier sonst niemanden sieht, macht er sich zum Lärchensee auf, um dort oben erste Eindrücke zu sammeln. Hinter dem Rosswirt erklimmt er den Steig, von dem die Vevi ihm erzählt hat. Der mündet in einen etwas breiteren Wanderweg, der vom Parkplatz an der Landesstraße heraufführt, und schon erkennt der Arno das Bergpanorama, das auch auf der Fotomontage mit den Chalets zu sehen war. Vom See selbst sieht er noch nichts, dafür aber den Grat, hinter dem das Gelände zum Wasser hin abfällt.

Jetzt drängt sich auch das Wetter in sein Bewusstsein zurück. Absolute Windstille. Die Sonne brennt hier fast so erbarmungslos herunter wie in Wien. Die Wiesen sind schon mehr braun als grün, der Weg staubt unter jedem Schritt, und mitten am Vormittag möchte man sich am liebsten unter dem nächsten Baum verkriechen, nur dass hier weit und breit keiner ist – nur verdorrtes Gras, Steine und Felsen.

Und dann doch noch ein paar Bäume.

Ein gutes Dutzend Lärchen, um genau zu sein. Lärchen, Lärchensee, klar. Zuerst sieht der Arno nur die Wipfel, dann den Stamm, und schließlich, als er oben am Grat ankommt, auch das Inselchen, auf dem die Bäume stehen, mitten im kreisrunden See. Mit den steilen Bergwänden rundherum ergibt sich ein Gesamtbild, das man am liebsten auf Leinwand malen möcht, und der Arno kann's nicht glauben, dass sich bisher kaum ein Mensch um den Lärchensee geschert haben soll.

Da reißt ihn lautes Hundegebell aus der Verzückung, der Schall wird zwischen den Felswänden hin und her geworfen, dass es klingt, als sei ein ganzes Rudel Dobermänner auf Beutezug unterwegs, dabei stammt es nur von einem einzigen Tier – vom Bernhard, der auf der anderen Seeseite an seiner Leine zerrt und jemanden anspringen will.

»Was zum Henker?«, staunt er laut.

Ein Großteil des Geschehens verbirgt sich hinter den Lärchen der Seeinsel. Der Arno geht am Grat entlang zur Seite, bis er mehr sehen kann. Er entdeckt die beiden Bernhards, dann einen Bagger, der seine Klauen in das Dach einer großen Hütte geschlagen hat, dann einen wild gestikulierenden Mann, der auf den Ketten seines Baggers steht, dann einen weiteren daneben, dann eine Frau, die mit etwas ausholt, als wolle sie es einem der Männer gleich über den Schädel braten … und da rennt er schon auf direktem Weg die Böschung hinunter, über große Steine, kümmerliche Vegetation und Schotter, bis er unten am Ufer ankommt und gleich weiterwetzt, hinein in die groben Spuren, die von der Kette des Baggers stammen müssen.

»Halt!«, ruft er, als er sieht, wie der Polizeibernhard seine Waffe zieht und in die Luft hält, aber der Hundebernhard übertönt ihn mühelos, und schon ertönt der Warnschuss, gefolgt von dessen Echo, dann ein Bellen, wieder Echo – und dann Ruhe.

»Hey!«, reißt der Arno die Aufmerksamkeit an sich. »Was ist denn hier los?«

Er stellt sich vor die Gruppe, stemmt seine Hände in die Hüften und keucht. Zwei Leute sieht er erst jetzt. Arbeiter, die mit Bauhelmen und rot markierten Holzpflöcken bewaffnet sind, sich aber im Abseits halten, Zigaretten rauchen und dreinschauen, als gehörten sie gar nicht dazu.

Also konzentriert sich der Arno auf die Streithanseln im Vordergrund, behält die beiden Bernhards aber ebenfalls im Visier. »Ich höre?«

Das Gesicht des alten Polizisten ist hochrot. Er steckt seine Waffe weg, schaut zur jungen Frau mit der Tafel und sagt dann: »Siehst ja.«

Der Arno folgt seinem Blick und bleibt kurz hängen, aber nicht an der Tafel, sondern an der Frau darunter.

»Wer sind Sie denn überhaupt?«, blafft ein Mann, der leicht überdimensioniert wirkt, wie ein American-Football-Spieler, mit Stoppelhaar und Händen wie Klodeckel, sodass die Schreibmappe, die er hält, fast lächerlich wirkt. Trotz der

Hitze hat er eine Lederjacke an, und wenn's den Arno nicht täuscht, mit Totenkopfknöpfen.

»Bundeskriminalamt«, antwortet er schlicht. »Und Sie?«

»Arthur Aschenwald«, sagt der Mann, dem es nicht besonders schwerfallen dürfte, boshaft zu wirken, auch wegen seiner krachenden Stimme, bei der man sich automatisch wünscht, dass er sich endlich einmal räuspert und runterschluckt, der grausige Kerl. *Der Bauherr*, erinnert sich der Arno an den Zeitungsartikel im Internet, da poltert der schon weiter: »Na, dann kommen Sie ja gerade recht! Verhaften Sie die Frau da. Der Bernhard ist ja scheinbar überfordert mit dem Luder.«

»Was werfen Sie ihr denn vor?«, fragt der Arno scheinheilig.

»Widerrechtliches Betreten der Baustelle«, antwortet der Aschenwald so schnell, als hätte er schon mit der Frage gerechnet.

Der Arno dreht sich zur Beschuldigten hin und bleibt schon wieder hängen, an den vollen Lippen, den hohen Wangenknochen – und da weiß er auch, an wen sie ihn erinnert: an Angelina Jolie als Lara Croft in *Tomb Raider*. Mein Gott, was hat der Arno den Film nicht oft gesehen, zusammen mit Max, seinem Jugendfreund, und Mal für Mal sind sie besser in der Bedienung der Zeitlupe geworden, bis sie schon bald als Cutter beim Film anfangen hätten können …

»Was ist jetzt?«, bellt der Polterer.

Lara Croft holt Luft. »Du verziehst dich wieder, das ist!«, keift sie, und der Arno hört sofort, dass sie nicht aus Tirol kommt, jedenfalls nicht ursprünglich. Eher passt ihr Dialekt in die Steiermark.

»Wer sind Sie denn überhaupt?«, geht der Arno dazwischen.

Ihre Blicke treffen sich. »Laura Gams«, sagt sie und atmet ein und aus, so schnell wie tief, und der Arno kann beim besten Willen nicht ignorieren, dass auch ihr Körperbau dem Filmvorbild entspricht. Ihren Namen meint er aus diesem Zeitungsartikel zu kennen, und wie er das Schild in ihren Händen sieht, *Kein Chalet am Lärchensee!*, sind die Fronten geklärt.

»Es ist alles genehmigt, auch der Abriss vom Seewirt. Hier!«, sagt der Projektmann und hält ihm ein Papier aus seiner Schreibmappe hin. »Und genau diesen Abriss werden wir jetzt auch machen, wenn's recht ist. Also, schleicht's euch!«

»Nur über meine Leiche!«, keift die Demonstrantin, lässt ihr Schild fallen und rennt zur Hütte, in deren Dach die Baggerschaufel steckt. Dort presst sie sich mit dem Rücken an die Wand und macht ein großes X.

Großes Kino, denkt der Arno ganz verzückt – da hört er neuen Lärm. Er dreht sich um und sieht einen riesigen Lkw am Grat auftauchen, der gleich darauf eine Zufahrtsstraße zum See hinunterrollt, die so ausschaut, als hätte sie der Bagger frisch in die Landschaft gegraben.

»Da kannst' nix mehr tun!«, ruft der Bernhard zum alten Wirtshaus hinüber und schreitet los. Der Arno folgt ihm und fragt sich langsam, wie er bei all dem Tohuwabohu eigentlich jemals mit seinem Cold Case anfangen soll. Dann muss er die Augen schließen, weil ihm der vom gerade ankommenden Lkw aufgewirbelte Staub wie in der ärgsten Westernszene ins Gesicht bläst.

Als es wieder halbwegs geht und der Motor des Lkw endlich stillsteht, stemmt er seine Hände in die Hüften und sagt so laut wie deutlich: »Diese Baustelle ist eingestellt!«

»Was?«, ruft der Aschenwald und fuchtelt mit seinen Händen. »Ich schmier dir gleich eine, du Rotzbub, du!«

Das macht den Arno nur noch entschlossener. Er schreitet an den Klodeckelhändemann heran, und schau schau, wie die Perspektive täuschen kann. Der Arno ist einen ganzen Kopf größer. »Was?«, bellt er zurück.

Der Aschenwald schafft's nicht, Arnos Blick standzuhalten. »Wieso eingestellt?«, fragt er kleinlaut.

»Gefahr im Verzug.«

Im Nu kocht die Wut wieder hoch. »Was denn für eine GEFAHR?«

»Spurenvernichtung«, antwortet der Arno. »Wir ermitteln hier in einem Mordfall.«

»Ein Mordfall? Was denn für ein Mordf…« Da schlägt sich der Aschenwald seinen rechten Klodeckel an die Stirn und staunt: »Aber nicht im Ernst die alte Geschichte vom Baldauf Wastl, oder?«

»Wenn hier jemand Fragen stellt, dann wir. Die Baustelle ist eingestellt. Und jetzt ab die Post, und zwar alle.«

Der Projektmann schaut aus, als würd er sich gleich selbst zerreißen oder wie ein Spiralbohrer in die Erde versenken wollen. »Wie. Ist. IHR. NAME?«, presst er mit letzter Beherrschung durch die Zähne.

»Bussi«, sagt der Arno, und weil er ahnt, dass das gerade in den ganz falschen Hals geraten könnt, beeilt er sich nachzulegen: »Arno Bussi.«

5

Seit's die DNA-Analyse gibt, werden alte, ungeklärte Mordfälle ja besonders gerne wieder ausgegraben. Vom Ötzi über Jack the Ripper bis Jimmy Hoffa will man alles noch einmal ganz genau wissen, und dann braucht man bloß noch einen feschen Dodl, der die exhumierten Körperteile möglichst ekelerregend vor die Kamera hält, und schon hat man den nächsten garantierten Serienhit. Aber hier in Stubenwald wird's nix mit grausiger Effekthascherei, weil: eingeäschert. Also der Baldauf Sebastian, kurz Wastl, ehemaliger Wirt vom Lärchensee und notorischer Trunkenbold. Arnos Cold-Case-Opfer. So viel weiß der Arno ja schon, alles andere muss er dem Bernhard gerade mühsam aus der Nase ziehen, wie sie zusammen in der Wachstube sitzen und der Arno versucht, ein bissl Temperatur in seinen kalten Fall zu bringen.

»Aber dass keiner ein Motiv gehabt haben soll, den Baldauf umzubringen, das klingt schon komisch, oder?«, fragt er den Polizisten, der vorhin am See einen ziemlich pensionsreifen Eindruck auf ihn gemacht hat.

Dieser streicht sich erst einmal wieder über den Schnauzer, bevor er in gewohnter Ausführlichkeit meint: »Ach.«

»Oder nicht?«

»Hm.«

Der Bernhard scheint überhaupt kein Problem mit der Stille zu haben, die sich aus seiner Schweigsamkeit ergibt. Er sitzt einfach da, starrt aufs Papier und scheint nur noch auf den Tag zu warten, an dem er Waffe und Mütze an den sprichwörtlichen Nagel hängen kann.

Jetzt ist der Arno zu einem Menschen erzogen worden, der Respekt vor den Alten hat – solang sie ihm nicht blöd kommen jedenfalls –, also schluckt er seinen Ärger herunter und macht geduldig weiter: »Was glaubst denn du, was damals passiert ist?«

Der Alte schnauft durch und schaut zur Tür, als würd er darüber nachdenken, wie er sich schnell davonschleichen kann. »Das hat doch eh nie jemanden interessiert«, sagt er dann.

Aha, denkt der Arno. »Haben's dich gar nicht nach deiner Meinung gefragt, damals?«, gießt er auf Verdacht ein bissl Öl ins Feuer.

Der Bernhard schüttelt den Kopf.

»Wer hat denn die Ermittlungen geführt?«, fragt er, obwohl er's eigentlich schon weiß. Die Kollegen Simon Blau und Matthias Pammesberger haben den Abschlussbericht unterzeichnet, und den Blau hat er selbst schon erlebt. Um's kurz zu machen: Da wundert ihn nix.

»So zwei G'scheite aus Innsbruck halt.«

»Mhm?«

Jetzt holt der Bernhard Luft, bevor er spricht: »Anzugträger. Haben sich gleich mordsmäßig aufgepudelt, den Fall an sich gerissen und dann einen nach dem anderen nach Innsbruck zitiert, weil sie sich zu fein waren, in Stubenwald zu bleiben. Mir haben sie verboten, irgendwas zu tun, und gefragt haben sie mich auch nix. Ist ja klar, dass auf die Art nicht viel herauskommen kann, oder?«, beendet er den für seine Verhältnisse geradezu epischen Redeschwall.

»Und dann?«

»Was meinst – und dann?«

»Seither hast du auch nix mehr getan?«

»Ja wie denn? Ich hab ja heute noch den Befehl, mich rauszuhalten.«

»Nicht mehr«, sagt der Arno.

Der Bernhard horcht auf. »Was?«

»Jetzt nicht mehr. Weil ich die Ermittlungen leite und deine Hilfe brauch.«

»Ach so?«, sagt der Bernhard, streicht sich über sein Haar und scheint vor Arnos Augen in die Höhe zu wachsen.

»Also, noch einmal. Was glaubst du? Du hast dir doch damals sicher deine Gedanken gemacht, oder?«

»Schon.«

»Hast du den Baldauf näher gekannt?«

Der Bernhard nickt.

»Und?«

»Ja mei …«

»Was, mei?«, wird der Arno unabsichtlich patzig, aber der Bernhard steckt es einfach weg.

»Was willst denn hören?«

»Gab's in Sebastians Leben irgendwas Außergewöhnliches, das ich vielleicht wissen sollt?«

»Schon.«

»Und?« Der Arno kann das neuerliche *Ja mei* fast schon hören, aber der Bernhard sagt erst einmal nichts und dann zum Glück was anderes: »Im Ausland war er halt. Bis er vor zehn Jahren wieder heimgekommen ist.«

»Und wieso ist das außergewöhnlich?«, fragt der Arno. Soll's ja durchaus öfter geben, dass Menschen erst einmal auf Wanderschaft gehen, bevor sie sesshaft werden.

»Weil er dadurch seiner Bestrafung entkommen ist.«

Der Arno horcht auf. »Aha? … Und weswegen?«

»Schwerer Diebstahl.«

Und schon verklingen die Worte, ohne dass sich ihnen weitere anschließen würden. Kaum zu glauben, wie geizig der Bernhard mit seinen Antworten ist. Der Arno macht so eine kreisende Bewegung mit seiner rechten Hand, die nur als *Und weiter?* verstanden werden kann.

»Der hat halt immer schon ein bissl lange Finger gehabt, der Wastl, schon als kleiner Bub. Aber dann, nach dem Präsenzdienst, hat er sich von einem ehemaligen Zimmerkameraden in eine viel größere Sache hineinziehen lassen.« Der Bernhard muss erst einmal durchschnaufen, kann die immer weiterkreisende Hand vom Arno aber schlecht ignorieren. »Die sind in Villen eingebrochen und haben sie ausgeräumt. In Salzburg, Kitzbühel und München. Ab und zu ist der Wastl auch hier gewesen – aber wie sich die Ermittlungen auf ihn konzentriert haben, war er plötzlich wie vom Erdboden verschluckt.«

»Bis vor zehn Jahren.«

»Genau. Ich hab natürlich in die Kriminalakte reinschauen können. Die haben ewig versucht, ihn zu finden, auch hier, aber nix. Bis er dann keinen Monat nach Ablauf der Verjährungsfrist plötzlich wieder da war und den Seewirt aufgemacht hat.«

Der Arno muss zugeben, das klingt tatsächlich nach einem außergewöhnlichen Lebenslauf. »Mit der Diebstahlsgeschichte hat er sich bestimmt viele Feinde gemacht, oder?«, fragt er gleich.

»Pff …«

»Was heißt Pff?«

»Die haben doch damals nur reiche Leute bestohlen. Denen ist das Zeug egal. Außerdem haben die ja Versicherungen.«

Der Arno denkt kurz darüber nach. *Kann schon sein*, findet er. Meistens bleibt's bei den Reichen ja nicht bei einer einzigen Villa, und wird einmal eine davon ausgeräumt, hat man wenigstens wieder Platz für neuen Krempel. Also lässt er es so stehen und fragt weiter: »Er hat also einfach so den Seewirt übernommen?«

»Neu eröffnet eigentlich. Der ist ja ewig geschlossen gewesen. Hat sich keiner zugetraut.«

»Wieso?«

»Wegen Sommer. Und im Winter ist ja auch nix bei uns.«

»Mhm … Sag, Bernhard, du und der Wastl, wart's ihr Freunde?«

»Na ja«, sagt der Alte und wiegt den Kopf hin und her.

»Kannst mir bitte noch ein bissl was erzählen … so in ganzen Sätzen?«, drängt der Arno unter Aufbringung seiner letzten Geduld.

Der alte Polizist holt eine Dose Schnupftabak aus seiner Hosentasche, gibt zwei Häuflein auf die Oberseite seines Handrückens und zieht sie hinauf. Ein paar Sekunden später putzt er sich die Unterseite der Nase und seinen Bart, fährt sich noch einmal über selbigen und spricht: »Ja, wir sind schon ganz gut miteinander ausgekommen.« Er schaut durch ein Fenster in den Himmel, als schwelgte er in Erinnerungen. Dann seufzt er schwer, woraufhin der Bernhardiner, der sich's mitten in der Wache auf dem Boden gemütlich gemacht hat, aufsteht, zu ihm trottet und den mächtigen Kopf auf seinen Oberschenkel legt. Der Polizist tätschelt ihn. Und als würde ihn das zum Weiterreden animieren, fährt er fort: »Ach, das war vielleicht etwas, Arno. Da sind sie von weit her gekommen, zum Saiblingessen beim Seewirt. Die ganze Schickeria war bei uns. Von Kitzbühel und München. Dauernd hat man über uns berichtet, in Klatschspalten und sogar im Fernsehen. Der Wastl mag ein Hallodri gewesen sein – aber kochen hat der können wie kein anderer!«

Wie auf Kommando knurrt ein Magen, welcher, kann der Arno nicht sagen. »Aber jetzt gehört der See und alles dem Aschenwald«, versucht er, das Gespräch auf seinen Fall zurückzulenken.

»Wer sagt das?«

»Na weil … wegen der Chalets, die der Aschenwald drauf baut.«

»Ach, der hat den Grund ja auch bloß von der Gemeinde gepachtet.«

»Auch?«

»Wie der Wastl halt.«

»Der Seewirt hat gar nicht ihm gehört?«

»Ihm selber nie, nein. Seinem Vater, dem Alois. Aber der hat noch zu Lebzeiten verkaufen müssen, wegen seiner Schulden.«

»Trotzdem hat der Wastl die Wirtschaft nach seiner Rückkehr übernommen.«

»Ja, das hat der alte Baldauf für seinen Sohn herausgeholt, beim Verkauf. Dass der den Seewirt bis an sein Lebensende bewirtschaften darf.«

»Aber er war doch verschollen, oder?«

»Untergetaucht«, meint der Bernhard trocken. Dann niest er, muss gleich noch ein zweites Mal niesen, und nach einem Beinahe-Hattrick schnäuzt er sich erst einmal den ganzen Tabak aus der Nase. Anschließend schaut er drein, als ginge es mit dem Niesen weiter, aber nix. Nur seine Augen wandern auf einmal so schnell hin und her, dass er zusammen mit dem breiten weißen Schnauzerbalken darunter fast ausschaut wie ein Flipperautomat.

»Was ist?«, hakt der Arno nach.

Der Bernhard schüttelt den Kopf. »Ach, traurig ist's halt.«

»Ist dir was eingefallen? Wegen dem Bewirtschaftungsrecht vom Wastl? Oder dem Grundverkauf?«

Draußen läuten die Kirchturmglocken. Wie auf Kommando trottet der Hund zur Tür und schaut von dort zu seinem Herrl zurück.

»Gar nicht. Du Arno, ich muss.«

»Was denn?«

»Essen«, sagt der Bernhard. »Die Emilia kocht mir immer auf zwölf. Magst vielleicht auch was?«

»Nein, nein, danke, ich bin noch ganz voll vom Frühstück«, sagt er aus vorauseilender Höflichkeit, und wie zum Protest knurrt sein Magen. Kaum zu glauben nach dem nächtlichen Erlebnis mit dem Stubenwalder Brunnenwasser, aber er hat tatsächlich schon wieder Hunger.

»Na dann«, sagt der Bernhard und klappert mit dem Schlüsselbund, aber erst ein lautes Bellen vom anderen Bernhard bringt den Arno drauf, dass er jetzt ebenfalls gehen soll.

Also geht er halt.

6

So ein Leben und Arbeiten in der Ferne ist ja selten leicht. Aber auch wenn man bald wieder heimkehren kann, wie der Arno hoffentlich, ist es ratsam, sich erst einmal an die Sitten und Gebräuche seiner Gastgeber anzupassen. Der Arno weiß, dass er sich hier in Stubenwald Respekt verschaffen und sich trotzdem auf die Leute einlassen wird müssen, bevor er irgendwas aus ihnen herausbekommt. Er glaubt, dass die beiden Kollegen vom LKA genau das bei ihren damaligen Ermittlungen versemmelt haben. Wenn die wirklich aus der Stadt angerollt und hier herumstolziert sind wie die Wiener Schnitzel mit Blattgoldpanade, ist's nur logisch, dass die Rollläden schneller heruntergerasselt sind, als sie eine gescheite Frage hätten stellen können. Aber was tun die lieben Kollegen? Zitieren die Leute einzeln zum Verhör nach Innsbruck. Da braucht man dann auch kein Gallier mehr sein, um zu wissen, wie das geendet hat.

Der Arno steht draußen auf dem Stubenwalder Dorfplatz, die Sonne brennt ihm ins Gesicht und ihm ist schon wieder viel zu heiß. Er überlegt, was er machen könnt, bis die Mittagspause der Bernhards vorbei ist. Ein Gasthaus suchen und was essen? Hunger hätt er jedenfalls für zwei.

Oder vielleicht im Gemeindeamt vorbeispazieren und ein

Wörtchen mit dem Bürgermeister wechseln? Wobei der bestimmt auch gerade Mittag macht, und außerdem hätt der Arno bei einem solchen Amtstermin schon gern den Bernhard dabei, von wegen Respekt und einheimisch.

Soll er noch einmal zum See hinauf? Aber was gibt's dort oben schon groß? Die Berge, die ruhende Baustelle, das Wasser …

Das Wasser …

Die Füße reinstrecken, denkt er. Schon bei der Vorstellung überkommt ihn ein wohliger Schauer. Und wie er zum Berg hinaufschaut, gleich der nächste. Aber kein wohliger, weil eine gewaltige Staubwolke von der provisorischen Baustellenzufahrt aufsteigt.

»Das gibt's ja nicht!«, schimpft er und wetzt los, denselben Weg wie vorhin, nur viel wütender. Er kommt zum oberen Rand des Seebeckens, linst an den Lärchen vorbei und sieht sofort, dass die Arbeiten auf der gegenüberliegenden Uferseite munter weitergehen. Als hätte er die Bauarbeiten niemals einstellen lassen! Eine Gruppe von Leuten beobachtet aus sicherer Entfernung, wie der Bagger die letzten Reste des hölzernen Wirtshauses dem Erdboden gleichmacht. »Na wartet's«, zischt der Arno durch seine zusammengebissenen Zähne, rennt zum See hinunter und um diesen herum, und vor lauter Groll und Magenknurren und überhaupt könnt er den Erstbesten, den er erwischt, glatt auffressen. Er stolpert fast noch über die tiefen Rillen der Baggerkette, da ist er auch schon mitten im Geschehen angekommen.

»He, Sie da!«, schreit er dem Klodeckelmann in den Rücken, der sich umdreht und ihn selbstgefällig angrinst.

»Ach, der Herr Bussi!«, stichelt er und klingt dabei schon wieder arg nach Räusperbedarf.

Der Arno stemmt die Hände in die Hüften und schimpft: »Was soll denn das hier werden? Ich höre?«

»Ein Chaletdorf«, antwortet der Aschenwald süffisant und grinst gleich noch viel mehr.

»Ich habe Ihnen doch verboten, die Baustelle zu betreten!«

Der Projektmann lacht und sagt etwas, das der Arno nicht versteht. »Was?«, brüllt er gegen den anschwellenden Baggerlärm an.

Der Kampfzwerg wendet sich ab, steckt Zeigefinger und Daumen seiner rechten Klodeckelhand in den Mund und lässt einen Pfiff ab, der dem Arno durch Mark und Bein geht. Dann macht er so eine Kopf-ab-Geste, worauf der Baggerfahrer den Motor ausmacht. »Sie haben hier gar niemandem etwas zu verbieten«, säuselt er in die fast unheimliche Stille hinein.

»Sagt wer?«

»Heidi!«, ruft er nach hinten und verschränkt seine Arme.

Eine Frau, die der Arno bisher noch nicht wahrgenommen hat, löst sich aus der Gruppe im Hintergrund und kommt auf die beiden zu. »Was ist los, Arthur?«

Er tuschelt ihr etwas zu, haucht es fast in ihre Ohrmuschel hinein, was die beiden sehr vertraut wirken lässt. Dabei wandern ihre Augenbrauen immer weiter in die Höhe. Schließlich nickt sie kurz, macht sich groß und funkelt den Arno an.

»Ach, Sie sind das«, sagt sie und schreitet bis auf einen Meter an ihn heran. Dann mustert sie ihn demonstrativ von oben nach unten und wieder zurück, was ihm die Gelegenheit gibt, es mit ihr genauso zu machen. Auf gut fünfzig schätzt er sie. Knallrotes Kostüm, weiße Bluse, rote Turnschuhe. Überhaupt hat sie einen ziemlichen Rotstich. Auch eine Strähne im ansonsten rabenschwarzen Haar ist rot gefärbt. Sie spricht weiter: »Was bringt Sie zu der Überzeugung, Sie könnten hier in Tirol behördlich genehmigte Baustellen einstellen, Herr Bussi?«

Er hört sofort, dass die Frau es gewohnt ist, das Regiment zu führen. Die Falten, die sich beim Sprechen um ihren Mund herum vertiefen, machen den Gesamteindruck nicht besser, im Gegenteil: *Mit der ist nicht gut Kirschen essen*, weiß der Arno schon, während er noch eine gescheite Antwort sucht.

»Also?«, drängt sie und verschränkt nun ebenfalls die Arme, womit sie und der Aschenwald vor ihm stehen wie eine Hip-Hop-Gruppe.

»Wer sind Sie denn überhaupt?«, kommt der Arno aus der Deckung.

Die rote Frau geht noch einen Halbschritt weiter an ihn heran, schaut zu ihm auf und sagt mit schmalem Blick: »Larcher. Heidemarie Larcher.«

»Die Bürgermeisterin«, gibt der Kampfzwerg hinzu.

Womit dem Arno auch gleich ein Lichterl aufgeht, von welcher Partei sie ist. Also, man darf Menschen ja gar niemals nach ihrem Aussehen beurteilen. Aber die Farbtupfer, die sich Politiker gerne selbst verpassen, sind meistens so banal wie bewusst gewählt, also: selber schuld. Grüne Halstücher, pinke Kleider, braune Unterhosen – lang braucht man da nicht mehr überlegen, wer in welches Eck gehört. Dem Arno wär fast schon danach, sie zu fragen, *Von den*

Schwarzen?, lässt's dann aber doch bleiben und sagt: »Hier finden Ermittlungen statt, und das hab ich dem Herrn da vorhin schon gesagt. Sie vernichten Beweise! Dafür könnt' ich Sie glatt mitnehmen.«

Die Bürgermeisterin kommt ihm gleich noch einen Viertelschritt näher, womit sich ihre Körper jetzt fast schon berühren. »*Mitnehmen?* … Wollen'S mir vielleicht drohen?«, zischt sie zu ihm hinauf, und weiter: »Was gibt's denn zu ermitteln? Was wollen'S denn nach fünf Jahren noch finden? Im alten Seewirt hat's in den letzten Jahren so viele illegale Partys gegeben, da täten'S nicht mal mehr ein Atom von einer Spur vom Baldauf finden. Also, wo sehen Sie konkret die Gefahr im Verzug? Was kommt als Nächstes? Wollen'S vielleicht die Fischerln im See in Einzelhaft nehmen, von wegen Verabredungsgefahr?«

Der Klodeckelmann krümmt sich vor Lachen, und dem Arno wird gleich noch viel heißer. Er weiß ja selbst, dass sein Baustopp auf ziemlich wackligen Füßen steht, und die *Gefahr im Verzug* sowieso. Aber er darf sich seine Autorität nicht nehmen lassen, vor Publikum schon gar nicht. Er muss jetzt unbedingt etwas sagen …

Da fällt ihm etwas auf. Besser gesagt, ihm *fehlt* hier jemand. »Wo ist Laura Gams?«, fragt er beide zugleich.

Die junge Frau, die sich dem Abriss am Vormittag noch so verbissen widersetzt hat, hätte dem Treiben hier wohl niemals tatenlos zugeschaut. Wurde sie vertrieben? Oder – Gott bewahre! – vor dem Abriss in das Wirtshaus gesteckt?

Die Bürgermeisterin scheint nicht zu wissen, von wem er spricht.

»Diese Öko-Tussi«, hilft ihr der Kampfzwerg und hängt ein dreckiges Lachen dran.

»Die? Ja wo wird die schon sein? Irgendwo gibt's für solche Spinner ja immer was zum Protestieren«, schimpft die Frau. »Die ist genauso schnell wieder abgehauen, wie sie hier im Ort aufgetaucht ist. Immerhin eine, die sich an Ihr Verbot hält, Herr Polizist! Und nur damit das klar ist: Ihre Wildwest-Methoden werden noch ein Nachspiel haben!«

Das ist dem Arno bei seiner versemmelten Polizeikarriere jetzt wieder völlig schnurz. »Wie Sie meinen«, sagt er zur Bürgermeisterin, wendet sich von ihr ab, geht ein paar Schritte und sieht sich dabei nach allen Richtungen um. Er schaut über den See und das Ufer entlang, zurück zum Bagger, zu den Arbeitern und den letzten Trümmern, die einmal der Seewirt waren – aber nirgends kann er eine Spur von der Frau entdecken, die ihn mit ihrem tollkühnen Widerstand so beeindruckt hat.

»Ist Laura Gams noch einmal hier gewesen?«, ruft er zu den Bauarbeitern hinüber, erntet aber nur Schulterzucken. »Weiß jemand, wo sie stecken könnte? Die Frau mit dem Schild? Hallo? He!«

Keine Reaktion. Dann wird es wieder laut. Ein schwerer Lkw kommt hinten die Böschung heruntergekrochen. Fast zeitgleich startet der Bagger vorne seinen Motor und die Abrissarbeiten gehen weiter. Keiner schert sich um Arno Bussi. Fast wird er noch vom daherbrausenden LKW auf die Hörner genommen, dessen Fahrer keine Rücksicht auf Hindernisse menschlicher Art zu nehmen scheint.

Der Aschenwald und die Bürgermeisterin stehen in trauter Einigkeit am Seeufer und deuten hierhin und dorthin. Es scheint, als hätten sie's eilig. Die Arbeiter laden ein riesiges Schild vom Lkw ab. Der Arno wüsste gerne, was draufsteht, aber es ist noch in Schutzfolie eingewickelt.

Frustriert dreht er sich um, geht am Ufer entlang und kickt einen mittelgroßen Stein in den See.

Er weiß ja selber ganz genau, dass er dieser Baustelle nix entgegenzusetzen hat. Die Staatsanwaltschaft wird ihm was pfeifen von wegen Baustopp und Gefahr im Verzug, solange er keine wirklich stichhaltigen Gründe dafür hat. Auch die verschwundene Projektgegnerin kann sonst wo stecken. Vielleicht hat sie sich ja wirklich geschlichen, weil sie kapiert hat, dass hier am Lärchensee nix mehr auszurichten ist.

Und wie er so darüber nachdenkt und mit schweißdurchnässtem Hemd auf der Baustelle steht, hat er das Gefühl, dass er selber auch nicht allzu viel ausrichten wird können, in diesem eiskalten Fall im brandheißen Tirol.

Er bückt sich, nimmt einen flachen Stein in die Hand, fährt mit dem Daumen über die glatt geschliffene Oberfläche und versucht, erst einmal ein Zwischenfazit zu ziehen.

Sebastian *Wastl* Baldauf ist vor fünf Jahren in diesem See hier ertrunken. Vorgeblich beim Fischen in der Früh. In Wahrheit wurde er mit Propofol betäubt und ins Wasser geworfen. Mit dem Tod des Wirts ist auch dessen Bewirtschaftungsrecht erloschen. Und jetzt? Jetzt hat Kampfzwerg Arthur Aschenwald den See und alles rundherum von der Gemeinde gepachtet und baut sein Chaletdorf, unter tatkräftiger Mithilfe der Ortschefin. Baldaufs Tod hat den Weg dafür freigemacht. Das klingt doch nach einem plausiblen Motiv.

Er sieht sich ein letztes Mal um. *Sinnlos*, denkt er angesichts des wilden Durcheinanders auf der Baustelle und beschließt, unten im Ort weiterzumachen. Bevor er aber geht, bückt er sich und schleudert den Stein hinaus. Dieser titscht einmal, zweimal, dreimal von der Wasseroberfläche in die Luft … und spätestens, als er zum siebten Mal springt und dann sogar das Ufer der Lärcheninsel erreicht, ärgert's den Arno fast, dass das jetzt keiner außer ihm gesehen hat.

7

Wenn man im Leben einmal nicht mehr weiterweiß, vielleicht verzweifelt ist vor lauter Liebeskummer oder Ratlosigkeit, dann soll Zucker ja ein hervorragendes Gegenmittel sein. Aber das ist jetzt nicht der Grund, weshalb der Arno eine Stunde später in der Gaststube vom Dorfbäck sitzt und nach einem riesigen Heiße-Liebe-Eisbecher bereits seine zweite Nussschnecke bestellt. Er hat einfach einen Bärenhunger, und ganz komisch: Ihm gelüstet nicht etwa nach Kasspatzln, Schlutzkrapfen und den üblichen Deftigkeiten, sondern genau nach so was Süßem, wie es hier in der Auslage liegt.

»Wollen'S nicht zwischendurch ein Stück Käsesahne haben?«, fragt Klara, die Bäckersfrau, mit der er sich flüchtig bekannt gemacht und ein paar Floskeln über das Wetter ausgetauscht hat, »die wär nämlich unsere Spezialität. Der Luggi macht hinten grad wieder eine fertig.«

»Ja, gern«, antwortet der Arno im Reflex und kann's selber nicht glauben. Normalerweise lehnt er solche Angebote ja dankend ab und überlegt erst hinterher, ob's nicht vielleicht doch gut gewesen wär. Aber jetzt? Jetzt könnt er's mit der ganzen Kuchenvitrine auf einmal aufnehmen. Dazu kommen Kindheitserinnerungen. Weil seine Mama, die backt nicht nur die beste Pizza in Tirol, sondern auch eine ganz hervorragende Käsesahnetorte, mit Biskuitboden und Mandarinen in der Topfen-Sahne-Masse drin, dass ihm beim Drandenken schon das Wasser im Mund zusammenläuft.

Die Klara, sichtlich angetan von seinem Appetit, wischt sich die Hände an der altertümlich anmutenden Schürze ab und verschwindet hinten in der Backstube. Sie selbst scheint eine ihrer besten Kundinnen zu sein, um die Klara einmal vorsichtig zu beschreiben, sie hat fast Mühe, durch die Tür zu kommen, und dazu strotzt sie geradezu vor Lebensfreude.

Jaja, der Zucker ...

Der Arno nimmt einen Schluck vom Kaffee, balanciert die letzten Brösel der Nussschnecke auf die Kuchengabel und führt sie zum Mund. Dann schaut er durchs Fenster zur Eingangstür der Polizeiwache hinüber. Aber der Bernhard ist immer noch nicht von seiner Mittagspause zurück, was sich am gelben Zettel erkennen lässt, der nach wie vor an der Pforte klebt. Er trinkt sein Wasser aus, zieht sein Kurzarmhemd nach vorne und merkt, dass es fast schon trocken ist. Langsam fühlt er sich wieder wohl in seiner Haut. Vielleicht hatte er vorhin am See einfach zu großen Hunger und ganz bestimmt war ihm viel zu heiß, um klar denken zu können. Hier in der Stube ist's viel besser, was wohl am dicken Gemäuer des Hauses liegt.

Als er das Wasserglas auf die Serviette zurückstellt, bleibt sein Blick am aufgedruckten Logo der Bäckerei hängen. *Stubenwaldbäck* – das a und das ä in Brezenform – und klein darunter: *Ludwig Baldauf KG, Bäckerei und Konditorei, AT – 6535 Stubenwald in Tirol.*

»So bitte, die Käsesahne, der Herr!«

»Sagen'S einmal, Klara …«

»Ja, bitte?«, fragt sie und schaut ihn so groß durch ihre kreisrunden Vergrößerungsbrillengläser an, dass man fast Sorge haben könnte, ihr kullern gleich die blauen Augen aus den Höhlen.

»Sie heißen Baldauf?«

»Ja …?«, sagt sie jetzt deutlich vorsichtiger.

»Dann sind Sie … also waren Sie mit dem Wastl Baldauf verwandt?«

»Sind Sie etwa *deshalb* hier?«

»Sind Sie oder sind Sie nicht?«, gibt er schnippischer zurück, als er's geplant hätte, lässt's aber so stehen. Er mag diese ausweichenden Gegenfragen überhaupt nicht.

Die Klara schaut nach unten und wischt sich wieder die Hände an ihrer Schürze ab. Vielleicht ein Tick? Oder ein Zeichen von Unsicherheit?

»Er war mein Schwager«, sagt sie mit zittriger Stimme.

Der Arno, ganz erstaunt über seine Zufallsentdeckung, schiebt sich erst einmal ein großes Stück Käsesahne in den Mund. Weil: *Reden ist Silber, Schweigen ist Gold*, das weiß nicht nur der Phrasendrescher, sondern auch jeder Kriminalbeamte mit ein bisserl Erfahrung. *Lass sie reden, wenn sie reden …*

»Von meinem Bruder der Mann«, schiebt die Klara nix besonders Gescheites hinterher. Aber der Arno ist eh abgelenkt, weil sich auf seiner Zunge und am Gaumen gerade eine wahre Geschmacksexplosion ereignet. Die gestockte Masse auf Biskuit, herrlich aromatisch, der Boden weder zu trocken noch zu saftig, und eigentlich fehlen ihm nur mehr die Mandarinen aus Mamas Garten zum siebten Himmel.

»Schmeckt's Ihnen, ja?«, lebt die Klara wieder auf.

»Mhm«, macht der Arno, schließt die Augen und schluckt. *Mein Gott!*, denkt er und muss sich gewaltsam ins Hier und Jetzt zurückholen. »Der Bruder Ihres Mannes also? Dann können Sie mir doch sicher erzählen, wie das mit dem Wastl war, oder?«

Wieder malträtiert sie die Schürze, senkt ihren Kopf und starrt den Boden an. *Da ist etwas*, weiß der Arno sofort, und meint nicht die Brösel von seinen Nussschnecken.

»Da müssen'S eher mit meinem Mann reden. Ich weiß nix«, wehrt sie sich viel zu schnell, als dass man's ihr abkaufen könnt.

»Wie gut haben Sie den Wastl gekannt, Frau Baldauf?«

»Nicht gut«, antwortet sie wie aus der Pistole geschossen. »Der war ja so lang nicht da, und dann bloß im Wirt oben … So, jetzt muss ich aber. Sonst verbrennt mir hinten alles!«

»Wann machen'S denn Schluss? Haben'S dann am Abend Zeit für mich?«

»Nein, da sind wir im Theater«, verblüfft sie ihn erneut, weil sich der Arno in Stubenwald ja viel vorstellen kann, Realsatire inklusive, aber Kunst?

Die Klara wendet sich ab und geht.

»Was wird denn hier gespielt?«, fragt er laut.

Sie erstarrt und dreht sich um. Ganz langsam. Die Wangen und der dicke Hals sind jetzt schon mehr tomatig als rosig.

»Im Theater«, erlöst er sie.

»Wir haben Probe. Ein Bauernschwank«, antwortet sie zittrig. »Der Luggi und ich sind bei der Dorfbühne. Er spielt im Herbst die Hauptrolle.«

»Dann hat Ihr Mann aber bestimmt jetzt Zeit für ein paar Fragen.«

»Nein, wir müssen noch zwei Hochzeitstorten machen. Essen'S nur in Ruhe auf. Zahlen können'S nächstes Mal. Brauchen'S auch ganz bestimmt nix mehr?«

»Nein, nein«, antwortet der Arno im Reflex – auch weil er gerade die beiden Bernhards draußen auf dem Dorfplatz entdeckt hat.

Er pampft sich schnell ein riesiges Stück Käsesahne in den Mund. Während dieses noch über Zunge und Gaumen nach hinten wandert und Millionen von Geschmacksrezeptoren zum Freudentanz bringt, ist der Arno schon draußen in der Hitze und wetzt den Bernhards hinterher.

»Mahlzeit!«, grüßt er von hinten.

Der Franz Bernhard dreht sich langsam zu ihm um. Auch der Hund, der im Stakkato hechelt und der Welt seine Riesenzunge hinausstreckt, würdigt den Arno immerhin eines halben Blicks, bevor er sein Herrl in Richtung der Polizeiwache weiterzieht.

»Du hast da noch was«, sagt der Polizist und zieht seinen Schnauzer zur Seite, weil er beide Hände zum Festhalten der Leine braucht.

Der Arno fährt sich an den Mund.

»Nein, da!«, meint der Bernhard und blinkt gleich noch zweimal ins betreffende Eck.

»Oh!« Ein bissl peinlich berührt ist der Arno jetzt schon, als er merkt, wie viel da noch im Mundwinkel hängt, von dieser Wahnsinns-

»Käsesahne«, springt der Bernhard seinem Gedanken bei,

schmatzt und schließt die Wache auf. »Gut schmeckt die vom Luggi, geh?«

»Mhm.«

Im Wachzimmer wartet die ausgebreitete Akte auf den Arno. Aber der muss zuerst einmal den Bernhard nach der Baldauf-Familie ausfragen.

Er setzt schon an, da kommt ihm der Bernhard zuvor: »So ein Zirkus am See. Hat ja so kommen müssen.«

Der Arno ist verblüfft. »Woher weißt denn du jetzt davon?«

»Gassi.«

Und wieder Funkstille.

»Wieso haben die's da oben eigentlich so eilig, Bernhard?«

»Wer?«

»Die Bürgermeisterin und der Projektheini, dieser … dieser …«

»Aschenwald?«

»Genau.«

»Wegen morgen.«

Jetzt nützt dem Arno all der Zucker im Magen nix mehr – der Bernhard und seine Sparflammen-Kommunikation machen ihn ganz fuchtelig. »Bernhard!«, schimpft er und bereut's sofort, weil der Hund aufspringt, bellt, seine Zähne fletscht und so bösartig knurrt, dass man ihm selbst dann nicht mehr begegnen möchte, wenn man unter einer Lawine steckt.

Der Arno, kleinlaut: »Ich mein … was heißt denn bitte *wegen morgen*, lieber Bernhard?«

Dem Dorfpolizisten muss das Reden irgendwie körperliche Schmerzen bereiten. Er seufzt und holt tief Luft, bevor er erklärt: »Da präsentieren sie das Projekt den Kreditgebern. Und wir … also ich soll aufpassen, dass nix passiert.«

Der Hund fällt ganz langsam vom Alarmmodus ins Standby zurück. Schließlich legt er sich wieder hin und lässt den Kopf auf den Boden zurücksinken, jedoch nicht, ohne den Arno genau im Auge zu behalten.

»Was sollte denn passieren?«, fragt dieser vorsichtig.

»Proteste.«

Was ihn gleich aufs nächste Thema bringt. »Sag, die Laura Gams hast du auch nicht zufällig gesehen, oder?«

Kopfschütteln.

»Wo könnt sie denn stecken?«

Schulterzucken.

»Komisch, dass sie so plötzlich verschwindet, oder?«

Schulterzucken die Zweite.

»Was ist das eigentlich für eine?«

Und die Dritte.

»Bernhard!«

Der Hund horcht auf.

»Das wüsst ich auch gern«, antwortet der Polizist mit frustriertem Unterton.

»Wann ist sie denn hier aufgetaucht?«

»Vor ein paar Tagen. Nur mit Ärger im Schädel.«

»Hast du ihre Personalien?«

»Wollt sie mir nicht geben.«

Der Arno runzelt die Stirn. Ein bissl mehr Durchsetzungsvermögen könnt sich der Bernhard schon zutrauen. Andererseits, wie er die Laura kennengelernt hat, wundert's ihn auch nicht, dass ein Polizist schon einmal ein Auge zudrückt, bevor er's quasi von ihr zugedrückt bekommt, und am Ende noch Polizeiwillkür und Strafprozess. »Wo steckt sie nur?«, fragt er halb rhetorisch, halb auf eine Antwort hoffend.

Stille.

»Hast du den Namen überprüft?«

»Natürlich«, gibt der Bernhard zurück. »Aber nix.«

»Nix?«

»Ja, es gibt schon ein paar Laura Gams' in Österreich.«

»Aber keine eindeutige?«

Der Bernhard schüttelt den Kopf und entschuldigt sich auf die Toilette. Bevor er dort verschwindet, sagt er noch: »Ach so. Die Emilia hat gemeint, du sollst zum Essen kommen. Heut Abend.«

»Was?«, fragt der Arno, in Gedanken noch ganz bei der Laura.

»Fisch.«

Dritter Tag

8

Manchmal ist es schon echt verblüffend, wie sich Beziehungen entwickeln. Wenn sich ein Paar aufeinander einstellt, aneinander reibt, die Macken des anderen zu tolerieren lernt, Stärken einbringt, Schwächen auch, sich befetzt, versöhnt, sich wieder befetzt und wieder versöhnt und dabei auch noch den Alltag schaffen muss. Bis das alles rundläuft, braucht es Jahre. Aber dann. Dann ist eins und eins oft mehr als zwei. Manchmal wird's natürlich auch weniger. Oder es kommt zu einer Seitwärtsverschiebung, und aus eins und eins wird anderthalb und null Komma fünf oder noch schlimmer, ein Missverhältnis sozusagen. Wie bei den Franzens, bei denen der Arno gestern Abend eingeladen war.

Mein Gott, denkt er, wie er am nächsten Morgen oberhalb des Lärchensees steht, ausgiebig gähnt und aus sicherer Entfernung die letzten Vorbereitungen für die Chaletdorf-

Präsentation im Auge behält, *mein Gott, die Emilia*. Seit gestern Abend wundert's ihn überhaupt nicht mehr, dass der Bernhard kaum einmal den Mund aufmacht. Er kommt ganz einfach nicht dazu.

Dabei hat die Einladung zum Abendessen so verheißungsvoll begonnen. Zuerst hat der Arno gestaunt, was für ein prächtiges Haus die Franzens bewohnen. Pompöse Einfahrt und moderne Architektur – fast schon ein Aquarium. Und überall: Kunst. Kunst, Kunst, Kunst, draußen wie drinnen, und zwar nicht die aus dem Möbelhaus, sondern die teure, jedenfalls soweit der Arno das beurteilen kann.

Dann: die Emilia.

Mein Gott, die Emilia. Gleich wie sie ihm die Tür aufgemacht hat, hat er geglaubt, er sieht nicht recht. Wie eine Diva ist sie im Rahmen gestanden, mit einem tief ausgeschnittenen, roten Paillettenkleid, schneeweißer Dauerwelle und Hollywoodschminke. Ganz großes Kino. Und dazu dieser Ausdruck im Gesicht! Hätt sie dort an der Schwelle mit tiefer Stimme zu ihm gesagt: »Da bist du ja, Johnny, du räudiger Wüstenfuchs. Ich wusste doch, du würdest wiederkommen. Sie kommen alle wieder!«, ihm ordentlich eine runtergehauen und anschließend wollüstig in die Arme genommen, es hätte gepasst. Erster Eindruck: *Jackpot*.

Zweiter Eindruck: *Oh. Mein. Gott*.

Wenn's am Ende fünf Sätze waren, die die beiden Männer und der Hund zusammengenommen an dem Abend von sich gegeben haben, ist schon alles beisammen.

Jaja. Dampfplauderer gibt's ja in jedem Bekanntenkreis, die einen schwindlig reden und gar nicht merken, wie sehr sie einem damit auf den Zeiger gehen. Aber jemanden wie die Emilia, den hat garantiert noch keiner erlebt, aus der Schweiz noch dazu, wo man denen doch nachsagt, weder besonders viel noch besonders schnell zu quasseln. Die Emilia scheint da ein ganz faszinierendes Gegenbeispiel zu sein.

Der Aperitif war noch nicht ausgetrunken, da hatte sie schon mehrmals ihre tiefe Liebe zu Stubenwald bekundet, die vor ein paar Jahren erst geweckt worden sei, ganz zufällig im Vorbeifahren, und nur wenig später auch die Liebe zum Bernhard, und mein Gott, was für eine romantische Hochzeit das gewesen sei, das volle Programm mit Kutsche und Swarovski-Krönchen, und wie sie getanzt haben in dieser rauschenden Nacht zur Sommersonnenwende – wer hätte gedacht, dass ausgerechnet sie einmal in einem Ort wie Stubenwald endet, aber wo die Liebe hinfällt, nicht wahr?

»Aber bald ist er ja in Pension, mein Bernhard, wollen Sie noch ein wenig Minzsauce auf Ihr Erbsen-Minze-Püree, Herr Inspektor, lassen Sie den Saibling bloß nicht kalt werden, der ist ganz frisch, mein Sohn kann ja Fisch gar nicht leiden, ach wie lang habe ich den schon nicht mehr gesehen, nur Fotos, er lebt ja in der Schweiz, ach, ich sage Ihnen, der trägt jetzt *so* einen langen Bart, Hipster nennt man das, und ich habe gelesen, in Männerbärten leben mehr Bakterien als in Hundefellen, unglaublich, nicht wahr, apropos, wo ist der Hund denn eigentlich, der Bernhard muss noch einmal raus, denkst du bitte dran, Bernhard, ja? Ach, die wachsen einem so ans Herz, wissen Sie, diese großen Hunde haben ja eine ganz ganz kleine Lebenserwartung, acht bis zehn Jahre nur, und der Bernhard ist ja schon fünf, das ist doch ungerecht, die kleinen Handtaschenhunde leben viel viel länger, ach ja, noch einen Fisch, der Herr Kriminalinspektor, sehr gerne,

Sie haben aber einen ordentlichen Appetit, ich mach nur schnell die Minzsauce wieder heiß, kommt ihr wohl einen Moment ohne mich zurecht ...«

Armer Hund, hat sich der Arno gedacht und damit nicht den Bernhardiner gemeint. So sind der Alte und er still und stumm um den Tisch gesessen und haben gewartet, dass die Emilia zurückkommt, und mit ihr auch ihr epischer Redeschwall.

Nach dem Essen hätt der Arno gerne noch einmal nach der Laura Gams gesucht. Aber die Emilia hat ihn dermaßen schwindlig geredet, dass er schnurstracks in sein Zimmer im Rosswirt zurückgegangen ist, wo er ein Schmerzmittel genommen hat und bald eingeschlafen ist.

Aber, immerhin: Der Fisch war gut.

Eine ruhige Nacht und ein ausgiebiges Frühstück von der Altenburger Vevi später steht er nun also in der prallen Sonne und schaut zum See, der vielleicht dreißig Höhenmeter unter ihm liegt. Näher darf er nicht heran, weil er so eine Art Hausverbot hat, wie ihm der Bernhard in der Früh ausgerichtet hat, und auch wenn's rechtlich nicht verbindlich ist, will er erst einmal so tun, als hielte er sich dran.

»Sie wollen dich nicht oben haben.«

»Wer, sie? Wo?«

»Die Heidi und der Arthur. Am See.«

Übersetzt: Bürgermeisterin Heidemarie Larcher und Bauherr Arthur Aschenwald. Aber irgendwie logisch. Mit seinem Baustellenstopp hat sich der Arno bei ihnen nicht gerade beliebt gemacht.

Die Umrisse der zwölf Chalets sind ausgesteckt und mit

roter Farbe gekennzeichnet. Das riesige Schild, das gestern mit dem Lkw angekarrt wurde, ist jetzt an zwei Stangen montiert und zeigt dieselbe Projekt-Visualisierung, wie sie in der Tiroler Zeitung abgedruckt war. Vom ehemaligen Seewirt ist nur noch das Betonfundament übrig geblieben. Ein paar Meter daneben wartet ein Partyzelt auf die *Kreditgeber*, wie der Bernhard sie genannt hat, irgendwelche Banker vermutlich. Und auch die örtliche Blasmusikkapelle wartet, dazu noch die Larcher, der Aschenwald, die beiden Bernhards, zwei Männer im Anzug und eine Handvoll Bediensteter, die ausschauen, als wären sie frisch dem Hotel Sacher in Wien entsprungen. Aber die, um die es hier geht, die Bankheinis nämlich, scheinen noch nicht da zu sein. Immer wieder schaut der Aschenwald auf seine Armbanduhr und dann in die Luft, telefoniert aufgeregt, aber nix. Der Arno lehnt sich gegen seinen Stein. Er schwitzt. Das Thermometer kratzt garantiert schon wieder an der Dreißigermarke.

Da knattert etwas.

Zuerst nur ganz leise, dann plötzlich laut. Ein Hubschrauber sticht hinter einer Bergflanke hervor und fliegt eine spektakuläre Runde über den See, bevor er langsam auf das Betonfundament des Seewirts zusteuert. Dort steht der Aschenwald, der den Hubschrauber mit seinen Klodeckelhänden einweist und dabei fast vom Wind der Rotorblätter umgeblasen wird. Keine Minute später steigen eine Handvoll Anzugträger und zwei ebenso bankmäßig gekleidete Damen aus und werden von der Blaskapelle mit einem zünftigen Marsch empfangen. Natürlich darf auch das obligatorische Schnapserl nicht fehlen, das zwei Marketenderinnen den hohen Gästen aufdrängen, gefolgt vom nächsten enthusiastisch vorgetragenen Marsch, das Blech scheppert richtig, und dann greift Heidemarie Larcher, natürlich wieder rot in rot gekleidet, zum Mikrofon.

»Werte Gäste, liebe Freunde, ich als Bürgermeisterin von Stubenwald darf Sie ganz herzlich in unserer schönen Gemeinde begrüßen, in dieser herrlichen Naturkulisse, die Ihnen noch viel Freude bereiten wird, weit über diesen denkwürdigen Tag hinaus …«

Wie immer bei Politikerreden, Expertenvorträgen und Predigten aller Art schaltet Arnos Hirn sofort auf Durchzug, was den Vorteil hat, dass er sich auf andere Sachen konzentrieren kann.

Zum Beispiel darauf, wie idyllisch dieser Lärchensee liegt. Die Schotterkegel, über Jahrtausende von der Erosion aus dem Fels gelöst, fallen sanft geschwungen von den Bergen ab und reichen fast bis ans Wasser heran. Dennoch erkämpft sich das Leben rundum seinen Platz. Trotz der aktuellen Dürre blühen Alpenblumen. Man muss nur genau hinschauen. Und wo Flora, da auch Fauna: Gestern erst hat der Arno einen Greifvogel seine Kreise ziehen sehen, Raben- und Singvögel gibt's zuhauf. Bestimmt kommen nachts auch allerlei Wildtiere an den See, um ihren Durst zu stillen – Rehe, Gämsen, vielleicht auch Murmeltiere, Kaninchen und Steinböcke. Was wird aus denen, wenn die Chalets erst einmal in Betrieb sind?

Die Bürgermeisterin redet so energisch, als hinge ihr Leben davon ab, was den Arno kurz wieder aufhorchen lässt. »… sondern auch den Sommertourismus, der bisher sträflich vernachlässigt wurde. Aber sehen Sie sich um: Ist es nicht herrlich hier, gerade im Sommer? Während unten in den Städten alle schwitzen, bieten wir Abkühlung, an diesem wunderbaren See, mit einer Aussicht, die unver…«

Zuerst glaubt der Arno, die Tonanlage habe einen Aussetzer, weil die Larcher ihre Rede mitten im Satz abgebrochen hat.

»… die unverbaubar… un… erbau… lich…«, stammelt sie dann aber doch weiter.

Zweite Vermutung: Herzinfarkt. Dritte Vermutung: Die Bürgermeisterin hat etwas entdeckt, das sie aus dem Takt gebracht hat. Und tatsächlich: Sie hebt ihren Arm und zeigt zur Insel, fast so, als hätte sie einen Geist gesehen.

Da sieht's auch der Arno.

Zwischen den Lärchen auf der Insel hängt etwas, das wie ein Segel ausschaut, genauso gut die Hülle eines Heißluftballons sein könnte, in Wahrheit jedoch ein schneeweiß strahlendes Transparent ist, das gerade hochgezogen und gespannt wird, direkt auf die Empfangsgesellschaft ausgerichtet. Zwar kann der Arno die Botschaft von seinem Standort aus nicht lesen, dafür ahnt er, wo die Gams Laura die ganze Zeit gesteckt hat: auf der Seeinsel! Und da sieht er sie auch schon, im Dickicht zwischen den Lärchen, wie sie an vorbereiteten Seilen zieht wie Kevin allein zu Haus, die Enden verknotet und der versammelten Gemeinde dann auch noch – ja, wirklich: ihren Stinkefinger entgegenreckt.

Was für eine Frau!, denkt der Arno und ahnt, dass der Unterhaltungswert dieser Projektpräsentation gleich ungemein steigen wird.

Doch erst einmal passiert nicht viel, weil: immer noch Schockstarre. Die Bürgermeisterin steht bloß da und hält sich die Hand vor den Mund. Auch der Aschenwald starrt fassungslos hinüber. Die hohen Gäste stecken die Köpfe zusammen, sichtlich vom Geschehen irritiert.

Als Erstes reißt sich der Bernhard aus der Regungslosigkeit – Bernhard, der Hund –, er bellt und zieht sein Herrchen zum Ufer hinunter, fast schaut's so aus, als würde der Alte gleich unfreiwillig baden gehen, doch beidhändig und mit ausgefahrenen Bremsen schafft er's gerade so, den *Lawinenhund a. D.* zurückzuhalten. Dabei verliert er seine Schirmmütze und flucht.

Während der Arno seinen Beobachtungsposten aufgibt und ins verbotene Territorium schleicht, um das Transparent lesen zu können, schnappt sich der Aschenwald das Mikrofon und brüllt: »Schau, dass'd weiterkommst, du elendige Rotzpiepn, und dein Plakat kannst' auch gleich wieder einpacken, sonst komm ich, aber dann gnade dir Gott, weil dann werd ich …«

Weiter kommt er nicht, weil ihm die Bürgermeisterin das Mikrofon entreißt, als wollte sie nicht, dass er sich als der Hornochse entlarvt, der er ja ist.

Die Laura Gams gibt sich inzwischen auf ihrer gekaperten Insel völlig unbeeindruckt. Mehr noch: Wieder kommt sie aus dem Dickicht zwischen den Lärchen ans Ufer, dreht sich um, greift an den Bund ihrer Shorts und *mein Gott, was für eine Frau!*, denkt der Arno schon wieder, weil sie sich bückt und der versammelten Gemeinde ihren schneeweiß strahlenden, wohlgeformten Allerwertesten entgegenstreckt.

Der Arno macht seinen Mund wieder zu und kann jetzt endlich lesen, was auf ihrem Transparent steht.

GAMS ISLAND
BUNT AUS LEIDENSCHAFT

Und kleiner darunter:

DIESE INSEL IST BESETZT!

Mein Gott, was für eine Frau!, denkt der Arno gleich zum dritten Mal. Besetzt eine ganze Insel, und das im Alleingang.

Dabei weiß er natürlich, dass ihre Aktion so kurzsichtig wie kurzfristig ist und ihre große *Besetzung* bald Geschichte sein wird. Die Gegenseite formiert sich schon. Während die Bürgermeisterin alle Gäste ins VIP-Zelt bittet und die Trommler den nächsten Marsch einleiten, eilt der Aschenwald mit seinen beiden Anzugheinis zu den Bernhards am Ufer und gestikuliert so aufgeregt zwischen ihnen und der Insel hin und her, dass man ihn gar nicht zu hören braucht, um ihn zu verstehen: Er will, dass die Polizei die Laura von der Insel holt. Aber wie sollten der Alte und sein Hund das anstellen? Ein Boot scheint's hier nirgendswo zu geben, und die Strecke zu schwimmen, traut er dem Alten jetzt wirklich nicht zu. *Vielleicht wär ja ein Fischerboot im Seewirt gewesen, den sie gestern unbedingt abreißen haben müssen*, denkt der Arno schadenfroh und setzt sich erst einmal hin.

Der Aschenwald rotiert weiter. Aber keiner folgt seinen Befehlen, die er jetzt auch noch mit Schwimmgesten untermalt. Im Gegenteil: Plötzlich scheint's dem Hund zu reichen. Er bellt den Kampfzwerg und seine beiden Anzugständer an und zerrt dermaßen an der Leine, dass sein Herrl ihn nicht mehr zurückhalten kann. Im Nu sind sie vom Ufer weg und schnurstracks auf dem Weg zum Zelt, in das sich Aschenwald und Konsorten verdrücken und ganz schnell den Reißverschluss vom Eingang zuziehen. Der Bernhard setzt sich davor, sein Herrl schimpft und zerrt, wird aber ignoriert.

Die letzten Takte des Marschs verhallen zwischen den Bergflanken. Und plötzlich ist's still, fast friedlich. Nur das Geschnatter der Frau Bürgermeister, jetzt zum Glück unverstärkt, dringt aus dem Zelt. Jemand lacht, es folgt gedämpfter Applaus, dann ploppt ein Sektkorken.

Von seinem neuen Beobachtungspunkt aus hat der Arno das gesamte Geschehen im Blick. Den Hubschrauber, die Blasmusik, das Zelt, die beiden Bernhards, und auf der Insel die Laura, die gerade eifrig damit beschäftigt ist, bunte Regenbogenfähnchen und eine Flagge mit Che Guevaras Konterfei zwischen den Lärchen zu hissen.

Ach, der Arno könnt ihr ewig zuschauen, seiner Lara Croft. Aber natürlich weiß er, dass er hier nicht im Kino sitzt. Als Polizeibeamter ist er für Recht und Ordnung zuständig.

Also seufzt er, erhebt sich wieder, schreitet durchs verbotene Land und zieht sich auf dem Weg nach unten schon einmal sein Hemd aus. Am Wasser dann die Schuhe, die Socken und die Jeans mit seinem Handy und Vevis klobigem Zimmerschlüssel drin. Er knüllt alles zusammen, legt den Packen auf einen großen Stein und steigt mit nichts außer seiner schwarzen Unterhose bekleidet in den See.

Zuerst scheint das Wasser noch halbwegs erträglich. Der tiefe Kies macht es schwer, die Balance zu halten, also beeilt sich der Arno, in den See hineinzukommen und lässt sich nach vorne fallen. »Aaah!«, stößt er aus, aber nicht vor Genuss, sondern weil ihm die Kälte den Atem raubt. Rasch wird der See noch tiefer, das Wasser unter ihm geht von Hell- in Dunkelblau über und ist schließlich fast schwarz. Und kalt, kalt, kalt!

Der Arno macht ein paar kräftige Schwimmzüge auf die Insel zu, wo die Laura schon keift und wild in seine Richtung gestikuliert, unter anderem per Mittelfinger. Er muss sie irgendwie davon überzeugen, dass er in friedlicher Absicht kommt. Am liebsten tät er ihr ja sogar beim Protestieren helfen, aber erstens ist ihm jetzt viel zu kalt, um sich auf etwas anderes konzentrieren zu können, als weiterzuschwimmen, und zweitens hat er keine weiße Flagge dabei, sondern bloß eine schwarze, und die pappt an seinem …

»Hau ab, du Arsch!«, bellt die Laura im Schwarzenegger-Dialekt, greift sich eine Ladung Kies und schleudert sie ihm entgegen. Zwei der Steinchen treffen seinen Kopf, der Rest ihrer Streubombe detoniert vor seinem Gesicht und spritzt ihm Wasser in die Augen.

»He!«, schimpft er, muss sich zum Luftholen zwingen und schwimmt weiter. Nächster Wurf, nächster Treffer, dieses Mal erwischt ihn eine Ladung Dreck. Er taucht unter. Das Wasser fühlt sich an wie tausend Stecknadeln im Gesicht, aber er bleibt unten und macht einen Zug nach dem anderen, bis er den Kies des anderen Ufers spürt. Dort stemmt er sich auf die Füße, prustet, zwängt die Augen auf, hebt seine Hände – bereit, den nächsten Angriff abzuwehren –, aber die Laura ist weg.

»Hallo?«, ruft er in den kleinen Lärchenwald hinein, aber nix. »Laura! Komm schon!«, setzt er nach.

Er bibbert. Jeder Quadratzentimeter seines Körpers ist

mit Gänsehaut überzogen. Besser wär's ja, er würd noch ein bissl hier in der Sonne stehen bleiben, aber natürlich keine Zeit. Er läuft in den Schatten der Lärchen, sucht – und findet. Viel Platz ist auf dieser Mini-Insel ja nicht. Die Laura kauert hinter einem Verschlag, den Tarnnetze vor fremden Blicken schützen sollen. Dort ist auch ihr dunkelgrünes Kanu.

»Komm schon, Laura, ich seh dich. Ich will dir helfen!«, ruft er.

»Hau ab!«

»Wenn ich gehe, kommen andere. Aber die sind dir nicht so wohlgesinnt wie ich«, sagt der Arno und ärgert sich sofort über das blöde Wort. *Wohlgesinnt*. Klingt, als hätte er einen Sonnenstich.

»Spießer!«, gibt sie ihm die *wohl*verdiente Antwort, zeigt ihm aber ein kurzes Grinsen.

Am anderen Ufer heulen die Turbinen des Hubschraubers auf. Der Arno schaut hinüber und sieht, wie die Bankleute, streng bewacht von Bernhard dem Hund, ihr Fluggerät besteigen. Scheinbar ist die Party vorbei.

»Laura, das bringt ja alles nix«, sagt der Arno und will sich umdrehen – da liegt er plötzlich auf dem Bauch und spürt ihr Knie im Kreuz.

»Keiner wird kommen. Das hier ist nämlich meine Insel«, zischt sie ihm ins Ohr.

Trotz des Schrecks und der Schmerzen muss der Arno fast lachen, erstens, weil sie einen seltenen Blödsinn redet, und zweitens, weil: Was für eine Frau! Nützt den einzigen Moment, in dem er abgelenkt war, um aus der Deckung zu springen und sich auf ihn zu stürzen wie eine Löwin. Fast wär ihm danach, sich in den Nacken beißen zu lassen, sanft natürlich, aber schließlich ist er ja Polizist, also windet er sich frei und gibt ihr mit ein paar einfachen Handgriffen zu verstehen, dass die Zärtlichkeit noch ein bissl warten muss.

»He! Aua! Polizeigewalt! Nieder mit den …«

»Schschsch.«

»Lass mich los, du Ar…«

»Schschsch. Laura, das ist nicht deine Insel. Das bringt nix.«

»Und WIE das meine Insel ist!«, schreit sie. »Ich kann's beweisen!«

Der Hubschrauber drüben hebt ab, fliegt aber nicht davon, sondern steuert in geringer Höhe direkt auf sie zu. *Wollen die hier landen?*, überlegt der Arno. Aber das ginge niemals gut, weil das Ufer viel zu schmal für sie wäre. »Wie, beweisen?«, fragt er nach unten.

»Ich hab die Insel gepachtet! Okay?«

»Hä?«

»Ge-pach-tet! Keiner bringt mich von hier weg! Ich bleib! Und ich mach auch ein Dorf auf, ein Dorf für bunte Kultu…«

Mehr versteht er nicht, weil der Helikopter jetzt direkt über der Insel schwebt. Lauras riesiges Transparent reißt sich einseitig los und peitscht ihm fast ins Gesicht, die Lärchen über ihnen biegen sich bedenklich …

»Hey!«, schimpft er wutentbrannt und rennt in die Sonne hinaus, damit ihn der Pilot sehen kann. »Verpisst's euch, ihr verdammten Arsch … geweihe!«

Mit dem Fluchen hat's der Arno ja nicht so, aber gerade könnt er aus der Haut fahren vor lauter Frechheit, mehr noch, Gemeingefährdung! Die Laura stellt sich neben ihn, hält beide Stinkefinger in die Luft und macht damit den Paternoster. Dann greift sie sich einen Ast, schleudert ihn hinauf und trifft den Hubschrauber fast, und mein Gott, was für eine Frau, aber so ein Leichtsinn, am Ende fällt ihnen der Vogel noch auf den Kopf und Riesenexplosion und alles ist hin, also ergreift er ihren linken Arm und schaut dann so böse, dass sie's auch ohne Worte kapieren muss.

Da fliegt der Hubschrauber davon.

Der Arno schaut zum anderen Ufer hinüber, wo sich die Larcher und der Aschenwald mittlerweile aus dem Zelt getraut haben. Die beiden Bernhards sind verschwunden, die Blasmusik spaziert in kleinen Gruppen davon, ein paar der Trachtenträger sind stehen geblieben und gaffen herüber.

»So eine … Saupartie!«, sagt der Arno.

»Schweinepriester!«, legt die Laura drauf.

Ihre Blicke treffen sich, und sie hat schon wieder diesen Kampfausdruck im Gesicht, und mein Gott … jaja.

Der Arno überlegt, wie es weitergehen soll. »Wie meinst du das, du hast die Insel gepachtet?«, kommt er auf Lauras Behauptung von vorhin zurück.

»Ja, wie schon? Mit Vertrag halt, Unterschrift und zack!«

»Aber der Aschenwald ist doch der Pächter!«

»Nicht von der Insel.«

»Was? … Blödsinn.«

Sie schaut böse, läuft zu ihrem Verschlag, zieht etwas aus dem Rucksack, kommt zurück und streckt es ihm entgegen. »Da! Ge-pach-tet!«

Er nimmt das A4-Blatt, das in einer Klarsichthülle steckt, und muss sich zuerst aus der Sonne drehen, damit er es lesen kann. *Tatsächlich.* Ein Pachtvertrag, der eine abstrakte

Grundstücksnummer betrifft, genauer bezeichnet als *Insel im Lärchensee*.

»Wie jetzt …«, staunt der Arno, »aber von wem denn?«

Sie hilft ihm, indem sie ihm das Blatt entreißt, es umdreht und mit dem Finger mehrmals auf den Unterschriftenteil tippt.

Der Eigentümer: Ludwig Baldauf, 6535 Stubenwald 34

»Eigentümer … aber das alles hier gehört doch der Gemeinde!«

»Nicht die Insel.«

Der Arno schaut auf. In Lauras Augen blitzt ein Funke, so ein frecher, lebendiger … und langsam ahnt er, dass sie nicht nur kämpfen kann, sondern auch noch viel gerissener ist, als er gedacht hätte.

Und wie er so weiter darüber nachdenkt, über die Laura und die Insel und die Gesamtsituation, hat er plötzlich einen unfassbaren Appetit auf Inselbesitzer Ludwig Baldaufs Käsesahne.

9

Ach, es ist schon faszinierend, wie das mit Recht, Gerechtigkeit und Rechtsprechung in der Welt manchmal laufen kann. Da bekommt man Millionenentschädigungen zugesprochen, weil man sich in einem Lokal mit heißem Kaffee verbrüht hat, im Supermarkt über das eigene Kleinkind gestolpert ist oder geglaubt hat, der Tempomat seines Wohnmobils könne nicht nur die Geschwindigkeit halten, sondern auch noch lenken, während man hinten in der Küche die Katze in der Mikrowelle trocknet.

Aber oft kann's mit der Gerechtigkeit auch seltsam laufen, obwohl alle Beteiligten lesen und schreiben können und noch halbwegs alle Tassen im Schrank haben. Dann nämlich, wenn irgendwelche alten Geschichten und Absprachen ins Spiel kommen oder – Himmel hilf! – Familien und Erbschaften. So etwas in der Art vermutet der Arno schon, wie er draußen auf dem Stubenwalder Dorfplatz auf die Eheleute Baldauf wartet, die sich noch schnell umziehen haben müssen. Sie spielen nämlich nicht nur Theater, sondern auch Blasinstrumente, dürften also schon Bescheid wissen, was am See oben los war.

Die Laura will auf ihrer Insel bleiben, komme, was wolle. Nachdem sich die Larcher und der Aschenwald und die meisten anderen aus dem Staub gemacht haben, hat sie den Arno per Kanu aufs Festland zurückgebracht. Dort hat er sich wieder angezogen und ist auf dem Weg ins Dorf den beiden Anzugträgern vom Aschenwald begegnet, die gerade ein Spielzeugschlauchboot hinauftragen wollten. Der Arno hat kurzerhand das Schraubventil beschlagnahmt und dann gleich sein zweites Betretungsverbot ausgesprochen, dieses Mal *im Auftrag der Inselpächterin*, zusammen mit der Drohung, Verstärkung zu holen, falls nötig auch vom Einsatzkommando Cobra, was man dem Aschenwald und Konsorten bitte schön gleich ausrichten möge. Der Arno hofft, dass sie die Laura so lange in Ruhe lassen, wie er braucht, um die Situation zu klären.

Aber schon irre!, denkt er. Wenn's tatsächlich stimmt, was die Laura behauptet, und das kleine Fleckerl Idylle mitten im Lärchensee immer noch dem Bruder des verstorbenen Wirts gehört, dann kann sie es natürlich von ihm pachten und damit anstellen, was sie will. Schön blöd, wenn dann rundherum die Luxus-Chalets stehen und statt einer malerischen Lärcheninsel-Kulisse *Gams Island* geboten bekommen, *bunt aus Leidenschaft*.

»Kommen'S nur!«, sagt die Klara, lässt ihn ins Gastlokal hinein und verschließt die Tür gleich wieder.

Der Arno meint, die Käsesahne schon riechen zu können, und wie auf Kommando läuft ihm das Wasser im Mund zusammen. Eine halbe, vielleicht sogar eine ganze Torte könnt er jetzt verschlingen, einen solchen Heißhunger hat er. Aber die Klara bietet ihm nix an, nicht einmal einen Kaffee, sondern zeigt nur schweigend auf den Tisch, an den sie sich setzen. »Der Luggi kommt gleich«, sagt sie zittrig. Er glaubt, dass sie geweint hat, vor Kurzem erst.

»Geht's Ihnen nicht gut?«, fragt er sie.

»Doch, doch!«, antwortet sie wie aus der Pistole geschossen und wischt sich die Hände ab, heute nicht an der altertümlichen Schürze, sondern an ihren Hosenbeinen.

Arnos Magen knurrt so laut wie ein Bernhardiner, doch die Klara überhört es. Am einfachsten wär's ja, sie um ein Stück Torte zu bitten, aber dafür ist er viel zu höflich. Da fällt ihm ein, dass er ja noch Schulden bei ihr hat, von gestern. Das würde sie bestimmt auf die Idee bringen, ihm noch etwas anzubieten … Er holt schon Luft und greift an seinen Hintern, um die Geldtasche aus der Jeans zu ziehen – da kommt ein Mann mit eingezogenem Kopf aus der Backstube, nickt dem Arno zu und setzt sich neben die Frau. Im Gegensatz zu ihr ist er spindeldürr und dürfte sogar noch ein bissl größer als der Arno sein.

»Das ist der Ludwig«, stellt sie ihn vor. Neben seiner Größe und Schmächtigkeit fällt auch sein natürlicher Rotschopf auf, und rot sind auch seine Augenbrauen. Er wirkt jugendlich, obwohl die Fältchen um die Augen verraten, dass er wohl schon um die fünfzig sein dürfte. Eine gewisse Schläue leuchtet aus seinem Gesicht.

»Arno Bussi, Bundeskriminalamt. Ich war gestern schon einmal da …«

»Ja. Hab schon gehört, dass Ihnen meine Käsesahne geschmeckt hat«, fällt ihm der Mann ins Wort und grinst, wird dann aber ernst. Sowohl er als auch seine Frau scheinen bereits zu wissen, weshalb der Arno gekommen ist.

»Ja … Also, wegen der Insel«, fängt er an.

»Mhm«, wimmert die Klara mit Vibrato, während ihr Mann still bleibt. Am Hals der Frau tauchen rote Flecken auf, und auch ihr Gesicht wird immer rosiger.

»Die Insel gehört Ihnen?«, fragt er den Bäcker direkt.

Nach einer Denkpause nickt dieser.

»Wie kommt's?«, fragt der Arno so kurz, wie's der alte Dorfpolizist nicht besser könnt.

»Ja, mein Gott, wie halt. Geerbt hab ich sie!«, antwortet der Ludwig und macht sich demonstrativ Luft.

»Von Ihrem Bruder?«

»Schmarrn. Dem hat ja nix gehört. Vom Vater natürlich.«

Beim Stichwort *Schmarrn* knurrt dem Arno schon wieder der Magen. Er muss unbedingt schauen, wo er was zu essen herbekommt, zwingt sich aber, bei der Sache zu bleiben. »Wie kann das sein? Ich mein, dass die Gemeinde Ihrem Vater alles abkauft, nur diese Insel nicht.«

Der Bäcker verzieht sein Gesicht. »Das werden's halt nicht so genau bedacht haben im Gemeindeamt.«

Der Arno glaubt, aus der beiläufigen Antwort einen Funken Stolz herausgehört zu haben, vielleicht auch Schadenfreude. »Ihr Vater hat die übers Ohr g'haut«, macht er seine Vermutung konkret.

»Schmarrn«, wiederholt der Bäcker.

Die Klara bekreuzigt sich. Dann zucken ihre durchs Brillenglas vergrößerten Augen kurz in einen Winkel der Gaststube, in dem ein Kreuz hängt, darunter das gerahmte Bild eines alten Ehepaars, der Mann hält einen riesigen Brotlaib ins Bild.

»Waren das Ihre Eltern?«, fragt der Arno und schaut demonstrativ hinüber.

»Was? Ach, das … ja, das sind die Mama und der Papa«, antwortet der Ludwig.

»Die waren ebenfalls Bäcker?«

»Ja klar!«, sagt er. »Ich bin schon die fünfte Generation.«

»Da haben Sie's bestimmt nicht leicht«, meint der Arno, der nicht nur von seiner Mama und deren Pizzeria weiß, wie schwer es die Selbstständigen heute haben, und Traditionsbäcker sind eine besonders gefährdete Spezies. Außerdem hat der Bernhard ihm erzählt, dass Ludwigs Vater betrieblich verschuldet gewesen ist und deshalb den See verkaufen hat müssen, womit er nur eins und eins zusammenzuzählen braucht.

Die Klara schnüfft.

Der Ludwig antwortet: »Nein, einfach ist das alles wirklich nicht, Herr Inspektor. Gottlob gibt's noch keinen Diskonter weit und breit. Aber wenn diese scheiß Chalets erst einmal da sind und die Infrastruktur und alles, dann …«

Die Klara legt ihre Hand auf Ludwigs Unterarm. Sie schauen sich an. Die zwei sind schon ein merkwürdiges Paar, denkt der Arno. Aber sie wirken, als wären sie gemeinsam schon durch andere schwere Zeiten gegangen. Und das schweißt bekanntlich zusammen.

»Was, dann?«, drängt er, obwohl er sich die Antwort selbst geben könnte.

»Dann, ja dann … dann werden natürlich neue Leute kommen, nicht nur in die Chalets. Und irgendwann …«

Die Klara senkt ihren Kopf und schluchzt, der Ludwig reibt ihren Rücken.

Irgendwann … steht er da, der Diskonter, und der Baldauf auch, denkt der Arno. Seit diese Lebensmittelmärkte ihre eigenen Backstuben haben, geht ja kaum noch wer zum alteingesessenen Bäcker. So eine Kaisersemmel um fünfzehn oder eine Laugenbrezel um neunundvierzig Cent, das sind schon Argumente, da kann das handgemachte Brot noch so gut sein. »Also haben Sie die Insel an die Laura verpachtet. Weil Sie genau wissen, was die draus macht«, behauptet er.

Schweigen.

»Oder?«

Die Klara nickt und heult dann los. Sie steht auf, legt ihre dicke Brille ab, holt sich eine Serviette von hinter der Theke und trompetet hinein.

Der Arno fragt gleich weiter: »Hat die Gemeinde nie versucht, Ihnen die Insel nachträglich abzukaufen?«

»Ach, Herr Inspektor!«, antwortet der Bäcker, »ja klar, was glauben'S denn? Zehn Mal mindestens. Aber das geht nicht. Niemals!«

»Wieso?«

Der Ludwig nickt zum Winkel mit dem Kreuz und dem gerahmten Bild hinüber.

Der Arno versteht den Hinweis nicht. »Weil's die Eltern nicht wollten?«, rät er drauflos.

»Weil sie dort begraben sind!«

Die Klara heult wieder auf.

»Aber das geht doch nicht!«, zweifelt der Arno sofort. »Ich mein, Bestattungen sind ja nur auf Friedhöfen erlaubt, soweit ich weiß.«

»Das mag schon sein. Aber Ausnahmen gibt's immer. Schauen'S, die Mama und der Papa haben schon lang vor ihrem Tod beim Land eine Ausnahmegenehmigung beantragt, und die haben sie auch bekommen.«

»Das geht?«

»Jawohl. Und wie das geht, Herr Inspektor. Vielleicht ist's

heute schwerer, aber damals haben sie die Genehmigung anstandslos bekommen. Das Land hat gemeint, dass man es respektieren muss, wenn jemand auf seinem eigenen Grund und Boden begraben sein will. Wenn'S mir nicht glauben, kann ich Ihnen den Bescheid gern zeigen.«

Der Arno schüttelt den Kopf und will gar nicht daran denken, wie die Bestattung abgelaufen sein muss. Haben sie die Särge mit dem Boot hinübergebracht? Vielleicht noch die Blaskapelle auf einem Floß hinterher? Oder sind's bloß Urnen gewesen? Und was ist mit Ludwigs Bruder, dem Wastl? Liegt der auch dort, neben seinen Eltern? Der Arno kann sich gar nicht erinnern, im Dickicht zwischen den Lärchen Grabsteine gesehen zu haben, wie er die Laura vorhin besucht hat.

Der Baldauf redet weiter: »Dann werden'S auch verstehen, wieso der Papa die Insel behalten hat, oder? Damals ist die Mama nämlich schon dort gelegen. Und recht hat er gehabt, der Papa. Sie sehen ja, was draus wird, aus allem, sobald man's verkauft. Ein Zirkus!«

»Trotzdem haben Sie vorhin für die Banker geblasen«, rutscht's dem Arno heraus.

»Was?«

»Oben. Mit der Musikkapelle.«

Der Bäcker seufzt, bevor er antwortet. »Entweder man ist bei der Musik, oder man ist's nicht, Herr Inspektor. Einsätze werden nicht geschwänzt, nur weil einem die Auftraggeber nicht passen. Außerdem wollt ich mir das einmal aus der Nähe anschauen.«

»Weil Sie gewusst haben, was die Laura vorhat.«

Der Ludwig schaut weg.

»Wer hat eigentlich wen kontaktiert?«

»Wie meinen'S denn das?«

»Hat die Laura Sie gefragt wegen der Inselpacht, oder war's umgekehrt?«

Der Bäcker sucht den Blickkontakt zu seiner Frau, doch die schaut nur verheult zum Fenster raus.

Der Arno hat schon so eine Vermutung. Wie hätt die Laura jemals von selbst draufkommen sollen, dass die Insel dem Ludwig gehört? Viel wahrscheinlicher ist, dass der Bäcker sie auf die Idee gebracht hat.

»Ihr Plan wird aber nicht lang gut gehen«, sagt der Arno.

»Wieso?«

»Haben'S doch gesehen, wie der Aschenwald und die Larcher versucht haben, die Laura von der Insel zu holen.«

»Das dürfen sie nicht!«, wird der Ludwig böse und donnert seine Faust auf den Tisch, dass nicht nur die Klara, sondern auch der Arno zusammenzuckt.

»Luggi!«, schimpft sie ihn.

»Wenn's wahr ist! Die Heidi und der Arthur wissen ganz genau, dass die Insel mir gehört und ich damit tun kann, was ich will! So. Und jetzt ist Schluss mit Reden, Herr Inspektor. Jetzt geht's auf die Gemeinde, und dort wird der nächste Marsch geblasen!«

»Luggi!«

»Nix Luggi«, sagt er, sperrt die Tür auf, zieht seinen Kopf ein und rennt hinaus, der Arno hinterher.

»Herr Baldauf!«, ruft der und will ihn zurückhalten, doch schon stürmt dieser in die Gemeindeverwaltung, die direkt an den Dorfbäck grenzt.

»He! Heidi!«, schreit er hinein, wetzt schnurstracks an einem verdutzten Mitarbeiter vorbei, die Treppe hinauf, wo er gleich die nächste Tür aufreißt, und schau schau: Die Larcher und der Aschenwald und die beiden Anzugständer im Krisenmodus, um den Schreibtisch der Bürgermeisterin herum.

»Ihr seid's ja alle nicht mehr ganz dicht!«, schimpft der Bäcker und ballt seine Fäuste.

Die Bürgermeisterin hebt bloß einen Mundwinkel, während der Aschenwald schon handgreiflich wird. Er packt den Ludwig am Kragen, wozu er seine Hände ganz nach oben strecken muss, und schiebt ihn an die nächste freie Wand. Die beiden Anzugträger tun das, was sie scheinbar am besten können: gut ausschauen.

»Das ist meine Insel! Und mit der mach ich, was ich will!«, keift der Bäcker halb erstickt.

»Schluss jetzt!«, brüllt der Arno. »Aus! AUS! Hände weg, sonst!«

Der Aschenwald lässt den Baldauf los, und endlich hören sie ihm zu. Genauer gesagt starren sie ihn an. Und weil er ohnehin schon wieder wen auffressen könnt vor lauter Hunger, lässt er einfach raus, was ihm auf der Leber liegt. »Spinnt's ihr alle, oder was? Gemeingefährdung war das mit dem Hubschrauber! Seid's froh, wenn ich das nicht anzeige. Aber eines sag ich euch: Wer der Laura auch nur ein Haar krümmt, der bekommt's mit mir zu tun!«

»Der Laura«, spottet die Frau im roten Kostüm und lacht ihn fast aus, »die gefällt Ihnen, was, Herr Inspektor? Sind'S gleich hinübergeschwommen, um ihr die Hand zu halten? Da haben'S ja die richtige Verbündete zum Herumstänkern gefunden, oder?«

Er glaubt, er hört nicht recht. Aber die Larcher redet munter weiter: »Hört Ihnen sonst keiner zu? Wundert mich nicht. Sie haben hier auch gar nix zu melden! Und wenn'S nicht gleich verschwinden und den Querulanten da mitnehmen«, sie zeigt auf den Ludwig, »dann komm ich Ihnen auch mit was, und zwar mit Hausfriedensbruch und Amtsmissbrauch!«

Dem Arno schnürt's fast die Kehle zu vor lauter Wut, aber trotzdem macht er weiter: »Ja fein! Dann red ich mit Ihrem Flugtaxi und frag, wer den Piloten angewiesen hat, so knapp über die Insel zu fliegen.«

Der Aschenwald und die Larcher werfen sich einen kurzen verunsicherten Blick zu.

»Und dann schauen wir einmal, wer hier sein Amt mehr missbraucht hat, Sie oder ich, Frau Bürgermeisterin. Also beruhigen wir uns jetzt alle ein bissl, ja oder nein?«

Schweigen, das der Arno als Zustimmung deutet. Er macht gleich weiter: »Der Herr Baldauf hat seine Insel ganz offiziell an Laura Gams verpachtet.«

So verdutzt, wie die anderen jetzt dreinschauen, dürften sie tatsächlich noch nichts davon gewusst haben.

»Womit sie sich dort auch aufhalten und die Insel bewirtschaften darf, wie sie will. Und wenn sie Zucchini anbaut!«

»Dasss. Issst. Rechtsmisssbrauch!«, zischt die Larcher, dass ihr nur noch die gespaltene Zunge fehlt.

»Das. Ist. Pacht!«, gibt der Arno trocken zurück, dreht sich um und bedeutet dem Ludwig, ihm zu folgen.

»Also ich bin der Luggi«, bietet der dem Arno draußen das Du an, zwischen Gemeindeamt und Bäckerei, und streckt ihm die Hand entgegen.

»Arno.«

»Du, Arno?«

»Hm?«

»Danke.«

»Mhm. Weißt aber schon, dass das alles nicht so einfach gehen wird, mit der Insel und der Laura und allem, oder?«

»Ja mein Gott, was ist schon einfach. Du, ich muss sausen.«

»Wart einmal, Luggi.«

»Wieso?«

»Ich hab da noch ein paar Fragen. Deinen Bruder betreffend.«

»Ach so? Aber ich muss jetzt ganz dringend eine Hochzeitstorte fertig machen.«

»Schon wieder?« Der Arno erinnert sich, dass ihm die Klara schon gestern so etwas als Entschuldigung aufgetischt hat.

»Ja! Und eine Tauftorte noch dazu!«, legt der Bäcker nach und läuft davon.

Gefeiert wird aber ordentlich in Stubenwald, denkt sich der Arno und schaut dem Luggi hinterher, wie er in seiner Bäckerei verschwindet und die Tür hinter sich zusperrt.

10

Es ist ja immer alles relativ. Das hat sich nicht nur der Einstein Albert gedacht, wie er im einen Moment über Gravitation und Raumkrümmung nachgedacht hat und gleich darauf den Müll raustragen hat müssen für seine Mileva, weil sonst schwere Krümmung des Hausfriedens. Nein, die Relativität der Dinge haben schon unzählige Menschen vor und nach ihm erkannt. Genau wie der Arno jetzt. Wie der nämlich einsam und verlassen auf dem Stubenwalder Dorfplatz steht, die Kirchturmuhr zwölfmal schlägt und die Sonne erbarmungslos herunterbrennt, tät er sich am liebsten in den Lärchensee zurückwünschen, so herrlich kalt ist der gewesen. Jaja.

Aber zwei Bedürfnisse verlangen noch viel dringender danach, gestillt zu werden: Hunger und Durst. Der Arno wird sich hüten, noch einmal aus dem Stubenwalder Dorfbrunnen zu trinken, der hier so verführerisch vor sich hin plätschert. Aber er muss unbedingt bald etwas in seinen Magen bekommen. Der Dorfbäck scheidet leider aus, also geht der Arno quer über den Dorfplatz zu seiner Unterkunft zurück, sucht nach der Vevi, die ihm bestimmt was richten könnt, findet sie aber nirgends. Oben auf seinem Zimmer trinkt er drei Gläser Leitungswasser, sucht die Minibar, findet den kleinen Kühlschrank auch, aber nix ist drin. *Wegen Sommer*, vermutet er, zieht sich ein frisches Hemd an, geht wieder raus in die brütende Hitze und probiert's in der Wachstube, aber diese ist schon wieder zugesperrt – logisch: der Bernhard macht Mittag, die Emilia kocht ihm ja immer auf zwölf.

Armer Hund, denkt der Arno und meint jetzt ein bissl auch sich selbst.

Da sieht er ein Schild, wie von einer ... ja, tatsächlich: einer Tabaktrafik, in einer Seitengasse, die an der Kirche vorbeiführt. Ist ihm noch gar nicht aufgefallen. Und nein, er will jetzt nicht wieder zu rauchen beginnen, aber er weiß: Wo Zigaretten sind, da können andere Genussmittel auch nicht weit sein. Schnell geht er hin, hofft nur, dass dort nicht auch gerade Mittag gemacht wird, und heureka: offen.

»Ja, der Herr Bussi!«, sagt ein Mann, den der Arno zuerst gar nicht sehen kann, weil der Laden bis in den hintersten Winkel mit buntem Zeug vollgestopft ist.

»Hallo?«, fragt er in den düsteren Raum hinein. Seine Augen müssen sich erst einmal an die Umgebung gewöhnen. Nach und nach entdeckt er Tabakpfeifen, Schultaschen, Damenstrümpfe, Kosmetika, Traumfänger, Zeitschriften, Wertkarten, Steinketten – tatsächlich hat diese Trafik viel mehr zu bieten, als Platz wäre. Dazu riecht's nach Räucherstäbchen, was beim Arno sofort einen Hustenreiz auslöst, und ein ganz kleines bissl auch nach Cannabis.

»Wie kann ich Ihnen denn helfen, Herr Inspektor? Brauchen'S vielleicht was für Ihren Magen?«, fragt der andere süffisant. »Oder sind'S erkältet? Dafür hätt ich auch was da.«

»Nein, nein … sagen Sie, sind wir uns schon einmal begegnet?«, fragt der Arno.

Der Trafikant, der hinter einem selbst gezimmert wirkenden Tresen sitzt, dürfte schon an die sechzig sein und scheint mit seinem Laden ähnlich verwachsen wie diese untoten Piraten in *Fluch der Karibik* mit ihrem Schiff. Blass, dürr, strähnig graues Haar, kantiges Gesicht. »Wer weiß, wer weiß«, sagt er, »irgendwo haben sich unsere Lebenslinien bestimmt schon einmal gekreuzt. Irgendwann. Wir sind ja alle eins im Universum.«

»Und wer sind *Sie* jetzt, ganz konkret?«, fragt der Arno mit wachsender Ungeduld.

Der Mann legt etwas weg, das sich beim genaueren Hinsehen als halb fertige Steinkette herausstellt. »Ich bin der Charly. Wir können uns gerne duzen, Herr Bussi. Oder geht das etwa nicht, im Dienst?«

»Doch, doch, äh – Arno.«

»Und was führt dich zu mir, Arno? Ach wart, lass mich raten: Du hast Hunger auf was Süßes, kriegst vom Baldauf aber nix mehr.«

Der Charly könnt ab sofort auch Bauklötze zu Ketten auffädeln, so sehr staunt der Arno jetzt. »Woher …«

»Simple Beobachtungsgabe.«

Er dreht sich um und schaut durchs Fenster, kann aber nur einen kleinen Teil des Dorfplatzes sehen. Unmöglich, dass der Charly ihn von hier aus im Auge behalten konnte.

»Du hast vom Brunnenwasser getrunken«, legt der noch einen drauf.

»Ja, und?«

»Und jetzt hast du eine unerklärliche Lust auf die Sachen

vom Baldauf. Auf … Süßes«, krächzt er, räuspert sich und deutet mit seiner sehnigen Hand auf die Schokoriegel, die er anzubieten hat. »Gummis hätt ich auch.«

»Was?«

»Lakritz!«

»Oh.« Der Arno macht einen Schritt auf die Süßwaren zu. Wie er all die bunten Verpackungen sieht, läuft ihm erneut das Wasser im Mund zusammen.

»Schon eine merkwürdige Sache, dieses Wasser«, sagt der Charly. »Keiner weiß, was damit los ist, seit …«

Der Arno horcht auf. »Seit?«

»Ach …«

Jetzt bekommt er's nach der Vevi schon mit dem zweiten Menschen zu tun, der genau an dem Punkt abbricht. Aber dieses Mal lässt er sich nicht mehr abspeisen. »Seit wann?«, fragt er streng.

»Seit der Langfinger wieder aufgetaucht ist«, krächzt der Charly so rauchig, dass man fast glauben könnt, er machte auch bei der Dorfbühne mit, aber als Schlossgespenst.

»Sebastian Baldauf?«

»Ja. … Es heißt, wo auch immer der Wastl so lange gewesen ist, habe er die schwarzen Künste gelernt und damit das Wasser verhext. Oder was glaubst du, warum du sonst so eine Lust hast auf Luggis … Kä-se-sah-ne?«

Da knurrt Arnos Magen nicht eine, nicht zwei, sondern gleich drei Sekunden lang, und das auch noch viel zu laut.

»Ha!«, stößt der Charly aus, steht hinter seinem Tresen auf und starrt unverhohlen auf Arnos Bauch, wartet einen Moment und sagt's dann gleich nochmals, ganz zackig: »KÄSESAHNE!«

Und schon wieder knurrt's, als hätt der Arno dem Pawlow seinen Hund verschluckt. Worauf sich der Charly halb zerkugelt vor Lachen.

Jetzt reicht's dem Arno aber. Er will sich schon umdrehen und gehen, da greift der Trafikant unter die Theke und streckt ihm etwas entgegen. »Da! Schenk ich dir, Herr Inspektor«, sagt er und drückt ihm zwei große Erdnuss-Schoko-Riegel in die Hand. »Und wenn du mal was brauchst, egal was, Hilfsarbeiten oder *Hilfsmittel*, die du sonst nirgends kaufen kannst – du verstehst schon, was ich meine –, der Charly ist dein Mann.«

Der Arno bemüht sich erfolglos, seine Augenbrauen unten zu lassen. Hat er soeben Drogen angeboten bekommen, oder was ist los? *Lieber nicht weiter nachfragen*, denkt er, schnappt sich die Riegel und drückt die Tür auf, als ihm der Charly noch eine allerletzte Botschaft mit auf den Weg gibt.

»KÄSESAHNE!«

Draußen bringt der Arno schnell ein paar Meter zwischen sich und diese seltsame Trafik. Erst hinter dem nächsten Eck bleibt er stehen, reißt einen der zwei Riegel auf und beißt gleich die Hälfte ab, und die Gier ist ein Hund, er bekommt das riesige Stück nicht zwischen seine Backenzähne, sondern muss erst einmal daran herumlutschen und versuchen, es irgendwie am Gaumen flach zu drücken, worauf es sich natürlich prompt festsaugt wie ein Aquariumfisch beim Chinesen. Er drängt sich in einen schattigen Winkel, verbirgt sein Gesicht, kaut und schiebt und arbeitet sich langsam durch Schoko und Karamell zu Erdnüssen und Keksboden vor, der Mund pappt ihm fast zusammen vor lauter süß, und unten links fängt ein Zahn zu ziehen an, aber da muss er jetzt durch. Er kaut fertig, schluckt, beißt ab und kaut wieder, bis beide Riegel unten sind und der Arno wieder der Arno ist.

11

Also, der Hunger und die Männer. Ganze Kriege hätten verhindert werden können, hätte man dem einen oder anderen Diktator nur rechtzeitig einen Schoko-Erdnuss-Riegel hineingestopft. Aber auch ein ganz gewöhnlicher Mann wie der Arno ist abgefüttert viel leichter zu ertragen als hungrig.

Wie er so mit der Extraportion Zucker im Blut zur Polizeiwache zurückspaziert und hofft, endlich mit dem Bernhard reden zu können, fühlt er sich schon wieder ein bissl mehr mit der Welt versöhnt. Manches hat er heute schon herausgefunden, um das ihn die Kollegen Blau und Pammesberger vom Landeskriminalamt bestimmt beneiden würden. Der alte Bernhard wird ihm bestimmt auch noch das eine oder andere Puzzleteil dazugeben, und eins, zwei, drei, hat er den Cold Case gelöst und darf endlich wieder heim nach Wien.

Aber nix.

Weil: Keine Spur von den Bernhards, und ein Post-it hängt heute auch nicht an der Tür, obwohl bereits wieder Öffnungszeit wäre.

»Hm.« Wo mögen sie sein? Und wo könnte der Arno sonst noch hin? Mit wem reden? Wo nachschauen? Alles Grübeln bringt ihn stets zum selben Ergebnis zurück: Er muss unbedingt mit seinem alten Kollegen reden, wegen der Baldaufs, der Gemeinde und diesem unvollständigen Immobiliendeal. Da erinnert er sich, dass er gestern Bernhards Mobilfunknummer abgespeichert hat, sucht den Kontakt heraus und will schon auf das Telefonsymbol tippen – als just in dem Moment das Handy zu vibrieren beginnt.

Ein Anruf aus Wien.

»Ja?«

»Herr Bussi?«, fragt Kermit der Frosch.

»Ja?«

»Innenministerium, Hofrat Klein, grüß Gott. Ich darf mich im Auftrag des Herrn Innenministers nach dem Stand der Dinge erkundigen.«

»Aha?«

»Ja. Also, bitte.«

Dem Arno wird gleich noch viel heißer, als ihm eh schon ist. »Alles gut«, sagt er.

»Ein bisserl genauer geht's aber schon, Herr Gruppeninspektor? Der Herr Innenminister wünscht, unverzüglich detaillierte Informationen zu erhalten.«

Da reißt sich der Arno aus seiner vorauseilenden Unterordnung, denn so weit kommt's noch, dass ihn dieser Froschmann auseinandernimmt wie einen Prüfling an der Tafel. Er schnauft tief durch und sagt dann: »Herr Hofrat Klein?«

»Ja, bitte?«

»Wenn der Herr Qualtinger unbedingt einen Bericht haben will, dann wird er ihn eben bekommen. Schriftlich, und zwar sobald es etwas zu berichten gibt.«

»Aber er wünscht, vollumfänglich Bescheid zu wissen«, sagt der Klein geschwollen.

»Na dann verbinden'S mich halt schnell mit ihm!«

»Nein, das geht nicht.«

»Wieso? Wo steckt er denn gerade?«, wird der Arno frech.

»Wie meinen?«

»Ist er nicht in seinem Büro?«

»Nein, er weilt gerade im äh …«

»Wo?«

»Ausland.«

»Aha!«

»Brauchen'S jetzt gar nicht so zu tun, Herr Gruppeninspektor. Wir kommunizieren mehrmals täglich. Und jetzt bitte, Ihr Bericht.«

»Was interessiert den Herrn Minister überhaupt?«

»Ich verstehe nicht …?«

»Na, an diesem kalten Fall? Fünf Jahre lang hat den keiner angerührt, und jetzt soll's nach nicht einmal zwei Tagen schon etwas zu berichten geben?«

»Ich führe nur seine Anweisungen aus. Also?«

Da hört der Arno etwas, nicht aus dem Telefon, sondern von oben. Motorengeräusche. Er nimmt das Handy vom Ohr, schaut in Richtung der Gipfel und horcht. Tatsächlich. Im Bergkessel dröhnt ein Verbrennungsmotor. Und der klingt überhaupt nicht nach Bagger oder Lkw und nach Hubschrauber schon gar nicht, sondern irgendwie nach … nach …

Da weiß er's plötzlich. Ohne eine Sekunde zu zögern, rennt er los, an Vevis Rosswirt vorbei und den Hang hinauf. Erst jetzt fällt ihm der Anruf wieder ein. »Herr Klein?«, keucht er ins Gerät.

»Ach, da sind'S ja endlich wieder, also …«

»Sagen'S dem Herrn Minister, er kann mich jederzeit selber anrufen oder gern Verstärkung schicken, wenn's so pressiert. Jetzt muss ich aber.«

»Jetzt müssen'S was?«, quakt der Herr Hofrat.

»Schimpfen«, sagt der Arno und legt auf.

Als er den Hauptsteig erreicht, der vom Parkplatz an der Landesstraße zum See hinaufführt, sieht er, dass er nicht alleine ist. Auch der Luggi wetzt gerade nach oben, geschätzt hundert Meter vor ihm, unschwer zu erkennen an seiner Statur und dem Rotschopf.

»Luggi! He! Lug-gi!«

Der hört ihn zuerst nicht – und dann ist er auch schon hinter dem Grat verschwunden.

Keine halbe Minute später erreicht der Arno dieselbe Stelle, schaut hinunter und glaubt, er sieht nicht recht. Dabei ist's genauso, wie er's bereits unten vermutet hat, nur dass das Geräusch nicht von einem, sondern gleich von zwei Jetskis kommt, die die Lärcheninsel alias *Gams Island* umkreisen, wieder und wieder mit Karacho drauf zufahren und im letzten Moment einen Haken schlagen, dass das Wasser im hohen Bogen auf die Insel spritzt.

»He!«, versucht der Arno sich bemerkbar zu machen, aber unmöglich in all dem Getöse.

Unten am See steht ein riesiger amerikanischer Pickup-Truck mit Anhänger direkt am Wasser. Womit klar ist, wie die Jetskis hierhergekommen sind. Der Arno sieht den Aschenwald, der breitbeinig am Ufer steht und so gebannt auf das Geschehen starrt, dass er gar nicht merkt, wie der Luggi von hinten angerannt kommt und ihn mit beiden

Händen schubst, sodass er das Gleichgewicht verliert und vorwärts ins Wasser stolpert. Aber das reicht dem Bäcker offenbar noch nicht, weil er sich gleich noch einmal auf den Kampfzwerg stürzt und seinen Kopf unter die Wasseroberfläche drückt, und mein Gott, der Luggi wird doch jetzt nicht in aller Öffentlichkeit zum Mörder werden wollen, weil genau danach schaut's aus.

Da ist der Arno auch schon unten, springt seinerseits ins Wasser und packt den Bäcker am Kragen, schreit: »He! Aus! Sofort! Auseinander!«, und zerrt ihn vom Aschenwald weg. »Ich mach das.«

»Achtung, Arno!«, meint der, aber zu spät, eine von Aschenwalds riesigen Händen packt ihn im Genick und will ihn jetzt ebenfalls baden gehen lassen, aber der Arno hat ja überhaupt keine Lust dazu, versetzt dem Aschenwald einen Ellbogenstoß in die Rippen, und eine einfache Hebeltechnik später liegt der schon unter Arnos Knie und frisst Staub, besser gesagt: nassen Kies.

»Aus jetzt, beide!«, schimpft der Arno. »Und die Jetskis auch, sonst!«

»Sonst WAS?«, keift der Aschenwald zurück, mit seiner ordinären Krachstimme.

»Sonst«, sagt der Arno ruhiger, »geh ich nicht mehr weg. Nie mehr.«

Zuerst findet er seine Drohung ja selber albern, aber irgendwie scheint sie anzukommen, weil der Aschenwald locker lässt, ein paar Steinchen ausspuckt, aufsteht und einen gellenden Pfiff auf den See hinausschickt. Als die beiden Anzug-Gorillas ihn bemerken, winkt er sie zu sich. Der Arno sieht, dass einer der beiden am Kopf blutet. Der andere schaut aus, als wäre er zwischendurch schwimmen gewesen. Im Hintergrund klettert die Laura auf einen Lärchenast und reckt ihnen allen die geballte Faust entgegen.

Mein Gott, was für eine Frau, muss der Arno jetzt schon wieder denken, es nervt ihn ja selber, aber die Laura – *mein Gott!* – hätt sich bestimmt auch ganz alleine gegen die beiden Jetskis wehren können, diese Naturgewalt.

Aschenwalds Leute erreichen das Ufer und steigen ab. »Ich will eine Körperverletzung anzeigen!«, beweist einer der beiden Affen, dass er nicht nur blöd dreinschauen, sondern auch noch reden kann, und zeigt auf seine Platzwunde.

»Dann will ich einen Hausfriedensbruch anzeigen«, meint der Luggi von hinten.

»Haus?«, blökt der Aschenwald. »Was für ein Haus denn?«

»Besitzstörung«, verbessert der Arno den Bäcker, gefolgt von: »Die Schlüssel, bitte.«

»Was is?«

»Die Schlüssel. Von Ihren zwei Wassermopeds da.«

»Keiner hat die Insel betreten«, wird der Aschenwald spitzfindig.

»Aber den Besitz haben Sie gestört. Mutwillig«, kontert er und streckt den ramponierten Angreifern seine flache Hand entgegen. Die schauen zu ihrem Chef, der schnaubt und dreinschaut, als hätt er in eine Zitrone gebissen. Schließlich gibt er sich geschlagen und nickt.

»Fein. Und jetzt hören'S mir einmal zu, Herr Aschenwald, aber bitte ein bissl aufmerksamer als vorhin im Gemeindeamt. Mir ist ganz egal, was Sie daran nicht kapiert haben, dass die Insel dem Luggi gehört und er sie der Laura verpachtet hat. Aber wenn ich auch nur einen Einzigen von euch noch einmal bei so was erwisch, dann kracht's, aber gewaltig!«

»Genau!«, gibt der Luggi unnötigerweise dazu, worauf ihm der Aschenwald an die Gurgel will.

»He!«, schimpft der Arno und hält die beiden auseinander. »Luggi, du gehst jetzt bitte auch wieder heim«, sagt er, ohne den Aschenwald aus den Augen zu lassen. »Überhaupt wär's ganz praktisch, wenn wir uns ein bissl weniger aufführen täten wie die Paviane.«

Der Arno fürchtet schon, dass sich jemand konkret von seiner Beleidigung angesprochen fühlt, aber die Paviane bleiben ohne Widerspruch. Alle regen sich ab und verziehen sich – der Luggi zu Fuß, der Aschenwald und die zwei Gorillas im Pick-up. Und wie der Arno allein am Ufer steht, der Laura hinüberwinkt und nachdenkt, ob er mit einem der Jetskis kurz bei ihr vorbeischauen sollt, sieht er die beiden Bernhards hinten auf dem Grat stehen. Der Luggi stampft am Polizisten und seinem Hund vorbei, der Alte schaut ihm kopfschüttelnd nach und spaziert dann in aller Gemütlichkeit zum Arno herunter. »Was war denn los?«, fragt er und wackelt mit seinem Schnauzer in Richtung Jetskis.

»Wo bist du denn gewesen?«, fragt der Arno zurück.

»Mittag.«

»Und danach?«

Der Alte schaut plötzlich ganz ernst. »Du bist nicht mein Chef, Arno«, sagt er angesäuert. »Aber wenn du's unbedingt wissen willst, bei der Hitze geht's halt nicht schneller.«

Jaja, der Jüngste ist er nicht mehr, der Bernhard. Dazu hat

er wohl gleich doppelt recht: Es ist viel zu heiß für Arbeit nach Vorschrift, und vorzuschreiben hat der Arno ihm auch nix.

»Aber jetzt hast du schon ein bissl Zeit für mich, oder?«

»Ja, schon.«

»Na dann, komm.«

»Wohin?«

»Patrouillieren.«

»Aha.«

Sie spazieren am Ufer entlang. Auf den ersten Metern reden sie gar nix. Der Kies unter ihnen knirscht, die Luft flirrt über dem Gelände, eine Libelle tanzt knapp überm Wasser dahin. Alles so wunderbar wie nutzlos.

Immer wieder wirft der Arno einen Seitenblick zur Insel, wo die Laura damit beschäftigt ist, das losgerissene Transparent und die bunten Wimpel und Fahnen wieder zu befestigen.

GAMS ISLAND
BUNT AUS LEIDENSCHAFT

Klar, dass der Aschenwald und die Larcher sich alles andere als freuen, dass die Laura ihr schönes Chalet-Projekt quasi im Alleingang zerlegt. Aber mit Wildwest-Methoden wie vorhin werden sie auch nicht weiterkommen. Bestimmt fänden sie eine Lösung, würden sie sich nur alle an einen Tisch setzen und vernünftig miteinander reden – aber mit der Vernunft ist's in Stubenwald wohl nicht weit her.

Die beiden Bernhards und der Arno umrunden den See zu einem Viertel, ohne ein Wort zu wechseln. Der Arno ist fast froh darüber, endlich einmal einen ruhigen Moment zu haben, nach den ganzen Turbulenzen des Tages. Aber trotzdem muss er weiterkommen.

»Du, sag einmal, Bernhard ...«

»Bernhard!«, schimpft der Alte gleichzeitig, erschreckt den Arno damit und hält seinen Hund davon ab, ins Wasser zu springen. Dieses Mal scheint aber nicht die Laura drüben auf der Insel das Ziel des Bernhardiners zu sein. Eher lechzt er nach Abkühlung. Oder wonach auch immer. Vielleicht hat er den Fisch gesehen, der gerade knapp unter der Wasseroberfläche am Ufer vorbeigeschwommen ist.

»Du, Bernhard?«, unternimmt der Arno seinen nächsten Anlauf.

»Hm?«

»Wie stehst du eigentlich zu allem?«

»Was meinst du, Arno?«

»Zum See und den Chalets und den Baldaufs. Hast du schon mitbekommen, dass der Luggi die Insel an die Gams Laura verpachtet hat?«

»Ja.«

»Von wem?«

»Die Emilia hat's mir zu Mittag erzählt.«

Das wundert den Arno einerseits nicht, andererseits schon, denn um an den neuesten Dorfklatsch zu kommen, muss man selber einmal still sein und zuhören können, was er der Emilia irgendwie nicht zutraut. »Und von wem hat sie es erfahren?«

Der Bernhard zuckt mit den Schultern.

»Also?«

»Also was?«

»Wie stehst du jetzt dazu, zu allem?«

Der Bernhard lüftet erst einmal seine Polizeimütze, bevor er sagt: »Ach, Arno … Schad ist's halt drum, wie's früher war. Mit dem Seewirt und allem.«

»Du willst die Chalets also auch nicht haben.«

»Wer schon, außer der Larcher und dem Aschenwald?«

Was den Arno auf einen neuen Gedanken bringt. »Wieso macht sich die Bürgermeisterin überhaupt so für das Projekt stark?«

»Ha!«, stößt der Bernhard aus, schweigt dann aber.

»Sind die ein Paar oder so?«

»Aber wo. Die Larcher will sich halt bei den Genossen als Macherin präsentieren.«

»Ist die selber auch am Projekt beteiligt?«

»Unsinn.«

»Wieso Unsinn?«

»Das läuft alles auf den Aschenwald allein. Die Heidi stammt aus ganz armen Verhältnissen. Bergbauernhof.«

»Ja – und?«

Wieder seufzt der Bernhard erst einmal, bevor er sagt: »Und da wirst du als Bürgermeisterin eines kleinen Dorfs halt auch nicht viel reicher.«

Der Arno denkt weiter über die Larcher nach. Er hat schon davon gelesen, dass sie sich Chancen auf das Amt der Parteichefin der Roten ausrechnet, was sie wohl auch kann, bei deren dünner Personaldecke. Aber so unbeliebt, wie neue Chaletdörfer sind, stärkt ihr das nicht gerade den Rücken. Doch was weiß der Arno schon von der hohen Politik?

Der Bernhard zeigt mit der freien Hand herum und sagt: »Schau einmal, Arno, wie schön das ist – also bis auf die Insel halt, jetzt gerade.«

»Die Laura ist schon ein besonderes Früchtchen, oder?«

»Jaja … die Jugend.«

»Und was machen wir jetzt?«

»Was meinst du?«, fragt der Bernhard, bleibt stehen, schnauft tief durch und lüftet wieder seine Schirmmütze, unter der die weiße Haarpracht ordentlich am Dampfen ist.

»Na, damit«, antwortet der Arno und zeigt zur Seemitte hinüber. »Kann man ja schlecht so lassen, oder?«

»Ihre Sache.«

»Und wenn ihr jemand etwas anhaben will?«

»Auch.«

Womit der Bernhard wohl leider recht hat. Vielleicht sollte der Arno versuchen, an ihre Vernunft zu appellieren. Aber zuerst einmal muss er mit seinem Cold Case weiterkommen. Also zwingt er sich, von der Laura weg- und zum damaligen Mordopfer hinzudenken. »Sag, Bernhard, die Leiche vom Sebastian … Du hast die damals entdeckt?«

»Nein.«

»Wer dann?«

»Ein Wanderer. Hat den Notruf gewählt, und die Zentrale hat mich angefunkt.«

»Was für ein Wanderer?«

»Ein deutscher«, sagt er, als sei damit alles klar.

»Der könnt nix damit zu tun gehabt haben?«

»Nein.«

»Wieso nicht?«

»Ja weil …«, fängt er an, schnauft dann aber erst einmal wieder tief durch. »Weil der nur auf Durchreise war. Hat illegal am See übernachtet.«

»Aber dann hätte er doch was beobachten können.«

»Hätt er können.«

»Hat er aber nicht.«

»Keine Ahnung.«

Der Arno ahnt schon, wieso. »Weil du vorschnell von einem Unfall ausgegangen bist.«

Der Bernhard senkt den Blick. »Mhm.«

»Hat das LKA später noch einmal mit diesem Wanderer gesprochen?«

Schulterzucken.

»Weiß man überhaupt, wer das war?«

Schweigen im Wald.

Also wohl nicht. Aber selbst wenn sie diesen Wanderer finden, was würde das schon bringen? Hätte er etwas bemerkt, hätte er es bestimmt damals schon erzählt.

Hätte, hätte ... »Wo genau ist der Wastl gefunden worden?«, bleibt der Arno dran.

»Dahinten«, zeigt der Bernhard Richtung Stubenwald hinunter. »Wo sonst.«

»Wieso ... wo sonst?«

»Wegen der Strömung.«

Der Arno fragt sich, was bei einem Bergsee groß strömen soll, da erklärt's ihm der Bernhard von selbst: »Zulauf und Ablauf. Das Wasser steigt aus Karsthöhlen nach oben und füllt den See, bis es überläuft – genau da drüben, wo der Wastl gelegen ist.«

»Wie, überläuft?«

»Unterirdisch«, wird der Bernhard wieder knapp und folgt seinem Hund, der weiterwill.

»Bleib bitte einmal stehen, Bernhard. Dieser Überlauf vom See, mündet der zufällig in den Stubenwalder Dorfbrunnen?«, fragt er, weil sein Hirn gerade eine wilde Theorie gesponnen hat, die mit ihm und seiner ersten Nacht auf dem Donnerbalken in der Polizeiwache zu tun hat.

Der Bernhard lacht auf, einmal nur, und klingt dabei so ähnlich wie sein Hund bellt. »Hast etwa mit dem *Tschiggcharly* geredet?«

Tschiggcharly?, fragt sich der Arno verwirrt, kommt dann aber selber auf den Spitznamen des Trafikanten. Trafik, Zigaretten, Tschick – Tschickcharly.

»Arno, hör zu: Der Charly steckt seine Nase gerne in fremde Angelegenheiten und reimt sich dann wilde Sachen zusammen. Er glaubt ernsthaft, der Wastl habe das Wasser mit einem Fluch belegt, und dass er das Talent von seiner Mutter geerbt hat.«

»Was für ein Talent?«

»Ja, die Hexerei halt. Von der Maria, der Hex.«

»Wieso Hex?«

»Ja mei, die war halt so eine Kräuterkundige und hat auch immer ein bissl wie eine Hex dreingeschaut.«

»Jetzt liegt sie mit ihrem Mann da drüben«, sagt der Arno und deutet zur Insel.

»Das weißt du also auch schon.«

»Dann stimmt das echt?«

»Mhm.«

»Aber Grabsteine hab ich keine gesehen.«

»Wollten sie nicht. Die Insel soll ihr Grabstein sein, hat der alte Baldauf immer gesagt.«

»Und der Wastl? Liegt der auch bei seinen Eltern?«

»Nein, unten auf dem Friedhof.«

»Wieso?«

Der Bernhard seufzt, sichtlich ausgelaugt von der Fülle an Informationen, die ihm bereits abverlangt wurde, und muss erst einmal wieder sein Haupt lüften, bevor er antwortet: »Der Luggi hätt seinen Bruder ja gerne drüben begraben – aber das Land hat abgelehnt.«

»Wegen der Hygiene?«

»Hast jetzt Angst, weil du das Brunnenwasser getrunken hast?«, trifft der Bernhard schon wieder ins Schwarze und wackelt mit dem Bart.

Der Arno schüttelt den Kopf und weiß selbst, dass es nicht glaubwürdig ausschauen kann.

»Das Wasser hat nix. Ist ja x-mal überprüft worden.«

»Aber irgendwas muss ja sein!«

Der Bernhard zuckt seine Schultern. »Wasser ist ein seltsames Element«, wird er kurz esoterisch, bevor er bodenständiger fortfährt: »So, Arno, ich muss. Mir ist heiß!«

Entschlossen schreitet er los, der Arno hinterher. Bald erreichen sie die Stelle, an der Sebastian Baldaufs Leiche vor fünf Jahren gefunden worden sein soll.

»Hat der Aschenwald damals eigentlich ein Alibi gehabt?«

»Das darfst du mich nicht fragen.«

»Jetzt komm schon!«

Der Bernhard bleibt wieder stehen. »Ich hab ja mit keinem mehr reden dürfen. Also weiß ich auch nix.«

»Aber interessiert hat's dich schon.«

»Jaja.«

»Und?«

Der Alte schaut unentschlossen auf den See hinaus und schweigt.

»Erzähl mir doch ein bissl was von dem Tag. Oder dem Abend vor dem Fund. Was war da los? Wer war wo?«

Kopfschütteln. »Fünf Jahre«, antwortet er, »weißt du noch, was du vor fünf Jahren gemacht hast, Arno?«

»Aber so ein Tag prägt sich doch ein. Ist ja nicht jeden Tag ein Toter im See.«

Wieder schüttelt der Bernhard den Kopf. Da ertönt ein Schlagersong, *uffza, uffza, uffza*, und dann singt auch noch wer, »Schatzi, schenk mir ein Fo…«, weiter kommt er nicht, weil der Bernhard drangeht.

»Mhm? … Mhm. Hm. Mhm. Hmhm.«

Ansatzlos schreitet der Großmeister der Minimalkommunikation mit dem Telefon am Ohr los, zielstrebig auf den Grat zu, und der Arno kann wieder nur hinterherdackeln.

»He! Bernhard! … Was ist jetzt?«

Dieser windet sich halb zu ihm um, bleibt aber nicht mehr stehen. »Meinetwegen, Arno. Ich werde dir alles von dem Tag aufschreiben, sobald ich kann. Jetzt muss ich aber.«

»Musst du aber – was?«

»Einen Falschparker abstrafen. Pick-up mit Anhänger, direkt bei der Vevi vorm Hauseingang. Bernhard, Fuß!« Sagt's, wackelt noch einmal mit seinem Schnauzer und ist davon.

12

Die Liebe. Mein lieber Schwan, die Liebe.

Wenn erst einmal der lange kalte Winter vorbei ist, der Mai ins Land zieht, die Blümlein blühen und die Bienchen fliegen und alles abwechselnd himmelhoch jauchzt und todtraurig ist, dann geschieht schon so manches, für das man die Vernunft auch nicht mehr verantwortlich machen kann.

Vielleicht ist ja die Liebe schuld, und zwar an Wastls Tod, und ganz bestimmt an nix anderem, denkt der Arno, wie er ein paar Stunden später mit einer gut gekühlten halben Käsesahnetorte vom Luggi zum Lärchensee hinaufspaziert und dabei nicht nur gegen die immer zahlreicher herumschwirrenden Mücken, sondern auch gegen den verdammten Ohrwurm aus Bernhards Handy ankämpft.

»Hm-hm-hmhmhm-hm-hmmm«, summt er vor sich hin, zwingt sich aufzuhören – aber schon geht der Refrain wieder von vorne los. »Schatzi, schenk mir ein Foto …«, muss er zu allem Überdruss auch noch singen, ob er jetzt will oder nicht.

Er geht langsam, um nicht ins Schwitzen zu kommen, denn geschwitzt hat er heute schon genug. Er klatscht sich gegen den Hals, weil er glaubt, die Landung eines Insekts gespürt zu haben. Die Luft fällt sommerwarm von den Bergen ins Tal. Es riecht nach Heu, nach trockener Erde und dann, oben auf dem Grat, auch nach Wasser.

Der Arno geht halb hinunter, setzt sich auf einen großen Stein, öffnet seinen Kuchenkarton, verscheucht zwei große schwarze Fliegen, die sich darauf niedergelassen haben, holt mit bloßen Händen das erste Stück Käsesahne heraus und beißt hinein.

Mein. Gott.

Sahne, Zucker, Topfen, Mandarinen und dann erst dieser Biskuit! Die Aromen kommen hier im Freien sogar noch viel besser zur Geltung als in der Gaststube der Baldaufs. Drei Bissen braucht er nur, um das erste Stück zu verschlingen. Er wischt sich mit der bloßen Hand über den Mund und könnt gleich zum nächsten greifen, aber er muss vernünftig bleiben, vielleicht mag die Laura ja auch noch was. Nur falls sie sich rein zufällig heute noch treffen, natürlich.

Der Arno schüttelt den Kopf über seine Flausen. Eigentlich wollt er ja nur schnell nach dem Rechten sehen. Aber wie er die Laura so dabei beobachtet, wie sie auf ihrer Insel herumwerkelt und schließlich ans Ufer kommt, um Holz für ein Feuer aufzuschichten, denkt er, ganz verkehrt wär's nicht, sich auf der Insel einmal in Ruhe umschauen zu können.

Sie bückt sich zu ihrem Holzturm und hält ein Zündholz hinein.

Er schluckt.

Sie bläst in die Flammen.

Er bläst den Staubzucker vom nächsten Stück Käsesahne, nach dem er automatisch gegriffen hat. »Hm-hm-hmhmhm-hm-hmmm«, summt er mit vollem Mund.

Sie hält einen Speer in der Hand.

Er spürt einen Stich, schluckt, ruft »Aua!« und klatscht wieder, jetzt gegen seinen linken Arm.

Sie spießt einen großen Fisch auf.

Er überlegt, wie sie den wohl gefangen hat.

Sie steckt einen noch größeren Fisch auf einen weiteren Speer.

Er findet, dass sie aber einen ordentlichen Appetit hat.

Sie winkt ihm.

Er schaut hinter sich.

Sie winkt ihm noch einmal.

Er zeigt auf sich.

Sie nickt.

Er klatscht einen Moskito tot.

Sie klatscht einen Moskito tot.

Er steht auf.

Sie steht ja schon.

Er summt schneller. »Hm-hm-hmhmhm-hm-hmmm …«

Sie deutet auf das Feuer. Oder den Fisch?

Er reckt den Daumen.

Sie stemmt die Hände in die Hüften.

Er hebt eine Augenbraue.

Sie tut nix weiter.

Er führt eine Hand zur eigenen Brust und streckt sie zum See hinaus, nicht Winnetou, sondern ob er sie vielleicht besuchen kommen kann.

Sie zuckt mit den Schultern.

Also *egal* ist ihm dann auch wieder zu wenig. Aber er hat ja noch ein weiteres Argument. Er hebt seine Tortenschachtel hoch.

Sie grinst.

Er grinst.

Sie schlägt nach Moskitos und geht wieder zum Feuer zurück, das zu lodern beginnt, stochert herum und steckt die aufgespießten Fische daneben in den Boden.

Er überlegt, wie er hinüberkommen soll. Schwimmen scheidet aus. Zu kalt, und außerdem: Was soll er denn dann mit der Käsesahne machen? Mit dem Kanu abholen lassen will er sich aber auch nicht. Also: Jetski. Praktischerweise hat er die beschlagnahmten Schlüssel immer noch eingesteckt. Und weil's ihm egal ist, ob der Aschenwald ihn bei irgendwem anschwärzt – wie ihm langsam alles egal ist, das mit Polizei und Vorschriften zu tun hat –, schiebt er eines der Wassermopeds seitwärts in den See hinein, springt im letzten Moment mit der Käsesahne drauf, setzt sich, nimmt die Tortenbox auf den Schoß, steckt den Schlüssel ins Schloss, drückt den Starterknopf und …

Nix.

Er treibt bloß vom Ufer weg.

Sie schaut.

Er treibt noch weiter vom Ufer weg.

Sie schaut immer noch.

Er wehrt sich gegen eine ganze Armada fliegender Blutsauger.

Sie auch.

Er merkt, dass der See tatsächlich eine Strömung hat, genau wie der Bernhard behauptet hat, Richtung Stubenwald hinunter, aber natürlich völlig unbrauchbar, weil: von der Insel weg.

Sie … er weiß nicht, was sie macht, weil er jetzt mit dem Rücken zu ihr treibt.

Da erinnert er sich, dass Jetskis solche Sicherungen an Kunststoffleinen haben, die man an seinem Körper festmachen muss, damit sich das Gefährt nicht davonmachen kann, sobald es seinen Fahrer abgeworfen hat. Er sucht und kramt in diversen Fächern und Ablagen herum, findet aber nix. Alles kein Grund zur Aufregung, kann ja nichts passieren, außer dass er wieder strandet, am selben Ufer, von dem aus er gestartet ist, nur ein Viertel Tortenstück See weiter.

Sie ruft: »Wart'!«

Er kann aber schlecht warten. Dafür drehen. Ganz von selbst, im Kreis herum. Und Mücken klatschen. Und schauen.

Sie zieht ihr Kanu ins Wasser.

Er treibt.

Sie kommt.

Er kratzt eine juckende Stelle, unten am rechten Fuß.

Sie ist da. »Los, Cowboy.«

Er steigt vom wackligen Jetski ins noch wackligere Kanu um und reißt dabei fast noch einen Spagat.

Sie paddelt.

Er starrt auf ihren Rücken.

Kann auch entzücken.

Auf der Insel angekommen, hilft der Arno der Laura, das Boot wieder zum Verschlag unter den Lärchen zu bringen. Dann stellt er sich mit ihr ans Lagerfeuer, und ein bissl schüchtern ist er jetzt schon.

»Der Rauch verscheucht die Biester«, meint sie.

»Mhm … magst?«, fragt er und schwenkt seinen Käsesahne-Karton.

»Ich bin nicht so die Süße.«

»Ach …«, sagt der Arno und sucht ein Kompliment, findet aber kein gescheites.

»Fisch?«, fragt sie.

»Ich bin nicht so ein …«

»Fisch?«

Er zuckt nur mit den Schultern. Eigentlich mag er ja Fisch, aber mit all dem Zuckerzeug im Magen …

Verlegen schaut er sich um. Langsam beginnt's zu dämmern, doch noch lässt sich das ganze Gelände einsehen. Sie sind allein. Na ja, streng genommen sind da noch Millionen von Stechmücken und anderen Mini-Fluginsekten, die in schillernden Schwärmen über den See ziehen, und ganz bestimmt auch weiteres Getier, aber keine Menschen.

Die Vernunft meldet sich und fragt, was der Arno eigentlich hier verloren hat. Und was der Bernhard wohl gerade tut. Und der Aschenwald. Und die Larcher, und der Luggi und …

»Setz dich halt«, sagt die Laura.

Also setzt er sich halt.

»Ich hab gewusst, dass du kommst.«

»Ach? … Wieso?«

»Weil du die Kraft spüren kannst.«

»Aha«, meint er, klatscht sich gegen sein Hirn und schaut demonstrativ auf seine Hand. Nicht dass die Laura meint, er hätte ihr gerade nonverbal etwas mitteilen wollen, quasi *Kraft spüren, hast du einen kompletten Huscher*, obwohl er tatsächlich fürchtet, dass gleich Hokuspokus ins Spiel kommt, und hinterher fliegt die alte Baldauf noch eine Runde um den See.

»Danke fürs Abholen«, sagt er.

»Kann dich ja schlecht da draußen lassen, in Seenot.«

»Mhm.« Er spürt einen Stich am Rücken, und gleich noch einen an der linken Hüfte. Er will nach den Viechern schlagen, verbietet sich's aber, weil er den Moment nicht zerstören will. Dabei darf er gar nicht daran denken, wie er immer ausschaut, wenn die Mücken ihn erwischen, da reagiert sein Körper komplett über. Früher hätte man ihn sofort zu den Aussätzigen gesteckt, heute gibt's zum Glück Insekten-Abwehr-Sprays, aber Unglück im Glück, keines da.

Der Fallwind von den Bergen wird stärker. Nicht unangenehm, aber später wird's wohl noch weiter abkühlen. Er fragt sich, was die Laura macht, wenn sie erst einmal alles Brennholz verheizt hat, geschweige denn, wenn der Winter kommt. Sie kann ja nicht ewig so knapp bekleidet hier herumrennen. Was ihn auf ihre absurde Lage bringt. Und auf seine eigentliche Aufgabe.

»Sag, Laura ...«

»Was?«

»Wie hast du dir das eigentlich genau vorgestellt, mit dem Pachtvertrag und der ganzen Aktion?«

Sie zuckt mit den Schultern, stochert im Feuer herum und richtet die Fische neu aus.

»Du kannst nicht ewig dableiben, das weißt du. Und dann?«

»Wieso muss man immer alles planen? Irgendwann muss man doch einfach aufstehen und etwas tun.«

»Aber wieso du? Wieso jetzt? Und ausgerechnet hier?«

Sie schaut ihn an, als würde sie seine Fragen nicht verstehen.

Also legt er nach: »Du kommst ja nicht aus der Gegend, oder?«

»Nö.«

Schon wieder ein Stich, jetzt hinten am Hals, ihm zieht's ganz kalt den Buckel runter, aber er muss konzentriert bleiben. »Wieso bist du ausgerechnet nach Stubenwald gekommen?«

»Willst du schnüffeln, Polizist?«, wird sie böse und steht auf. »Ich hab gedacht, du bist auf meiner Seite!«

»Jetzt komm. Ich frag nur, was sich bestimmt alle anderen auch fragen.«

Sie steht da wie eine Statue. Die Feuerfunken tanzen um ihre Silhouette. *Mein Gott.*

»Setz dich wieder«, bittet er sie.

Sie schaut zum Feuer, dann auf den See hinaus, schließlich tut sie's, wenn auch widerwillig.

»Weißt du, warum *ich* in Stubenwald bin?«, fragt er sie.

»Wegen der Sache mit Luggis Bruder, oder?«

»Du weißt davon?«

»Der Luggi hat's mir erzählt.«

»Ich soll den alten Fall aufklären.« Und es sticht, sticht, sticht. Jetzt zieht er sich doch sein Hemd an den Schultern hoch und schüttelt den Stoff, um wenigstens ein paar der Plagegeister loszuwerden.

»Hm«, macht sie und schaut komisch. »Und jetzt? Kommt die große Befragung, … Bulle?«

Er will zuerst den Kopf schütteln, macht dann aber so eine Halb-halb-Geste.

»Das kannst du vergessen. Ich kann dir überhaupt nix über den Bruder vom Luggi erzählen.« Sie wirft einen Stein in den See.

Der Arno schaut zu, wie sich seine Kreise kontrastreich vom umgebenden Wasser absetzen. Irgendwo steigt eine Luftblase auf. Bestimmt ein Kumpel der beiden Fische, die langsam zu brutzeln beginnen. Das Feuerholz knackt und wird zur Glut. Schon eine sehr meditative Angelegenheit, so ein Feuer. Irgendwie hat es in seinem bisherigen Leben zu wenige Lagerfeuer gegeben, findet er.

»Dann bin ich eben nicht mehr … dienstlich hier«, sagt er mutig.

»Beweis es«, fordert sie.

Er schaut sie an. »Was denn beweisen?«

»Nimm«, sagt sie und zieht eine Flasche Jack Daniel's aus den Sachen, die neben ihr liegen. Sie dreht den Verschluss auf und reicht sie ihm. »Dass dein Dienst vorbei ist, … Bulle.« Zum Glück zwinkert sie noch, sonst müsst er überlegen, ob er nicht langsam sauer werden sollte.

Er zögert. Nicht, weil er keinen Whiskey mag, aber irgendwie fühlt er sich gehemmt. Vielleicht, weil er dafür tatsächlich Feierabend machen müsste. Vielleicht auch, weil er sich noch genau an sein letztes Whiskey-Besäufnis erinnern kann, und au weh, der nächste Tag war überhaupt nicht schön. Auf der anderen Seite passt was Hochprozentiges doch gut zur Situation und hilft ihm vielleicht, sich locker zu machen, möglicherweise macht's ihn sogar weniger attraktiv für die Stechmücken, und nach seiner Käsesahne-Orgie schadet's dem Magen bestimmt auch nicht …

»Denkst du dir gerade eine Doktorarbeit aus? … Bulle? Hab ich's doch gewusst.«

»Gib her«, sagt er, reißt die Flasche an sich, trinkt einen ordentlichen Schluck und reicht sie ihr zurück.

Sie grinst, trinkt ebenfalls und starrt in die Flammen, die immer deutlicher aus dem Tageslicht heraustreten und Lauras sanfte Züge beleuchten. Die Nase, die vollen Lippen, die …

»Und wieso ausgerechnet jetzt?«, fährt sie mitten in seine Verzückung hinein.

»Was denn?«

»Du. Hier. Wie lang ist dieser Mord schon her?«

»Fünf Jahre.«

»Und ausgerechnet *jetzt* sollst du ihn klären?«

Genau das wundert ihn ja auch. Schon ein merkwürdiger Zufall, dass ihn der Qualtinger herschickt, wo gerade mit den Chalets alles drunter und drüber geht. Zufall oder nicht?

»Vielleicht geht's ja gar nicht um den Mord«, sagt sie, nimmt sich einen der Fische, schiebt die Haut mit einem riesigen Messer ab – so ein Überlebensmesser, wie's in den Achtzigern in Mode gewesen ist – und macht einen Biss, einfach so, noch am Stock. Dann verzieht sie das Gesicht. »Salz und Pfeffer hast du nicht zufällig?«

»Staubzucker hätt ich«, scherzt er, aber sie findet's irgendwie nicht komisch.

Er schaut ihr beim Essen zu und denkt nach. Könnt schon was dran sein an ihrem gemeinsamen Verdacht. Bestimmt hätt's weder den Qualtinger noch sonst wen gejuckt, wenn dieser *Cold Case* noch länger auf Eis gelegen hätte. Was also, wenn der Herr Innenminister nicht nur vordergründige, sondern auch hintergründige Absichten verfolgt?

Der Mord … die Chalets … der Aschenwald … die Larcher …

»Kein Zufall«, sagt er laut.

Die Laura spuckt eine Gräte aus und fährt sich mit dem Finger in den Mund. »Pah«, stöhnt sie und setzt die Whiskeyflasche an. Bevor sie weiterredet, spült sie erst einmal geräuschvoll die Mundhöhle aus und schluckt. »Alles ist Zufall. Stell dir vor, von all den Millionen Spermien deines Vaters bist ausgerechnet du hier.«

Der Arno muss irgendwie den Gedanken an Papas Spermien gleich wieder loswerden und streckt seine Hand nach der Flasche aus. Die Laura gibt sie ihm grinsend. Dann beißt sie in den zweiten Fisch hinein.

»Hat der Luggi eigentlich dich kontaktiert oder war's umgekehrt?«

Sie zuckt mit den Schultern.

»Jetzt komm. Ist doch kein Geheimnis, oder?«

»Doch noch im Dienst … Bulle?«

»Aber wo.«

»Dann halt einmal die Klappe.«

Also bleibt er einmal still.

Irgendwann ist der Fisch in Lauras Magen und die Käsesahne in Arnos – streng genommen nur ein weiteres Stück, womit er immer noch zwei auf Reserve hat. Aber die Laura mag ja nix Süßes. Ihr Pech.

Der Rauch hilft tatsächlich, die Mückenplage etwas einzudämmen, aber die juckenden Stellen werden trotzdem immer mehr. Sogar durch Socken und Jeans schaffen's die Biester. Inzwischen hat er sich entschlossen, sie mit Verachtung zu strafen und die Folgen ihrer Attacken mit Alkohol zu betäuben. Eine Flasche Jack Daniel's ist schon weg, die zweite gerade in Arbeit. Er schaut der Laura zu, wie sie den Whiskey wie Wasser hinunterstürzt. Dann steht sie auf, schon leicht wacklig auf den Beinen, um neues Brennholz zu suchen.

Mittlerweile ist es zu dunkel, um einzelne Objekte, Menschen oder Tiere am anderen Ufer ausmachen zu können. Diese Dunkelheit auf dem Land ist schon unglaublich, so weit weg vom Lichtsmog der Großstadt … und einen sitzen hat er definitiv auch.

»Tanz!«, sagt sie, als neue Flammen züngeln und schnell größer werden.

»Was?«

»Tanz!« Sie hüpft ums Feuer herum, dreht sich und stampft die Füße in den Kies. Direkt vor ihm bleibt sie stehen und schreit ihn an: »Los, Arno Bussi! Oder traust du dich etwa nicht, BULLE?«

Er zögert. Schließlich gibt er sich einen Ruck und lässt sich von ihr hochhelfen. Ja, eindeutig: Er hat schon mehr als nur ein bissl zu viel Whiskey intus.

»Tanz!«

Was soll's, denkt er sich und macht ein paar ungelenke Bewegungen. Verlegen kratzt er sich hinterm Ohr, und schau schau, auch dort hat schon ein Moskito seinen Rüssel reingebohrt. Morgen wird er ganz furchtbar ausschauen und vor lauter Juckreiz nicht mehr wissen wohin. Aber morgen ist morgen. Jetzt ist er hier bei der Laura und beim Feuer und beim Tanzen. Er. beim. Tanzen. Das hätt er vor ein paar Minuten noch für unmöglich gehalten. Wenn er alleine dran denkt, wie er sich bei diesem Walzerkurs mit der Minnie geniert hat! Selbst jetzt im Rausch fragt er sich, wie es wär, wenn jemand da drüben am Ufer stehen und ihm zuschauen würde, der Bernhard vielleicht, oder der Tschiggcharly, oder der Luggi, oder die Larcher, oder …

»Das nennst du tanzen?«, keift die Laura und rempelt ihn so fest aus der Balance, dass er beinahe vorwärts ins Feuer abtaucht.

»Hey-a-hey-a-hey-a-hey!«, singt sie wie ein waschechter Häuptling der Comanchen.

Und als hätt sie damit einen Zauberspruch aufgesagt, geht's auf einmal auch im Arno los. Er weiß nicht woher, aber plötzlich hört er Trommeln im Takt seiner Schritte. Zuerst nur ganz leise, dann immer lauter … *Dam-bam-bam-bammm, dam-bam-bam-bammm, DAM-BAM-BAM-BAMMM* …

Ihm ist schwindlig und seine Gedanken ertrinken im Alkohol. Er spürt das Feuer im Gesicht. Er hebt seine Füße, stampft sie in den Boden, klatscht sich hierhin und dorthin, dreht sich links, dreht sich rechts, spürt die Sommerluft, macht nun größere Bewegungen, streift dabei zufällig die Laura, will sich entschuldigen, aber sie nimmt es einfach hin, nimmt *ihn* einfach hin, und er *ist* einfach und es juckt einfach und sie tanzen einfach und die Trommeln werden lauter und er singt: »Hey-a-hey-a-hey-a-hey!«, und alles wird leicht und alles wird gut.

Alles. … Ist. … Gut.

»Trink!«

13

Irgendwann …

Er zappelt wie besessen,
stampft die Füße in den Kies;
er holt sie aus den Schuhen
und er spürt die kalten Steine,
aber ihm ist viel zu heiß;

Also schlüpft er aus dem Hemd
und er dreht sich und er schwitzt
und sie dreht sich und sie schwitzt;

Und sie wirft noch mehr Holz ins Feuer
und sie tanzen immer weiter
und die Funken um sie auch;

Und alles in ihm jubelt
und jetzt trommelt auch sein Herz,
und sie halten sich am Feuer,
stehen viel zu nah am Feuer;

und dann liegen sie im Kies, und die Trommeln trommeln weiter und die Flammen lodern weiter und sie küssen immer weiter und sie gehen immer weiter und …

… und …

Filmriss.

Vierter Tag

14

Der Schmerz, der ist schon ein seltsamer Geselle. Meistens kommt er unerwünscht und in den allermeisten Fällen geht er zum Glück auch gleich wieder, ohne dass man ihn extra darum bitten müsst. Aber manchmal, ja manchmal, da bleibt er länger, und hin und wieder sogar für immer.

Was wir für den Arno einmal nicht hoffen wollen, wie der so langsam in stabiler Seitenlage wieder zu Sinnen kommt. Es ist nicht mehr das Feuer, das sein Gesicht wärmt, jetzt ist es die Sonne, und die steht nicht bloß ein bissl über dem Horizont, sondern schon ziemlich weit oben. Sie blendet ihn so sehr, dass er seine Augen mit der Hand abschatten muss.

Doch die Helligkeit hat ihn nicht geweckt. Wach geworden ist er von einem Störgeräusch. So einem hinterhältig gemeinen Laut, den eigentlich nur einer machen kann.

Ein Hund. Genauer gesagt: DER Hund. Der Bernhardinerbernhard. Mit jedem Bellen schießt neues Adrenalin in Arnos Körper.

»Aua«, ächzt er und versucht, sich zu drehen, lässt's aber gleich wieder bleiben, weil sich seine Haut anfühlt, als würde sie sich ablösen wollen.

»Ar-no!«, ruft jemand.

Ich bin nackt!, bemerkt er, und schlagartig ist es wieder da, das Schamgefühl, das er vor Stunden einfach abgestreift hat. Er nimmt die Hand von seinen Augen und bedeckt damit sein bestes Stück, der andere Arm ist unter seinem Körper eingeklemmt und völlig taub.

»Aua!«, stöhnt er wieder, als er sich den nächsten Ruck gibt, und erneut schafft er's nur ein paar Zentimeter weit. Der Geruch kalter Asche steigt ihm in die Nase, was ihn darauf bringt, dass ihm eigentlich speiübel sein müsste.

Ja, ist mir, weiß er eine Sekunde später.

»Ar-no! Bist du verletzt?«

Er erkennt die Stimme vom Franz Bernhard, ohne extra hinschauen zu müssen. Trotzdem dreht er vorsichtig seinen Kopf, wobei seine Wirbelsäule so ein ungutes Geräusch macht, ein Schleifen und ein Knirschen, als würden Kieselsteine in der Waschmaschine spazieren fahren.

Da sieht er die Laura.

Mein Gott, denkt er, meint's aber ganz anders als gestern. Weil: Auch sie ist splitterfasernackt und über und über mit getrocknetem Schlamm besudelt. Sie müssen ausschauen wie zwei angespülte Wasserleichen.

»Laura! … Pst!«, macht er, aber sie reagiert nicht. Also dreht er sich so weit es geht zu ihr hin, zieht einen halb verbrannten Ast aus der Asche und stochert der Laura damit in den Rücken. Einmal, zweimal, dreimal, und überall, wo er sie trifft, fällt die Schlammkruste ab. *Könnt man jetzt fast einen Smiley draus machen*, denkt er. »He! Laura, aufwachen!« Da merkt er erst, wie sehr er lallt.

»Was?«, jammert sie lang gezogen. »Aua!«, stöhnt auch sie, und wie sie dem Arno ihre Vorderseite zuwendet, hat er so einen Verdacht, was mit seinen letzten beiden Stücken Käsesahne passiert sein könnte.

»He! Arno! Du musst kommen!«, ruft der Bernhard.

»Shit!«, meint die Laura und erschlafft wieder.

Der Arno hebt seinen Kopf an, und wieder knirscht's im Gebälk, was aber nicht schlimm ist, denn etwas anderes ist noch viel schlimmer: Der Bernhard ist nicht allein gekommen. Insgesamt stehen sechs … nein, drei uniformierte Beamte am anderen Ufer, und zwei … nein, ein Hund, der andere Bernhard, der munter weiterbellt. Und: Auch der Arno hat sich irgendwann in der Nacht über und über mit Schlamm besudelt.

Jetzt soll einmal einer versuchen, sich aus so einer Situation noch halbwegs würdevoll herauszuwinden. Viel Spaß. Aber es nützt ja nix. Mit allerletzter Motivation zwingt er sich, gegen die Schmerzen anzukämpfen, die ihn packen, als er sich aufsetzt. Große Brocken getrockneter Erde und zahlreiche Kieselsteine lösen sich von seiner Seite, das meiste bleibt an der Haut kleben – egal. Er reibt sich so viel Dreck ab wie möglich, schaut sich um und sucht seine Kleidung und findet sie auch, aber leider höchstens zur Hälfte, und jetzt nicht etwa nur die Unterhose oder nur das Hemd, sondern halbe Unterhose, halbes Hemd und bloß noch ein bissl Jeans schauen verkohlt aus der Asche heraus.

»Na bumm«, sagt er, wie er die ganze Schweinerei betrachtet, die sie vergangene Nacht angerichtet haben. Sein Herz hämmert viel zu schnell und der Druck im Kopf fühlt sich an, als würde sich demnächst seine Schädeldecke ablösen wollen. Schlecht ist ihm ohnehin, und dazu noch so schwindlig, dass er einem fast leidtun könnt, wenn er nicht selber an allem schuld wär.

»Arno! Seid's ihr überfallen worden?«, ruft der Bernhard herüber. »Braucht's ihr Hilfe?«

»Nein«, raunt er leise, räuspert sich und macht's noch einmal, lauter. »Nein, nein!«

»Dann komm schnell! Es ist was passiert!«

Er kann aber nicht schnell kommen, weil er sich erst einmal übergeben muss.

Einige Minuten später bricht der Arno zum anderen Ufer auf, mit der Che-Guevara-Flagge als Kilt und Lauras Kanu als Gefährt.

Zu seiner Verwunderung spürt er gar nix mehr von seinen zahlreichen Insektenstichen. Ob's mit der Ganzkörper-Schlammpackung zu tun hat? Da hätt er ja ein echtes Wundermittel gefunden.

Er bringt das Kanu seitlich am Ufer zum Stehen und schaut dann so unschuldig wie möglich zu den Männern hinauf. Der Bernhard, eigentlich tief gebräunt, wirkt ziemlich blass. »Um Gottes willen, Arno!«, sagt er, als würd er einen Geist sehen, und hält sich die flache Hand vor den Schnauzer. Die anderen beiden Polizisten tuscheln angeregt und kichern wie die Schulbuben. »Hast du heute schon einmal in den Spiegel geschaut?«, legt der Alte noch einen drauf.

Ja wie denn?, denkt sich der Arno und überlegt dann angestrengt, wie er aus dem Kanu wieder herauskommt, ohne dass es gleich noch peinlicher wird. Wie ein Hundertjähriger auf Koks legt er die Hände an den Bootsrand und stemmt sich auf, da beginnt das Boot zu wackeln, immer fester, bis er merkt, dass nur er dran schuld ist, quasi selbst verstärkendes Schaukelprinzip, also lässt er's wieder bleiben. Da haben die beiden unbekannten Kollegen endlich ein Einsehen, packen ihn unter den Achseln und heben ihn einfach aus dem Kanu heraus. Anschließend fotografiert ihn einer der Kollegen mit dem Smartphone und hält es vor sein Gesicht.

Nein, kenn ich nicht, liegt ihm auf der Zunge, weil: Monster aus dem Torf. »Oh!«, sagt er und reibt sich schnell über das rußgefärbte Gesicht, als könnte das was bringen.

»Vielleicht einmal untertauchen?«, schlägt der Bernhard vor und zeigt auf den See. »Aber schnell!«

Und so kommt's, dass der Arno etwas später – ordentlich gekühlt, halbwegs sauber und um einiges nüchterner – mit den anderen in den Ort hinunterwankt und die ersten Informationen zu verarbeiten versucht.

»Seid's ihr sicher?«, fragt er, weil er nicht glauben kann, was er gerade gehört hat.

»Tot ist tot«, sagt der Bernhard bedeutungsschwer und zweigt auf den Steig ab, der zur Vevi hinuntergeht.

Hinter dem Rosswirt bleibt der Arno stehen. Er tät sich gern duschen und umziehen, und ein Kaffee wär bestimmt auch sinnvoll, ein achtfacher Espresso mindestens, und Schmerzmittel, unbedingt Schmerzmittel, aber leider hat er seinen Zimmerschlüssel irgendwo am See oben gelassen, wahrscheinlich auch im Feuer geröstet.

»Kannst du mir vielleicht …?«, fleht er den Bernhard an, und der scheint zu verstehen, bevor der Arno überhaupt ausgeredet hat, weil er nickt und schnell ums Eck verschwindet. Derweil bleibt der Arno mit den beiden anderen Polizisten und dem Hund hinter dem Rosswirt in Deckung.

»Sie waren also der Polizist im Kitzlingtal letztes Jahr?«, staunt der Größere und mustert ihn.

»Mhm«, macht der Arno lustlos. Er denkt nur ungern an seinen ersten *Spezialauftrag* in Tirol zurück, der ihn in Polizeikreisen zu einer kleinen Berühmtheit werden hat lassen. Ihm ist davon nur eines in Erinnerung geblieben: Wie unglaublich kalt es war. Und nass. Und die Eva, okay. Die Eva natürlich auch.

»Huber«, sagt der Kleinere, salutiert stramm und reicht ihm die Hand.

Der Arno schüttelt sie und fragt: »Wo kommt's ihr denn her?«

»Polizeiwache Niedersackental. Auer mein Name«, stellt sich der andere vor.

»Und wieso seid's ihr da?«

Sie schauen sich an. »Ja, weil wir geschickt worden sind, halt.«

»Ihr«, legt der Arno nach.

Jetzt schaut der Kleine ein bissl beleidigt, was den Arno fast schon zu einer Rechtfertigung nötigt, als der Bernhard mit einem Stapel Kleidung ums Eck biegt. Genauer gesagt, einer Polizeiuniform.

Was soll's, denkt der Arno, mit Che Guevara um die Hüften kann er ja schlecht am Leichenfundort auftauchen, also nimmt er die Hose und dreht sich um, lässt die Flagge fallen und muss zum Einsteigen in die Hosenbeine gleich zweimal ansetzen, weil er die Balance immer noch kaum halten kann. Natürlich ist die Uniform zu kurz und zu weit, sie muss vom Bernhard sein und schaut am Arno mehr nach Hip-Hop-Mode als nach sonst was aus. Selbst an die Schuhe hat der Bernhard gedacht. Barfuß schlüpft der Arno hinein, und wider Erwarten passen sie gar nicht schlecht.

»Na ja«, meint der Bernhard anschließend, schaut ihn einmal von oben bis unten an und zupft ein bissl an ihm herum. »Wird schon gehen. Jetzt komm!«

Als sie hinter Vevis Rosswirt hervortreten, reicht ihm einer der Niedersackentaler einen kleinen Karabinerhaken und deutet auf seinen Hosenbund. Der Arno kapiert, fädelt das Ding gleich durch drei Gürtelschlaufen auf einmal, bevor er ihn schließt, und schon muss er seinen Hosenbund nicht mehr festhalten.

Und dann wird's plötzlich ernst.

15

Jaja, der Arno und der Tod. Bisher hat er nicht daran gedacht, was passiert, wenn er sich einem frisch Verstorbenen nähert. Wozu auch. Aber wie er in Richtung Dorfbäck läuft, am Polizeiauto der Niedersackentaler vorbei, stellt es sich wieder ein, dieses merkwürdige Gefühl, das er sich selber nicht erklären kann. Ein Brennen in der Brust. Ein plötzliches Aufgewühltsein, feierlich irgendwie und doch wieder nicht. Zu gerne würde er die vergangene Nacht dafür verantwortlich machen. Dabei weiß er genau: *Im Dorfbäck liegt eine Leiche.*

Das scheinen auch die Leute zu wissen, die sich vor dem Fenster des Gastraums versammelt haben und ganz unverhohlen versuchen, einen Blick hineinzuwerfen.

»He! Geht's weg! Hier gibt's nix zu sehen!«, sagt der Bernhard ungewohnt autoritär. »Jetzt bewegt's euch schon!«

Aber die Schaulust ist ein Hund. Weil: Wenn die Leute erst einmal einen Unfall oder gar einen Toten zu Gesicht bekommen, dann macht's klick und sie mutieren zu Zombies, die keinen Blick für das Geschehen rundum mehr haben, sondern nur mehr für Sensation, Unglück und Tod. Es geht nämlich keiner weg, und doch, es scheint durchaus etwas zu sehen zu geben. Worauf der Arno beschließt, erst einmal hier draußen für Ordnung zu sorgen. »Huber! Auer!«, sagt er zackig zu den Niedersackentalern und kann nur hoffen, dass er nicht mehr lallt. »Sie bringen die Leute weg und stellen das Auto vors Fenster. Und machen'S das blöde Blaulicht aus.«

»Zu Befehl!«, sagt der Kleine und salutiert so zackig, dass er sich selbst fast die Mütze vom Kopf stößt.

Der Große tut's ihm nach, wirkt dabei aber höchstens halb so beflissen.

»Und passt's mir auf den Hund auf«, sagt er zu ihnen und zum Bernhard zugleich, weil der nicht so ausschaut, als würd er dadrinnen auf seinen besten Freund verzichten wollen, und habe die Ehre, der Arno will sich gar nicht vorstellen, wie der Fundort danach ausschaut.

Der Arno klopft an die Eingangstür. Das komische Gefühl in seinem Bauch überstrahlt jetzt alles andere, die Übelkeit, die Kopfschmerzen, den lausigen Zustand seines Kreislaufs …

Als jemand von drinnen auf die Tür zukommt und aufsperrt, meint der Arno, einen Geist zu sehen, weil der Mann durch das wellige Glas fast ausschaut wie der Bäcker Luggi, der doch eigentlich …

»Grüß Gott«, sagt der Kerl, der sich dann optisch doch vom Hausherrn unterscheidet, zum Glück, weil Gespenster braucht der Arno nicht auch noch sehen. »Lutz«, sagt der Mann und streckt dem Arno die Hand entgegen. Ende vierzig, groß und schlaksig, schütteres brünettes Haar, schmale Lesebrille, stechender Blick.

»Der Doktor«, erklärt der Bernhard.

Der Arno wird hereingebeten und glaubt dann gleich, ihn trifft der Schlag, wie er den Baldauf Luggi unterm Fenster liegen sieht. Sein Gesicht ist ganz verschmiert, aber Statur und Kleidung und rote Haare lassen keine Zweifel zu. Neben ihm liegt eine zermatschte Käsesahnetorte auf dem Boden, die vorher anscheinend in seinem Gesicht geklebt hat.

Am Kuchen erstickt, denkt der Arno sofort.

Der Bernhard steht hinter ihm und atmet laut aus, einmal, zweimal, in die Stille hinein. Dann läuft er würgend hinaus.

Der Polizeiwagen der Niedersackentaler fährt dicht ans Fenster heran.

»Wonach riecht's hier jetzt plötzlich?«, fragt der Arzt unverhohlen.

Der Arno hat schon so eine Vermutung, was er meinen könne. *Ihn*. Und seine Fahne. Und das Feuer. Und den maßlosen Exzess. Er selber riecht nix. Aber so ist das ja generell – stinken tun immer die anderen.

»Wer hat Sie gerufen?«, flüchtet sich der Arno in eine Gegenfrage.

»Seine Frau, die Klara.«

»Und wie haben Sie ihn aufgefunden?«

»Genau so.«

»Sie haben den Kuchen also nicht runtergenommen?«

»Nein, das muss die Klara gemacht haben … Ich hätt auch so gesehen, dass da nix mehr zu machen ist. Also hab ich nur den Brustkorb abgehört und dann den Notruf gewählt.«

»Mhm.« Womit geklärt sein dürfte, wieso die Kollegen hier sind – ihre Polizeiwache ist größer als Bernhards One-Man-Show in Stubenwald und rund um die Uhr besetzt. Aber jetzt können die beiden Streifenpolizisten hier natürlich auch nichts ausrichten. Jetzt braucht's, ehrlich gesagt, auch nicht den Arno vom Bundeskriminalamt, sondern das Tiroler LKA – und dazu, noch viel dringender, deren forensische Experten.

Er will schon nach einem Handy fragen – seines liegt wahrscheinlich irgendwo auf der Lärchenseeinsel –, als er etwas sieht. Etwas Glitzerndes, in der Mitte einer Sonnenreflexion auf dem Boden. Er geht hin und bückt sich.

Und erkennt ihn gleich.

Den Totenkopfknopf.

Vom Aschenwald.

»Mmmhm!«, staunt er und muss sich fast zwingen, jetzt nichts zu überstürzen, weil: Ein bissl überlegen wär schon auch noch gut. Wenn's nur nicht so schwer wär an diesem Morgen …

»Wo ist eigentlich die Klara?«, fragt er den Arzt.

»Ich hab ihr etwas zur Beruhigung gegeben. Sie schläft oben.«

»Hat sie was gesagt?«

Die Augen des Doktors wandern hin und her. Dann sagt er leise: »Gestammelt hat sie, ja. Immer wieder das Gleiche. … Siebzehn und sieben.«

»Siebzehn und sieben?«

»Siebzehn und sieben. Immer wieder. Und dazwischen etwas mit Sonnenthron.«

»Sonnenthron?«, echot der Arno und versteht bloß Bahnhof. »Hat sonst noch wer mit ihr geredet?«

»Nein. Nur ich.«

Siebzehn und sieben, denkt er. Macht vierundzwanzig. Was die Klara wohl meint? Im Schock sagt man ja oft blöde Sachen. Aber irgendwie klingt das jetzt zu blöd, als dass man's gleich wieder vergessen könnte. *Siebzehn und sieben* … und *Sonnenthron?*

Er schüttelt den Kopf. Das Gestammel bringt ihn dem Mörder kein bissl näher. Der Totenkopfknopf hingegen sehr wohl.

Wenn der Aschenwald das hier wirklich angerichtet haben sollte, hat er vielleicht auch was mit dem Mord am Wastl vor fünf Jahren zu tun? Hat er auf diese Weise die Bahn für seine Chalets freigeräumt? Und sich jetzt am Luggi gerächt? Weil der ihm mit der Laura und der Insel in die Suppe spuckt? Und ihn außerdem gestern am See fast ertränkt hätte?

Siebzehn und sieben … Sonnenthron …

»Etwas ist merkwürdig«, spricht der Arzt in die Stille hinein.

»Was denn?«

»Also ich bin ja kein Pathologe, aber nach Ersticken schaut mir das nicht aus. Die typischen Stauungsblutungen fehlen.«

»Wonach dann?«, fragt der Arno und schaut den Doktor an, der nur mit den Schultern zuckt.

»Todeszeitpunkt?«

Schulterzucken, die Zweite.

»Na gut. Sie passen auf, dass keiner mehr hereinkommt, bis die Innsbrucker da sind.«

Der Lutz schaut kurz überfordert, nickt dann aber, der Arno nickt zurück und geht auf den Dorfplatz hinaus.

Die Sonne strahlt ihm ins Gesicht. Die Leute, die vorhin durchs Fenster geschaut haben, stehen jetzt vielleicht fünfzehn Meter weiter um den Dorfbrunnen herum und gaffen unverhohlen her.

»Ihr bleibt's da und passt's auf, dass keiner einen Blödsinn macht«, sagt der Arno zu den Niedersackentalern und lässt sich dann den Schlüssel zu ihrem Dienstwagen aushändigen. Er reicht ihn gleich an den Bernhard weiter, der immer noch ziemlich blass um die Nase ist.

»Was soll ich damit?«, fragt der.

»Fahren. Ich kann grad nicht.« Könnte der Arno schon, aber er könnte dabei auch versehentlich den Dorfbrunnen niedermähen, also lässt er's lieber und steigt auf der Beifahrerseite ein, während der Bernhard dem anderen Bernhard auf den Rücksitz hilft.

Arnos Kopfschmerzen werden wieder stärker. Dazu ist ihm jetzt wieder deutlich schwindliger als nach seinem Morgenbad im See. Aber was hilft's.

»Wohin?«, will der Bernhard wissen, nachdem auch er endlich eingestiegen ist.

»Zum Aschenwald.«

Schweigsame fünf Minuten später halten sie auf einem Betriebsgelände etwas außerhalb des Orts, vor einer Halle, über der sich Wohnungen befinden dürften. Aschenwalds protziger Dodge Ram steht ebenfalls dort, mit leerem Jetski-Anhänger.

»Und was sollen wir da?«, fragt der Alte, als sie vor der Tür stehen und klingeln.

Der Arno antwortet nicht. Hinten bellt der Hund, der im Auto bleiben muss, natürlich im Schatten und die Fenster gerade so weit offen, dass der Bernhard nicht auf dumme Ideen kommen kann.

»Ja?«, kracht Arthur Aschenwalds unverkennbare Stimme aus der Gegensprechanlage.

»Polizei. Machen'S auf, aber schnell«, sagt der Arno.

»Bist sicher, dass du fit bist?«, spricht der Bernhard in seinen Rücken. »Du stinkst wie ein Affe.«

Der Arno nimmt die Beleidigung hin, erstens, weil sie ja zutrifft, und zweitens, weil der Türöffner summt. Er drückt die Tür auf. Dann schreitet er durch den alten, verfliesten Gang und gleich die Treppe hinauf.

Oben steht der Aschenwald im Pyjama. »Was ist denn jetzt kaputt, ha?«, schimpft er dreckig. »Haben's euch eigentlich ins Hirn g'schissen, oder was?«

»Wir müssen mit Ihnen reden«, sagt der Arno. Mit jeder Stufe, die er nimmt, wird der Aschenwald kleiner, sodass ihn der Arno schließlich wieder um die gewohnte Kopflänge überragt. Zur Sicherheit tritt er oben gleich von den Stufen weg, weil Treppenhäuser ja fürchterliche Todesfallen werden können.

»He! Kein Schritt weiter ohne Durchsuchungsbefehl!«, wird der Kampfzwerg gleich noch viel böser.

»Ich will nix suchen. Nur fragen.«

Der Bernhard ist auch endlich da und schnauft ordentlich.

»Und der Herr Parksheriff ist gleich mitgekommen«, spottet der Hausherr.

Der Bernhard bleibt still.

»Ich werd mich beim Innenminister persönlich über euch zwei beschweren«, blafft der Aschenwald. »Wir sind nämlich *so*«, sagt er, verschränkt Zeige- und Mittelfinger seiner rechten Klodeckelhand und zeigt dem Arno damit vor allem eines: seinen Totenkopfring. Jaja. Die Menschen haben ja die komischsten Vögel, und seiner scheinen Totenköpfe zu sein. Womit sie praktischerweise gleich beim Thema sind.

»Dann beschweren Sie sich halt«, sagt der Arno und hofft fast, dass er's tatsächlich tut, fürchtet aber, dass der Aschenwald in Wahrheit noch nie Qualtingers Glaspimmel anfassen hat dürfen. »Und jetzt zeigen'S mir Ihre Lederjacke, aber zack, zack.«

»Wieso?«

»Wieso nicht?«, wird der Bernhard von hinten spitzfindig.

»Die ist nass.«

Der Arno gibt dem Aschenwald mit einem schalen Blick zu verstehen, dass ihm das völlig egal ist.

»Ja, von mir aus!«, murrt der Hausherr und verschwindet in der Wohnung. Dann geht eine Tür auf, die Balkontür vermutlich, weil's gleich ordentlich zieht.

»Tür zu!«, keift jemand, der sich deutlich jünger anhört als der Giftzwerg, aber schon denselben unnachahmlichen Tonfall draufhat.

»Jaja, Schatzibutzi, ist schon gut«, säuselt der Aschenwald durch eine Tür, an der er auf dem Rückweg vorbeikommt. In aller Sanftheit schließt er sie.

»Ihr Sohn?«, stichelt der Arno.

Der Aschenwald geht nicht darauf ein, sondern rümpft nur die Nase und sagt: »Himmel, Arsch und Zwirn, nach was stinkt's da eigentlich?«

»Geben'S her!« Der Arno nimmt die Jacke und hält sie ins Licht. Ein Blick genügt, um den fehlenden Knopf zu entdecken. »Aha!«, stößt er aus und zeigt auf die Stelle.

»Ja und?«

»Der Knopf da fehlt.«

»Ja … und?«

»Fragen Sie sich gar nicht, wo der geblieben ist?«

»Das passiert schon einmal bei der Arbeit. Ich hab genug auf Reserve. Seid's ihr auf Knöpferlstreife, oder was?«

»Was haben Sie letzte Nacht gemacht, Herr Aschenwald?«

»Wieso?«

»Was du gemacht hast, will er wissen!«, sagt der Bernhard.

»Das geht euch gar nix an.«

»Und wie uns das was angeht. Also?«, kontert der Arno.

»Ja nix hab ich gemacht. Hier gewesen bin ich.«

»Kann das wer bezeugen?«

»Ich … nein, der Felix war mit Freunden unterwegs. Wieso eigentlich?«

»Geht Sie gar nix an«, antwortet der Arno jetzt und freut sich über seine Revanche. Aber leider kann er sie so nicht stehen lassen, weil: Er muss ihn ja richtig verhaften, den Kerl, rein rechtlich gesehen.

Also formuliert er das Satzerl erst einmal in Ruhe im Kopf vor, bevor er Luft holt und spricht: »Herr Aschenwald, Sie stehen unter Verdacht, Ludwig Baldauf getötet zu haben. Hiermit sind Sie festgenommen. Sie dürfen einen Angehörigen ver…«

»Was bin ich?«, fährt ihm der Hausherr über den Mund, ballt seine rechte Faust und holt aus.

Aber das ist jetzt gar keine gute Idee, weil: Restalkohol hin oder her, schlagen lässt sich der Arno nur ganz ungern, weshalb der Aschenwald im Handumdrehen am eigenen Teppichläufer riechen und brav zuhören darf, wie der Arno mit der Aufklärung weitermacht: »Sie sind verhaftet. Sie können einen Angehörigen verständigen und haben das Recht auf einen Anwalt. Und sagen müssen'S auch nix mehr, wenn Sie sich nicht selber schaden wollen. Dürfen tun'S natürlich jederzeit. Wir nehmen Sie jetzt mit. Haben Sie alles verstanden?«

»Ich versteh gar nix mehr!«

»Haben'S Ihre Rechte verstanden oder muss ich's noch einmal aufsagen alles?«

»Na! … Aber was wird denn jetzt aus dem Felix?«

»Was soll werden?«

»Der kann ja nicht allein daheim bleiben … einer muss sich ja um ihn kümmern!«

»Gibt's sonst niemanden?«

»Ich … bin alleinstehend.«

»Davongerannt ist sie ihm«, brummt der Bernhard, und den Arno wundert das kein bissl.

»Wie alt ist Ihr Sohn denn überhaupt?«

»…«

»Hm?«

»Siebzehn«, gibt der Aschenwald ein bissl zerknirscht zu.

»Fehlt ihm was?«

»Was soll ihm denn fehlen?«

»Ja, halt …«

»Er meint, ob er behindert ist«, erklärt der alte Polizist von oben. »Oder deppert.«

»Mein Sohn ist nicht deppert!«, keift der Aschenwald.

»Dann wird er sich sein Dosengulasch schon selber aufmachen können, oder?«, schlägt der Arno vor.

Der Verhaftete scheint sich das jetzt bildlich vorstellen zu müssen und wirkt nicht ganz überzeugt. Jaja, die lieben Schatzibutzis und Hasipoppis – ein paar Jahre lang stecken sie in den Windeln, und danach haben die Eltern dann die Windeln auf dem Kopf.

»Wir bringen Sie jetzt in die Wache und holen die Kripo. Bernhard, du sagst dem Sohn Bescheid. Auf geht's.«

16

Ach, was hat sich der Arno nicht schon wundern müssen, wann immer er es mit dem Landeskriminalamt in Innsbruck zu tun bekommen hat. Bisher haben die vor allem mit vorauseilender Arbeitsverweigerung geglänzt. Bevor die sich nämlich überhaupt mit einem Fall beschäftigen, versuchen sie erst einmal, sich diesen vom Hals zu halten. Genau wie vorhin, als er eine gewisse Frau Major Katz dranbekommen hat, mit der er vorher noch nicht das Vergnügen hatte.

»In Tirol, sagen Sie?«, hat sie gefragt und sich dabei ziemlich eindeutig nach einer Deutschen angehört.

»Stubenwald, ja.«

»Ein Toter?«

»Ein *Ermordeter.*«

»Der Eintritt des Todes ist bestätigt?«

No na. »Ärztlich, ja.«

»Unfall haben Sie abjeklärt?«

Eine Berlinerin, hat sich sein Eindruck gleich verfestigt. »Ja. Also nein. Kein Unfall.«

»Natürliche Todesursache?«

»Nein.«

»Nein – und weiter?«

Kopf in der Käsesahne, ist ihm auf der Zunge gelegen, aber gesagt hat er bloß: »Fundsituativ.«

Diese Katz hat aber nicht zu fragen aufgehört, nur weil der Arno amtsdeutsch klingende Wörter erfindet. Er hat die Dame förmlich vor sich gesehen, wie sie mit ihrem frisch gebrühten Kaffee am Schreibtisch sitzt und die Strichliste durchgeht, um beim ersten Treffer gleich ihren Bleistift fallen lassen zu können.

Aber irgendwie versteht er dieses Verhalten auch. Weil Tirol schon immer noch ein bissl das *Heilige Land* ist, als das man es so gerne bezeichnet. Kurz gesagt: Da passiert nix Böses. Oder halt bei Weitem nicht so viel, dass man gleich losrennt, nur weil irgendein Polizist auf dem Land behauptet, auf einen Mord gestoßen zu sein. Von denen gibt's in ganz Tirol nämlich höchstens eine Handvoll pro Jahr, und die meisten davon sind so banal, dass ein Krimischreiber ganz depressiv werden könnt.

Aber irgendwann hat die Katz dann doch erkennen müssen, dass ihr nix anderes übrig bleibt, als mit ihrer Mannschaft in Stubenwald aufzukreuzen, und zugesagt, schnellstmöglich zu kommen.

Hurra.

Eine Stunde nach dem Telefonat sitzt der Arno in der Wache und wartet. Mithilfe eines Ersatzschlüssels von der Vevi hat er sich auf seinem Zimmer im Rosswirt schnell duschen und rasieren können, zudem hat er frische Kleidung angezogen und eine Schmerztablette genommen. Anschließend hat er den beiden Bernhards aufgetragen, den Dorfbäck im Auge zu behalten, während die Niedersackentaler oben am See patrouillieren. Viel mehr kann er derweil ja nicht tun.

»Justizirrtum!«, klingt es dumpf aus der Mini-Arrestzelle. Der Aschenwald hämmert immer wieder gegen die Tür, aber der Arno ignoriert ihn einfach. Er steht auf, geht ans Fenster und schaut zur Uhr am Kirchturm hinauf. Die Innsbrucker brauchen mindestens noch zehn, fünfzehn Minuten, schätzt er. Zeit, die er nutzen will, um über mögliche Verbindungen zwischen den Morden an Sebastian und Ludwig Baldauf nachzudenken. Und die Kaffeemaschine in Betrieb zu nehmen, die er auf einer kleinen Abstellfläche entdeckt hat …

Da rattern plötzlich zwei … nein, gleich drei Fahrzeuge über die Pflastersteine des Stubenwalder Dorfplatzes.

Die Innsbrucker sind da.

Noch bevor die Autos dicht vor der Wache scharf abbremsen, wird eine Beifahrertür aufgestoßen und heraus springt – ja, wie kann man das jetzt galanter sagen als: eine graue Maus. Graue Hose, weiße Bluse, zum Pferdeschwanz gebundene brünette Haare. Schnell schlüpft sie in ihr graues Sakko und kommt dann mit dem obligatorischen Kriminalpolizistinnenhandtäschchen – irgendwo muss man seine Glock 17 ja schließlich dezent aufbewahren können – zum Eingang der Wache, wo der Arno schon auf sie wartet.

»Frau Katz?«, fragt er auf Verdacht.

»Juten Tag«, sagt sie nickend und betritt die Wachstube. »Herr Bussi?«

Eine Berlinerin, bestätigt sich sein Eindruck aus dem Telefonat.

Er nickt und staunt: »Sie sind aber schnell gekommen.«

»Die Leiche liegt wo?«, stresst sie weiter.

»Dorfbäck«, sagt er und möchte fast seine Hacken zusammenschlagen, vor lauter zackig ist die Katz.

»Bäck?«

»Bäcker«, erklärt einer ihrer Kollegen von hinten.

Sie wendet sich zu ihm um. »Leitner, Sie sagen draußen der SpuSi Bescheid. Dorfbäcker. Tempo!«, befiehlt sie einem Kollegen und wendet sich wieder dem Arno zu. »Sie haben den Toten aufgefunden?«

»Ja … äh, nein, gefunden hat ihn streng genommen seine Frau, und die hat wiederum den Arzt gerufen, und der dann den Not…«

»Sie meinten, es gäbe einen Anfangsverdacht?«

»Ja …«

»Ja bitte?«

»Kommen'S«, sagt er und fasst es nicht, was für eine Unruhe von ihr ausgeht. Bestimmt will sie gleich wieder von hier weg. Genau wie er, eigentlich. »Da«, sagt er und zeigt ihr die Aschenwald'sche Lederjacke, die auf dem Tisch liegt. »Der Knopf da fehlt, sehen'S? Genau so einer liegt im Bäck, neben dem Toten.«

»Das ist nüscht weiter als 'n Indiz. Was noch?«, nimmt sie ihm den einzigen Trumpf und wirft ihn in den Dreck.

Und Himmeldonnerwetter, er ist ja auch kein Schulbub mehr, und überhaupt ist das Verbrechen ja quasi noch taufrisch, also beschließt er, erst einmal auf die Bremse zu steigen. »Wie wär's, wenn wir uns hinsetzen, Frau Major?«

»Katz reicht. Sitzen könn' wa später. Also, was haben Sie noch?«

Fassungslos starrt er ihr ins Gesicht. *So jung und schon so alt*, denkt er, denn ihre Haut ist so faltenfrei wie ihr Kostüm. Sie kann höchstens dreißig sein, so wie er, und macht dabei auf fünfundvierzig, mindestens. Auch ihr Dienstgrad muss ihr irgendwie vorausgeeilt sein, weil: Major wird man sonst nicht so schnell. Und dass sie ganz bestimmt nicht in Österreich aufgewachsen ist, gibt ihm zusätzliche Rätsel auf. Was mag sie bloß nach Tirol verschlagen haben? »Es gibt ein Motiv«, sagt er so langsam wie bedeutungsschwer. Vielleicht bringt sie das ja ein bissl runter.

»Und zwar?«

Er seufzt. »Das Chaletdorf. Sie haben davon gehört?«

Sie nickt.

»Der Jackenbesitzer ist der Bauherr. Der Verstorbene hat sich gestern mit ihm angelegt.«

Die Katz verzieht ihren Mund, bevor sie sagt: »Und deshalb haben Sie ihn gleich festgenommen.« So ironisch, wie sie es betont, kommt sich der Arno irgendwie blöd vor. Auf der anderen Seite hat er ja sonst keinen Anhaltspunkt, und Gefahr im Verzug, und außerdem … er holt Luft und spricht den Gedanken laut aus: »Außerdem hatte der Verhaftete auch schon ein Motiv, den Bruder des Toten umzubringen, vor fünf Jahren. … Der *Cold Case*, wegen dem ich eigentlich da bin.«

Endlich bleibt sie einmal einen Moment lang still und wirkt, als würde sie angestrengt nachdenken. Ihre Augen wackeln hin und her, die Lider auf halbmast.

Jetzt, wo er glaubt, dass er endlich Oberwasser hat, will er sofort nachlegen: »Vor fünf …«

»Schschsch.«

»Schschsch?«, äfft er sie nach und wundert sich.

»Schschsch.« Dann rezitiert sie mit unpassendem Schlafzimmerblick: »Stubenwald, ein Toter. Sebastian Baldauf. Wirt, um die fünfzig.« Die Augen werden wieder groß. »Und ja, Sie haben recht, das war vor exakt fünf Jahren.«

Fehlt nur noch, dass sie jetzt blinkt, denkt der Arno und fühlt sich an *Holmes & YoYo* erinnert, eine Fernsehserie aus den Siebzigern, in der ein Ermittler einen neuen Partner bekommt: einen menschenähnlichen Roboter mit Computerklappe an der Brust. Der Arno schaut einmal hin und könnt sich ohrfeigen, weil sie's natürlich merkt und jetzt meinen muss, er hätte ihr auf den Busen gestarrt. Schnell überspielt er seine Verlegenheit und kontert: »Dann wissen Sie ja auch, dass ihr vom LKA damals nicht besonders erfolgreich wart, oder?«

Sie schüttelt den Kopf. »Ich arbeite erst seit einem Jahr dort. Wir rollen die alten Fälle gerade neu auf. Die Mordsache Baldauf wäre eine der nächsten gewesen, hätte sie nicht das Innenministerium letzte Woche an sich gezogen.«

»Ach?«, staunt der Arno. Das ist ihm neu.

»Ja. … Sie sagen also, der aktuelle Tote und Sebastian Baldauf sind Brüder?«

»Ja.«

»Dann revidiere ich meine Meinung die Verhaftung betreffend. Gut jemacht, Herr Bussi!«

Danke, Frau Professor, tät er am liebsten sagen, als sie sich abwendet und die Wache ohne ein weiteres Wort verlässt, vermutlich, weil sie sich jetzt den Fundort selber anschauen will.

Der Arno eilt ihr nach und ist von ihrer Schrittlänge beeindruckt. Bei ihrer Körpergröße hätte die österreichische

Nationalgarde sicher auch noch ein Platzerl frei, denkt er, und bestimmt starrt er auch keine Sekunde zu lang auf ihren Hintern.

Als sie sich dem Dorfbäck nähern, bellt der Berhardiner, der zusammen mit seinem Herrl draußen steht, und springt die Kriminalpolizistin aus Innsbruck fast an, und dann tatsächlich, weil er sich nicht mehr zurückhalten lässt.

Die Katz verliert das Gleichgewicht, stolpert nach hinten und mein Gott, das Schicksal ist schon echt ein Hund: direkt in Arnos Arme hinein.

»Oh!«, sagt sie.

»Oh«, sagt er.

»Bernhard!«, schimpft der Bernhard.

»Ähm …«, sagt der Arno.

»Danke«, die Katz.

Sie lassen voneinander ab.

Und er hört die Glocken.

Vom Kirchturm.

Schlag eins.

»Was haben wir?«, fragt die Katz gleich darauf ins Gastlokal vom Dorfbäck hinein, wo sich mehrere Personen in Ganzkörper-Schutzanzügen aufhalten und dem Arno die Sicht verstellen. Aber immerhin kann er mithören.

»Mann, um die fünfzig. Kein Kampf«, antwortet einer.

»Es soll sich um Ludwig Baldauf handeln. Verifizieren Sie das. Irgendwo soll auch ein Jackenknopf liegen.«

»Ein Totenkopfknopf«, präzisiert der Arno.

»Ja, den haben wir schon.«

»Todesursache?«

Anfängerfehler, denkt der Arno. Er kann die Antwort fast schon hören – *Dafür müssen wir die Obduktion abwarten* –, aber irgendwie sind die Forensiker der Katz gegenüber erstaunlich auskunftsfreudig. »Er ist nicht erstickt«, bestätigt einer den Verdacht, den schon der Arzt gehabt hat, »Einstichstelle in der linken Armbeuge.«

»A-Ha!«, entfährt's dem Arno.

Die Katz dreht sich zu ihm um. »Aha – was?«

»Genau wie bei seinem Bruder damals!«

Sie schaut schief. Dann hat sie plötzlich wieder schwer den Schlafzimmerblick. »Propofol. Kreislaufstillstand«, holt sie aus irgendeinem Aktenordner in ihrem Hirn heraus und wird dem Arno gleich noch unheimlicher. »Sie haben schon wieder recht, Bussi. Gut gemacht!«

Danke, Frau Professor.

»Sucht alles ab. Drinnen und draußen. Müll, Verstecke, das ganze Programm. Falls nötig, Verstärkung holen.«

»Wonach sollen wir denn suchen?«, fragt einer.

»Ja wonach wohl? Injektionsmaterial. Durchstechflasche. Propofol. Die Gerichtsmedizin soll die Obduktion vorziehen. Los jetzt!«

Das Tempo, mit dem diese Katz denkt und lenkt, ist geradezu schwindelerregend. Was den Arno übrigens gleich wieder an seinen Kater erinnert.

»Der See. Wo ist der?«, fragt sie ihn.

Er hebt den Zeigefinger und deutet die Richtung an.

»Dann machen wir jetzt mal eine kleene Bergtour.«

So jung und schon so alt, denkt er wieder und fragt: »Wozu?«

»Umschauen. Die Tatortanalyse wird den ganzen Nachmittag beanspruchen. So lange könn'n wir nicht warten.«

»Aber wir könnten doch mit dem Aschenwald reden«, bringt der Arno den Verhafteten ins Spiel.

Sie schürzt die Lippen und legt ihren Zeigefinger drauf, bevor sie fragt: »Wann erfolgte die Festnahme?«

»Gegen elf?«, schlägt er vor.

»*Exakt* wann?«

»Zehn Uhr zweiundfünfzig«, sagt er so trotzig wie frei erfunden.

Sie schaut auf ihre Armbanduhr. »Dann bleiben uns exakt einundzwanzig Stunden und siebenunddreißig Minuten für eine schriftliche Begründung sowie fünfundvierzig Stunden und sieben … nein, sechsunddreißig Minuten für die Übergabe ans zuständige Gericht. Leitner, Sie informieren die Staatsanwaltschaft. Und sagen Sie mir sofort Bescheid, wenn wir wieder das Kasperl vom letzten Mal zugeteilt bekommen, den frühstücke ich persönlich ab.«

»Jawohl!«, antwortet der Kripo-Beamte und entfernt sich.

»Kaschperl«, sagt der Arno.

»Was?«

»Es heißt *Kaschperl*. Nicht *Kass-perl*.«

Die Katz funkelt ihn an. Ihre Augen sind mehr braun als grün, mit ein paar schwarzen Sprenkeln drin, und auch rundherum geht's mit Sprenkeln weiter, Sommersprossen nämlich. Die Nase ist klein, aber f…

»Was gucken Sie so?«

»Nix, nix.«

»Haben Sie getrunken?«

»Nein, nein.«

»Dann los!«

Und genau in dieser Tonart geht's weiter. Die Katz stresst herum, der Arno begleitet sie zum See und beantwortet, was er beantworten kann. Wie sie oben am Grat ankommen und aufs Wasser hinabschauen, hat er sie bereits über das Beziehungsgeflecht zwischen dem Aschenwald, der Larcher, der Laura und dem Luggi informiert, zum Schluss auch über die alten Baldaufs und ihre letzte Ruhestätte.

»Die sind *auf der Insel* begraben?«, staunt sie.

»Mhm.«

»Das ist doch gar nicht erlaubt!«

»Ausnahmegenehmigung vom Land.«

»Nichwaaa!«, entfährt's der Katz, worauf sie sich schnell räuspert.

»Dochwaaa!«, stänkert der Arno unabsichtlich im selben Tonfall.

Sie räuspert sich gleich noch einmal. »Heiß hier.«

»Vielleicht sollten'S das Sakko …«

»Was denn?«

»Ja – ausziehen.«

»Ach so.«

Jaja. Solche Leute gibt's ja immer wieder, die voll in ihrer Arbeit aufgehen, aber die einfachen Alltagssachen werfen sie aus der Bahn. Der Arno beobachtet die Katz, wie sie sich aus dem Oberteil schält, und tät sie sich nicht wie eine Hundertjährige anziehen, könnt er durchaus auch zweimal hinschauen, vor lauter nicht schlecht, Frau Specht.

»Besser?«, fragt er und lächelt.

Sie nickt, erwidert das Lächeln aber nicht. »Die Chalets werden also rund um den Lärchensee herum stehen?«, kommt sie gleich auf die Sache zurück.

»Ja, wie auf der Tafel da drüben abgebildet. Zwölf Stück, alle aufs Wasser ausgerichtet. Friedhof-Watching, sozusagen«, legt er ein Scherzerl drauf und gluckst.

Die Katz findet's überhaupt nicht komisch. »Dann gucken wir uns das mal aus der Nähe an«, sagt sie und schreitet voraus, er ihr nach.

Wie sie unten am Ufer ankommen, sieht der Arno die Laura geschäftig zwischen den Bäumen herumwerkeln. Die Niedersackentaler haben sich's im Schatten eines großen Hinkelsteins gemütlich gemacht, nicht weit vom abgerissenen Seewirt entfernt, und gaffen zur Insel, als wär's ein Fernseher.

Wie die Katz die Transparente liest, rümpft sie die Nase. »Bunt aus Leidenschaft«, sagt sie angewidert.

»Mhm.«

»Nein, so was!«

»Mhm.«

»Hat die etwa … blankgezogen?«

»Mhm«, bestätigt der Arno ein weiteres Mal. Er tät's halt anders ausdrücken. *Pudelnackert* ist sie immer noch, die Laura. Womit natürlich auch klar ist, was die Niedersackentaler so spannend finden.

Lauras Sachen sind vermutlich genauso im Lagerfeuer verbrannt wie seine. Aber es scheint sie kein bissl zu stören. Was die Katz wohl von ihm halten wird, wenn sie erfährt, was da drüben letzte Nacht gelaufen ist?

»Wir müssen mit ihr reden«, heizt sie ihm gleich noch ein bissl mehr ein.

»Wozu?«

»Na, wozu wohl?«, lacht sie ihn fast aus. »Sie erzählten

mir doch gerade, dass die Frau dort gemeinsam mit Herrn Baldauf gegen dieses Projekt anging. Möglicherweise hat sie letzte Nacht etwas mitbekommen.«

Schnappatmung. »Nein, das … äh …«, stammelt er. Wilde Erinnerungen tauchen auf.

Die Trommeln.

Das Feuer.

Die Laura.

»Ja bitte?«, drängt die Katz.

Er muss jetzt ganz schnell eine Ausrede finden. Aber *ganz schnell* geht gerade gar nicht, denn sein Kopfkino überstrahlt alles.

Dam-bam-bam-bammm, dam-bam-bam-bammm, dam-bam-bam-bammm …

Hey-a-hey-a-hey-a-hey!

Die Funken.

Die Käsesahne.

Die Uiuiui.

»Herr Bussi, was ist mit Ihnen?«

Er schüttelt den Kopf und hat gleich noch mehr Schmerzen. Dann reißt er sich zusammen, und endlich fällt ihm was ein: »Sie kann ja gar nix mitbekommen haben, da drüben.«

»Hat sie etwa die ganze Nacht dort verbracht?«

Der Arno bläst die Backen auf und macht so ein Gesicht, als ginge er jetzt schon einmal davon aus, und nickt.

»Und woher wissen Sie das so genau?«

Schuldig, müsste er fast schon sagen, so sehr nimmt ihn die Katz in die Mangel. »Ja … weil sie die Insel dauerbesetzt, eben«, versucht er sich herauszuwinden.

»Ach, dieses Besetzergesocks. Das läuft doch heutzutage

ganz anders. Die tun das bloß für *Social Media*. Sobald die Kameras aus sind, verziehen sie sich ins Hotel, diese *Influencer!* Ich würde ihr das mit der Nacht auf der Insel nicht so einfach abkaufen, Herr Bussi. Oder was meinen Sie?«

Wieder tut er, als hätt er einen Kugelfisch im Mund.

»Wissen Sie etwa mehr, als Sie zugeben?«

Er lässt die Luft geräuschvoll entweichen. »Nein«, lügt er.

Hey-a-hey-a-hey-a-hey!

»Jedenfalls müssen wir mit ihr sprechen.«

»Sie wird nicht von der Insel runterwollen.«

»Dann kriegen wir sie bestimmt mit Paragraf zwoachtzehn dran«, sagt die Katz. »Sexuelle Belästigung und öffentliche geschlechtliche Handlungen.«

Und das gleich zweifach, denkt der Arno und stellt sich gedanklich mit der Laura zusammen hinter schwedische Gardinen. Aber vielleicht hat sie ja keiner gesehen, beim Tanzen, beim Trinken, beim Uiuiui … na ja, aber vielleicht doch.

Und wenn schon!

Bestimmt tät die Katz nie im Leben so etwas Verrücktes tun. Er selber ja auch nicht. Wär da nicht die Laura gewesen …

»Ach was, wollen wir mal nicht so prüde sein, Herr Bussi, nichwaa? Hahaha!«, gibt die Katz so gekünstelt von sich, dass es ihr kein Mensch auf der Welt jemals abkaufen könnt. »Meine Leute erledigen das«, sagt sie.

»Nein«, wehrt er sich gleich.

»Ja was denn noch, Herr Bussi?«

»*Ich* mache das.«

Sie wirft ihm einen vielsagenden Blick zu. »Na gut«, sagt sie, nickt und wendet sich ab.

Er hält inne und schaut über den See. Das Kanu, mit dem er in der Früh aufs Festland gekommen ist, steht genauso unberührt an seinem Platz wie die Jetskis. Ob die Laura schon von Luggis Tod erfahren hat? *Ich muss es ihr sagen*, denkt er. Und vielleicht sollt er sich bei der Gelegenheit auch gleich einmal entschuldigen, für alles, das zwischen ihnen war, in dieser magischen Nacht, mit den Trommeln und dem Feuer und den Sternen und der Laura und dem Arno und …

»Jetzt kommen Sie schon!«

»Jaja«, antwortet er und eilt der Katz hinterher.

»Was ist eigentlich mit den beiden Flitzern da?«, fragt sie, als er sie eingeholt hat, und deutet auf die Jetskis.

Er erzählt's ihr und erwähnt natürlich auch die beiden Türsteher vom Aschenwald, die er heute noch gar nicht gesehen hat.

Schweigend marschieren sie anschließend in den Ort zurück. Der Arno merkt, wie sein Kopfweh noch schlimmer wird, trotz des Schmerzmittels, das er vorhin genommen hat. Er ahnt, dass er etwas Stärkeres braucht, um diese Katz zu überstehen. Genau wie er ahnt, dass beim LKA jetzt vieles anders läuft als noch vor einem Jahr. Was ihn auf seinen Fall von damals zurückbringt. Und auf …

»Wie geht's eigentlich Streng und Blau?«, fragt er die Katz spaßhalber nach den beiden Schießbudenfiguren, die damals am liebsten seine Lorbeeren eingeheimst hätten, ohne etwas dafür geleistet zu haben.

»Sie arbeiten in meinem Team, wenn Sie das meinen.«

»In *Ihrem* Team?«

Sie bleibt abrupt stehen und dreht sich um. »Ja, in *meinem* Team. Wieso?«

»Nein, ich meine, äh – Sie *leiten* die Abteilung?«

Sie stemmt die Hände in die Hüften. »Halten Sie mich etwa für zu jung? Oder zu weiblich? Oder zu deutsch? Finden Sie, ich sollte nicht tun, was ich tue?«

Vor lauter Alarm läuft's dem Arno ganz kalt den Buckel hinunter und dann heiß wieder herauf. »Nein, nein … äh … doch doch …«, stammelt er herum. »Überhaupt nicht.« Er hält sie bestimmt nicht für zu jung, vielleicht für ein bissl zu deutsch für Tiroler Verhältnisse, aber staunen tut er aus einem ganz anderen Grund: Diese Katz scheint die Naturgesetze des österreichischen Beamtenuniversums völlig neu zu definieren.

»Dann ist ja gut!«

»Mhm.«

17

Dass sich Hund und Katz nicht ausstehen können, dafür ist ja ein fundamentales biologisches Missverständnis verantwortlich. Wenn nämlich ein Hund vor einer Katze eifrig mit seinem Schwanz herumzuwedeln beginnt, dann denkt die Katze eben nicht: *Ach, du freust dich aber schön, komm, lass uns spielen*, sondern: *Aha, du willst also Stress – kannst du haben.* Und ehe sich's der Hund versieht, ist Feuer am Dach und Katz am Kopf.

Aber auch zwischen Mensch und Tier läuft es manchmal unrund. Weil: Wie die Katz und der Arno die Polizeiwache betreten wollen, in der die beiden Bernhards auf den Aschenwald aufpassen, dreht der Bernhardiner schon wieder durch. Er bellt, springt auf und scharrt mit den Pfoten, kommt aber kaum vom Fleck, weil er vor lauter Tatütata vergisst, dass er ja einen Fliesenboden unter sich hat, und so bleibt dem Arno genügend Zeit, die Tür von draußen wieder zuzumachen, bevor der Hund drinnen die Bremsen ausfährt, aber zu spät, deutlich hörbar rutscht er auf den Eingang zu und bumm, voll auf die Zwölf, wohl bekomm's.

»Bernhard!«, schimpft der Bernhard dumpf.

Der Arno schaut zur Katz, die plötzlich zittert, was sie zu überspielen versucht, indem sie gekünstelt lacht und seinem Blick ausweicht. Er sucht nach etwas, das die Lage entspannen könnte, aber der Bernhard hat ihm ja selbst als Einstandsgeschenk beinahe die Hand abgebissen, also spricht er erst das dritte Argument laut aus, das ihm einfällt: »Lawinenhund.«

»Ach?«

»Dem fehlt der Schnee.«

»Ach!« Die Katz wirkt unkonzentriert. Immer wieder fliegen ihre Augen zur Tür der Polizeiwache. Was drinnen vor sich geht, kann der Arno nur mutmaßen. Der Bernhard flucht, dann fällt etwas um, ein Stuhl vielleicht oder der andere Bernhard, wer weiß.

Hoffentlich hat er sich nix getan, der Hund, denkt der Arno und schlägt vor: »Vielleicht sehen wir uns noch einmal drüben am Fundort um?«

Sie nickt schnell. »Gute Idee. Jetzt können wir sicher schon rein.«

Vorm Dorfbäck stehen wieder Leute herum. Auch der Tschiggcharly ist dabei, mit selbst gedrehter Zigarette im Mund. Hier im Sonnenlicht wirkt er noch viel blasser und sehniger als in seiner Trafik, und wenn den Arno nicht alles täuscht, riecht er Cannabis – *Himmel Herrschaft, der Charly kifft ja in aller Öffentlichkeit!* –, aber das ist jetzt zweitrangig. Jemand fotografiert mit einer Spiegelreflexkamera, ein junges Paar schießt Selfies mit Bäckereihintergrund.

Wie die Fliegen, denkt der Arno und macht sich vor dem Polizeiwagen der Niedersackentaler breit, der wieder vor dem Schaufenster steht. Dann streckt er seine Arme zur Seite und geht auf alle Schaulustigen gleichzeitig zu. »Jetzt lasst's die

Leute ihre Arbeit machen. Ist schon schlimm genug alles! Geht's heim, sonst wird diese Versammlung aufgelöst!«

Zwei ältere Männer und eine Frau wenden sich tuschelnd ab, dann auch der Tschiggcharly, der aber vorher noch einen Mords-Lungenzug macht, dem Arno zuzwinkert und seinen Joint-Stummel auf dem Boden austritt.

Bleibt das Pärchen und der Mann mit der monströsen Kamera, von dem der Arno zu wissen glaubt, welcher Spezies er angehört.

»Flott!«, sagt er zu den beiden Verliebten, die ihn groß anschauen, aber er schaut noch größer zurück, quasi Großschau-Contest, dann überlegt er, ob er sie mit einer Instagram-Direktnachricht vielleicht schneller erreicht, aber schau schau, ein bissl Hopfen und Malz haben die ganz Jungen schon auch noch, sie drehen sich um und machen sich ebenfalls davon.

Fehlt nur noch der Kamera-Mann.

»Sie da!«, sagt der Arno und sieht im Augenwinkel, wie die Katz im Gastlokal der Bäckerei verschwindet.

Der andere tut, als hörte er nix.

»Sie da!«, ruft der Arno jetzt so laut, dass er gar nicht anders kann, als zu reagieren.

»Ich?«

»Ja, Sie. Wer sind Sie?«

»Thaler.«

»Thaler – was?«

»Thaler von der Tiroler Zeitung«, antwortet er, hält Arnos Blick aber nicht stand.

»Wie seid's denn ihr so schnell auf die Sache gekommen?«

»Ja mei.«

»Ja mei – was?«

»Redaktionsgeheimnis.«

»Ha!«

»Also, ich muss dann wieder.«

»Wohin?«

»Nach Innsbruck.«

»Mooooment. Was wissen'S denn schon alles?«, fragt der Arno und bleibt knapp vor ihm stehen.

»Pff … ich mach ja nur die Fotos. Ein Toter halt.«

»Haben'S den etwa fotografiert?«

Der andere runzelt die Stirn. Aber was hilft's, die Kamera kann er ihm ja schlecht abnehmen, sonst hat er gleich die Reporter ohne Grenzen an der Backe, also muss er anders draufkommen. »Herr Thaler, ich hab gesehen, wie Sie mit den Passanten gesprochen haben. Was haben die erzählt?«

»Nicht so viel.«

»Was genau?«

Dem Thaler wird's merklich zu blöd. Widerwillig kramt er sein Handy hervor und zeigt dem Arno seine Notiz.

Toter: Ludwig BALDAUF > Bäcker
Bruder v. Sebastian B. > v. 5 J Stubenwald ermordet > offen
Käsesahne im Gesicht (erstickt?)
Mutter und Sohn Hexerei (lt. Karl »Charly« WELLER
Trafikant) > Dorfbrunnenwasser seit Rückkehr v. Sebastian
B. verhext > nicht trinkbar, obwohl »chemisch O.K.« >
Ritualmord?
Titelidee: Der Käsesahnemörder? > Kuchenrezept???
Okkultismus?

Der Arno fährt seinen Zeigefinger aus und scrollt weiter.

LKA Major Erna KATZ (Deutsche!!!)

Schau schau, Erna, denkt er, schmunzelt ein bissl und weiter geht's.

Dorfpol. Bernhard FRANZ »keine Auskunft«
Heidemarie LARCHER Bürgermeisterin (lt. Gemeindeamt heute in Wien) > Politik? CHALETS! CHALETDORF VERBINDUNG!!! STELLUNGNAHME PARTEIEN EINHOLEN!!! WAS SAGT LANDESHAUPTMANN???

»Das liest sich aber schon ein bissl aufgeregt mit den ganzen Großbuchstaben am Schluss, oder?«, sagt der Arno und ahnt, dass dieser Thaler nicht bloß Fotograf ist, wie er behauptet, sondern auch Reporter, und zwar einer, der hier das ganz große Politikum wittert. Ein Politikum, das wohl im Sinn der Tiroler Zeitung wär, die alles ist außer rot, während der Larcher Heidemarie ja nachgesagt wird, Parteichefin der Roten werden zu wollen. Dass rot und schwarz ungefähr so gut miteinander können wie Hund und Katz, ist ja quasi Allgemeinwissen.

Immerhin hat er nix von Aschenwalds Verhaftung mitbekommen, denkt der Arno noch.

»Herr Thaler?«

»Ja bitte?«

»Dann sag ich Ihnen jetzt auch noch etwas dazu.«

»Darf ich das zitieren?«

»Gern.«

»Ja dann – ich höre?«

Der Arno freut sich schon beim Luftholen. »Fake

News.« Er wendet sich ab und lässt den Schmierfinken einfach stehen.

So weit kommt's noch, dass Halbwahrheiten und obstruse Theorien an die Öffentlichkeit gelangen und sie hier einen Sensationstourismus bekommen, der die Ermittlungen bloß erschweren würde.

»Was meinen Sie genau?«, beißt der Thaler an.

Der Arno bleibt noch einmal stehen. Übertreiben darf er's jetzt nicht, sonst wird's unglaubwürdig. »Fast alles.«

»Und was nicht?«

Er seufzt so theatralisch, wie's nur ein Polizist machen kann, der eigentlich keine Zeit hat, sich mit lästigen Reportern herumzuschlagen. »Wenn ich Ihnen einen gut gemeinten Rat geben darf, dann warten'S die Pressekonferenz ab. Sonst wird's nämlich peinlich für Sie.«

»Herr Bussi!«, ruft jemand von hinten.

Der Thaler grinst.

Der Arno nicht.

»Schönen Tag noch, Herr ... *Bussi*«, sagt der Reporter und verschwindet.

Der Arno seufzt gleich noch einmal, jetzt aber ungespielt, und dreht sich um. Die Katz war's, die seinen Namen so laut über den Dorfplatz geplärrt hat, dass ihn jeder in Stubenwald hören hat müssen. Sie winkt ihn zu sich. Ziemlich hektisch, wie ihm scheint – also beeilt er sich.

Wie er auf sie zukommt, klemmt sie schnell ihr Waffentäschchen zwischen die Knie, öffnet ihre Haare und schüttelt sie aus, mit dem Haarband zwischen ihren Zähnen.

»Was gucken Fie fo?«, fragt sie und bindet sich die Haare wieder zusammen.

»Nix, nix«, sagt er schnell.

»Das war Herr Thaler von der Zeitung, nichwaa?«

»Genau.«

»Haben die was?«

»Nicht wirklich.«

»Die sollen mal die Pressekonferenz abwarten.«

»Tun sie«, sagt der Arno und schaut vielsagend.

»Gut. Die Kollegen haben noch etwas gefunden. Das zeigen wir jetzt gleich mal unserem Verdächtigen. Kommen Sie!«

18

Das Leben hat ja meistens nicht viel mit Hollywood zu tun. Dort und im Tatort und überhaupt in so gut wie jedem Fernsehkrimi besetzt man die Rollen der Bösewichter ja gern mit den ärgsten Ganovengesichtern, und zwar deshalb, weil man immer vom dümmsten möglichen Zuschauer ausgeht, und für den muss man den Unterschied zwischen Gut und Böse dann quasi komplett überbelichten. Das Gute ist Brad Pitt und das Böse Quasimodo, was nur leider nix, aber auch gar nix mit der Wirklichkeit zu tun hat. Weil, wie's einer von Arnos Ausbildern in der Polizeischule so schön ausgedrückt hat: *Fürchte dich nicht vor den Verbrechervisagen. Fürchte dich vor den Engeln.*

Eigentlich.

Weil: Wie der Aschenwald so vor ihnen sitzt, passt der ins Klischee des Bösewichts wie die Faust aufs Auge. Seine Art flößt einem ja schon in freier Wildbahn gehörigen Respekt ein. Aber gerade schaut er so fürchterlich aus, dass neun von zehn Kinobesuchern ihn direkt vom Sessel weg ins Hochsicherheitsgefängnis verurteilen würden. Vor lauter Blutdruck sieht man die Adern links und rechts an seinem Hals hervortreten und kann daran seinen Puls mitzählen, er zittert, schwitzt und die Gesichtsfarbe deutet auf jemanden hin, der entweder knapp vorm Herzinfarkt steht oder jeden Moment explodieren könnte. Und weil der Arno nicht riskieren kann, dass ihnen gleich die Klodeckelhände um die Ohren fliegen, bleiben selbige hinterrücks mit Handschellen gefesselt.

»Vernehmung des Herrn Arthur Aschenwald, geboren am …«, spricht die Katz in ein Tonbandgerät hinein, so ein kleines, altmodisches, mit Mini-Kassetten. »Herr Aschenwald, Sie wurden über Ihre Rechte in Kenntnis gesetzt. Haben Sie dazu Fragen?«

»Nein!«, blafft er.

Der Arno atmet innerlich auf. Schließlich könnte der Verhaftete inzwischen ja auch auf die Idee gekommen sein, einen Anwalt zu verlangen. Um solche Geistesblitze zu vermeiden, ist es immer besser, Verdächtige frisch an Ort und Stelle zu vernehmen, statt sie vorher umzutopfen.

»Dann mal los«, sagt die Katz.

»Was, los?«

»Na, erzählen Sie mal«, sagt die Katz staubtrocken und lehnt sich zurück.

»Was soll ich einem Büffel schon erzählen, ha!«

Der Arno vergräbt sein Gesicht in den Händen, so sehr geniert er sich für das Benehmen seines Landsmanns. Büffel, Piefke, Flachlandtiroler – zum Fremdschämen. Er sagt so beherrscht es geht: »Die Frau Major Katz ist vom LKA Tirol, falls Sie's noch nicht mitbekommen haben. Leiterin der Mordgruppe. Aber machen'S nur so weiter, dann haben wir Sie schon einmal wegen Beamtenbeleidigung dran.«

»Ein so ein Klugscheißer, ha!«, sagt der Festgenommene jetzt zur Katz und nickt vielsagend zum Arno.

»Sehen Sie sich die Tüte da mal an?«, fordert die Katz.

»Tüüüte!«, echot der Aschenwald, schaut wieder zum Arno und gluckst.

»Das Lachen wird Ihnen schon noch vergehen«, sagt der Arno. »Also?«

Der Aschenwald beugt sich über das Plastiksackerl, das ihm die Katz hingelegt hat. »Was soll das sein?«

»Sagen Sie's mir.«

»Ja, bin ich vielleicht ein Auskunftsbüro?«

Die Katz macht ein perfektes Pokerface, und plötzlich scheint sie alle Zeit der Welt zu haben.

Der Arno dagegen wird immer ungeduldiger, denn ihm ist derweil die Laura eingefallen, die oben am See Wind und Wetter und weiß der Teufel wem noch ausgesetzt ist, und mein Gott, die hat ja gar nix zum Anziehen! Irgendwie fühlt er sich schon ein bissl für sie verantwortlich, vor allem seit der letzten Nacht, und er hat auch schon überlegt, wo er was finden könnt, das sie anziehen könnt, vielleicht von der Vevi, irgendeinen alten Fetzen hat die ja bestimmt herumhängen.

»Käffchen?«, fragt die Katz und dem Arno fährt das Wort in Mark und Bein. *Käffchen.*

»Jetzt sagen'S halt, was in dem Beutel ist, Himmel, Arsch und Zwirn!«, entfährt's ihm aus einem dunklen Eck seiner Seele, mehr gegen das *Käffchen* gerichtet als gegen den Aschenwald.

Das scheint den Mann aber nicht anzustacheln, im Gegenteil: Auch er wirkt plötzlich viel entspannter. »Gerne nehm ich einen Kaffee, wenn's keine Umstände macht«, sagt er und schau, schau, wenn er will, kann er sogar nett dreinschauen.

»Wären Sie vielleicht so gut …?«, bittet die Katz den Arno und der Aschenwald lächelt gleich noch viel mehr.

Der Arno muss erst einmal innerlich bis zehn zählen. Aber die Katz wird schon wissen, was sie tut. Also beißt er seine Zähne zusammen und fragt: »Milch und Zucker?« und denkt dazu: *Und ein Fußbad mit Piranhas?*

»Gerne«, säuselt der Aschenwald, und wären ihm die Hände nicht hinterrücks gefesselt, tät er sie jetzt bestimmt ineinander verschränken und selbstgefällig auf seinem Bierbauch ablegen, während er dem Arno zuschaut, wie der für ihn auf die Knie geht, um die Milch aus dem Kühlschrank zu holen – schon seit einem Monat abgelaufen, sehr gut –, den Zucker sucht, ein einigermaßen schmutziges Löffelchen aus dem Spülbecken dazu, und schwupps, Käpselchen ins Maschinchen, zum Glück die grausigen vom Diskonter. Er lässt die Tasse randvoll laufen, damit's hinterher auch eine schöne Schweinerei gibt.

Dann balanciert er das *Käffchen* zum Tisch, stellt es hin und setzt sich wieder neben die Katz.

»Jetzt lesen Sie doch mal vor, was auf dem Fläschchen steht«, nimmt diese die Vernehmung wieder auf.

»Könnten Sie mit bitte die Handschellen abnehmen?«, fragt der Aschenwald und schaut den Arno an.

Dieser schaut zur Katz, erntet ein Nicken, seufzt, steht wieder auf, tritt hinter den Verdächtigen und schließt die Handschellen auf. Zur Sicherheit bleibt er dann erst einmal hinter ihm stehen.

Der Aschenwald beugt sich vor, hantiert mit Milch und Zucker und liest nebenbei wie gewünscht, was auf dem Fläschchen im Beutel steht: »Pro… po…«

»…fol«, hilft ihm die Katz. »Propofol. Zwohundert Milligramm.«

»Aha. Ja und?«

»Wir gehen davon aus, dass wir ebendieses Propofol in Ludwig Baldaufs Blutbahn finden werden. Das gleiche Narkosemittel, das auch seinem Bruder vor fünf Jahren verabreicht wurde. Und jetzt raten Sie mal, wo wir das Fläschchen gefunden haben.«

Der Aschenwald rührt plötzlich nur mehr halb so schnell in seinem Kaffee herum, der inzwischen wie erhofft über die Ufer getreten ist. »Wo denn?«

»In Ihrer Mülltonne.«

»Was?«, blafft er und lässt den Löffel fallen. Der Arno ist schon sprungbereit, als die Katz wiederholt: »In Ihrer Mülltonne«. Plötzlich ist sie wieder ganz frostig und schaut auch so drein.

Die Katz ist schon ein Fuchs, denkt der Arno.

Die Schultern des Chalet-Möchtegerns heben und senken sich schnell. Der Arno tät sich fast wünschen, der Aschenwald würde aufspringen, damit er ihn einmal so richtig schön vorwärts in sein *Käffchen* tunken kann, aber nix. »Das ist eine Lüge!«, wehrt er sich krachend.

Die Katz reagiert nicht. Sie zeigt ihm ihr eisiges Pokerface, blinzelt kein einziges Mal, und der Arno möcht jetzt alles, aber nicht im Zentrum dieses Blicks stehen, denn damit kann sie garantiert auch Butter schneiden, oder Stahl, egal. Aber genau so hat's der Aschenwald verdient. Ein so ein selten dummer Mensch. Verliert nicht nur seinen Jackenknopf, sondern entsorgt das Narkosefläschchen auch noch im eigenen Hausmüll. Da braucht's ja fast kein Geständnis mehr. Motiv und Indizien ja, Alibi nein, und ab geht's in den Bau. Und, noch besser: Auch Arnos Cold Case scheint mit dem neuen Fund ebenso gelöst.

»Das ist eine Lüge!«, sagt der Aschenwald wieder, und Himmel hilf, es klingt fast, als würde er gleich zu weinen beginnen. Der Arno geht halb um den Tisch herum, und tatsächlich, plötzlich laufen Tränen an den Wangen des Kerls herab, dann fällt er in sich zusammen, löst sich quasi vor ihnen auf, und was übrig bleibt, ist das sprichwörtliche Häuflein Elend.

Aber die Katz bleibt Frost. »Sie haben Ludwig Baldauf umgebracht«, sagt sie nur. »Und Sebastian Baldauf auch.«

Das Elend schüttelt den Kopf.

»Bringen Sie es hinter sich. Nichts ist schlimmer, als mit der Schuld weiterleben zu müssen.«

Das Kopfschütteln geht weiter, und auch das Heulen, und Himmel hilf, die zweite: Rotz und Wasser und kein Taschentuch, höchstens das dreckige Spültuch aus dem Waschbecken, aber jetzt kann der Arno irgendwie nicht mehr gemein zum Aschenwald sein. »Das war ich nicht!«, brüllt dieser noch, dann hustet er, beugt sich zur Seite, fängt an zu würgen und gleich darauf haben sie den Salat.

»Geht's wieder?«, fragt der Arno den Aschenwald ein paar Minuten später.

Der nickt.

Fein!, denkt der Arno frustriert. Vom Polizisten zum Kellner zum Putzmann. Aber was soll er sonst tun, als die Schweinerei zu beseitigen, während sich die Katz mit schwerer Solidaritätsübelkeit rausgeschlichen hat. Und schau schau, eine halbe Flasche *Citrus Badreiniger* später stinkt's hier drin gleich viel schöner.

»Da«, sagt er und reicht dem Aschenwald mehr Klopapier.

»Danke.«

Eigentlich hätt's dem Arno schon bei der Verhaftung auffallen können ... nein, eigentlich *ist's* ihm ja sogar aufgefallen, dass der Aschenwald nur halb so hart ist, wie er immer tut, mit seinen Totenköpfen, dem Ami-Truck und dem ganzen Gehabe. Streng genommen ist er sogar butterweich. Was natürlich nix darüber aussagt, ob er schuldig ist oder nicht, weil: Die Indizien sprechen ja eindeutig gegen ihn.

»Wo stecken eigentlich Ihre beiden Assistenten?«, fragt der Arno, wie er sich an die Schießbudenfiguren erinnert.

»Ach!«, stöhnt der Aschenwald.

»Was, ach?«

»Die waren ja nur für gestern da. Für die Präsentation.«

»Was heißt das?«

Der Tatverdächtige schaut zum Fenster raus. »Ich hab sie ... gebucht. Für vierundzwanzig Stunden«, gesteht er.

»Wo gebucht?«

»Bei einer ... Agentur.«

Der Arno reißt unwillkürlich die Augen auf. »Bei einer Begleitagentur?«

»Naaa, nix Begleitagentur. ... *StuntmenForever24.at.*«

Jetzt könnt der Arno staunen und lachen zugleich, kommt aber nicht dazu, weil die Tür aufgeht und die Katz durch den Spalt hereinschaut, leichenblass. »Herr Bussi, kommen Sie mal«, krächzt sie.

Also kommt er halt einmal und zwingt sich, nicht darüber nachzudenken, ob er jetzt ein Polizist ist oder ein Kellner oder ein Putzmann oder ein Dackel.

Draußen stehen die Kollegen aus Innsbruck startklar bei

ihren Autos, ein weiteres fährt gerade ab – der Leichenwagen eines privaten Bestattungsunternehmens. »Also, wir fahren dann ma' wieder, Herr Bussi«, sagt die Katz, »den Rest können wir in Innsbruck machen.«

»Was ist mit dem Aschenwald?«

»Den nehmen wir natürlich mit.«

»Aha?«, gibt der Arno zurück. Dann bittet er sie zur Seite, um sich ungestört mit ihr unterhalten zu können. »Sie glauben echt, dass er es war?«

Ihre Blicke treffen sich. »Was ich glaube, ist unerheblich«, wird sie wieder professorinnenhaft. »Die Faktenlage ist erdrückend, das müssen Sie zugeben.«

Das sieht er schon auch so. Ein selten ungeschickter Mensch, der Aschenwald. »Aber ist das nicht viel zu einfach, alles?«, gibt er zu bedenken. Und abgedroschen noch dazu. So ein abgerissener Jackenknopf ist gefühlt schon jedem zweiten Fernsehübeltäter zum Verhängnis geworden, da hätt's weder ihn noch die Katz noch sonst wen gebraucht, da hätt ja sogar der Bernhard drauf kommen können, nix gegen den Alten, aber …

»Die meisten Fälle sind … *einfach*, wie Sie sagen.«

»Jaja, schon. Aber so? Hier?« Aus dem Augenwinkel sieht der Arno, wie zwei Männer aus Katz' Team in die Wache gehen und kurz darauf mit dem Verhafteten wieder herauskommen. Der Aschenwald sucht den Blickkontakt zum Arno, wirkt aufgelöst, sagt aber nichts.

»Na dann, Herr Bussi, Gratulation zur Verhaftung. Da hatten Sie wohl ein sensationell gutes Näschen, wa?«

Sagt's, springt in den Wagen – und fort ist sie, die Katz.

19

Jaja. Fall gelöst und ab die Post, könnte sich der Arno jetzt denken, und seine Wohnung am Wiener Alsergrund tät ihn schon locken, seine Zelte hier abzubrechen und Stubenwald für immer hinter sich zu lassen. Aber irgendwie fühlt er sich ganz komisch. Intuition? Hunger? Kaffeemangel?

Da kommen die beiden Bernhards anspaziert. »Seid's fertig?«, fragt der Alte so knapp wie eh und je.

Der Arno nickt und macht den Eingang frei.

»Puh!«, stößt der eine Bernhard aus, als er reingeht, während der andere gleich wieder den Rückwärtsgang einlegt. »Bernhard! Jetzt! Da bleibst! ... Pfff, gibt's ja nicht, so ein Mief ... schon wieder!«

»Ich hab sauber gemacht, so gut es geht.«

»Halt einmal den Hund«, sagt der Bernhard, drückt dem Arno die Leine in die Hand und reißt erst einmal alle Fenster auf.

Der Bernhardiner zieht derweil immer fester, als wollte er irgendwohin.

Nicht mit mir!, denkt der Arno. Zwei kurze Impulse, die er in so einer TV-Hundeerziehungs-Doku gesehen hat, sollen dem Berhardiner zeigen, wer hier die Ansagen macht.

Worauf dieser loszieht wie eine Dampflok, quasi *Du kommst mir sicher nicht blöd, Bulle.*

»Kruzifix!«, flucht der Arno und stolpert dem Hund hinterher, ums Eck und weiter, immer weiter, und wer jetzt glaubt, der Arno kann ja gar nix, nicht einmal auf einen Hund aufpassen, der soll einmal versuchen, so eine wutschnaubende Hundert-Kilo-plus-Lawinensuchmaschine zu bremsen. Viel Spaß. »Bernhard, stopp!«, ruft er und erlangt die Balance zurück, womit er seinen Widerstand vergrößern kann, aber dann großes Tauzieh-Battle, Mensch gegen Biest, und weiter geht's.

»Fixhalleluja!«, flucht der Arno und stolpert fast über einen hervorstehenden Pflasterstein.

Dass der Bernhard ein bestimmtes Ziel anvisiert, wird klar, als er den Arno schnurstracks zur Vevi zieht, die gerade die Eingangstür zum Rosswirt aufschließt, einen Weidenkorb im Arm. Einen Meter vor ihr bleibt der Hund plötzlich stehen und hechelt sie so liebevoll an, dass nur mehr die hochgehobene Pfote fehlt.

»Ja, Bernhard!«, ruft die Vevi viel zu übertrieben für Arnos Geschmack, dann bückt sie sich der Lokomotive auf vier Pfoten entgegen, und er will sie schon warnen, *Achtung Blutrausch*, aber nix, der Hund ist ein Lamm und lässt sich sogar von ihr in die Arme nehmen. »Bernhard!«, sagt die Vevi noch einmal. »Der ist ja so ein Schmuser!« Und dann schmusen die zwei, dass der Arno gar nicht hinschauen kann vor lauter Liebe.

Dass dem Bernhard viel weniger die Vevi als der Inhalt ihres Korbs am Herzen liegt, diverse Wurstwaren nämlich, ahnt der Arno, als der Hund von ihr einen Landjäger geschenkt bekommt. Er schnappt sich seine Beute, legt sich mit ihr auf den Boden und liebkost sie dann so zärtlich, als wollte er sie gleich heiraten.

»Das Gepökelte ist eigentlich gar nicht gut für ihn, aber was will man machen«, erklärt die Vevi, »im Sommer.«

»Mhm«, macht der Arno. Der Sommer scheint hier ziemlich oft als Ausrede herhalten zu müssen.

»Ich hab schon gehört«, sagt sie ansatzlos.

»Was denn gehört?«

»Mit dem Arthur, der den Luggi … meiner Seel', wer hätt denn an so was gedacht?«

»Von wem wissen'S denn das schon?«

»Ja mei. Spricht sich halt so herum.«

Buschfunk, denkt der Arno und sagt: »Es gilt die Unschuldsvermutung.«

»Haha, ja genau!«, amüsiert sich die Vevi, als hätt er gerade den Witz des Jahrhunderts gerissen. Jaja. Seit diesem unendlichen Korruptionsprozess gegen einen gewissen österreichischen Ex-Minister ist die Unschuldsvermutung ja zu einer Art Synonym fürs genaue Gegenteil geworden, so sehr haben die Medien das Wort strapaziert. »Die Ermittlungen sind erst am Anfang«, verbessert er sich.

»Ist schon recht. Und, bleiben'S noch die Nacht? Ich könnt' Ihnen was richten, zur Feier des Tages.«

Er hebt die Augenbrauen. *Feier des Tages.* Ein Toter im Ort und ein anderer in Haft, das klingt jetzt nicht besonders feierlich. Aber er ahnt, wie sie's meint. Bestimmt ist der Aschenwald hier alles andere als beliebt, mit seinem überdimensionierten Projekt und den Veränderungen, die sich daraus ergeben. Bestimmt passt er den Leuten besser als Schuldiger in den Kram als sonst jemand.

Wenn's nur nicht so glatt wär, alles …

»Wurstnudeln«, legt sie nach.

Was Warmes im Bauch wäre schon gut, und endlich hat er auch wieder Lust auf etwas anderes als Luggis Käsesahne, die's ohnehin nicht mehr geben wird. Aber er kann jetzt doch nicht herumsitzen und essen. Er muss … ja, was muss er eigentlich?

Mit der Laura reden.

Mit der Witwe reden.

Mit dem Bernhard reden.

Reden, reden, reden …

»Ach nein, danke, ich brauch nix«, sagt er zur Vevi.

»Aber bleiben tun Sie schon noch.«

»Jaja, eine Nacht … oder zwei.«

»So lange Sie wollen!«, trällert sie und verschwindet im Rosswirt.

Der Arno bringt den Bernhardiner zur Wache zurück, wo der Bernhard schon vor der Tür wartet und sofort den halben Landjäger entdeckt, der dem Hund noch aus dem Maul hängt, für ein späteres Tête-à-Tête wahrscheinlich. »Hast von der Vevi gekriegt, geh? Von der Vevi, der Vevi des Guziguzi, geh? Jaaa!« Dazu wuschelt er dem Hund das Fell durch und zieht ihn dann an der Leine ins Wachzimmer. »Ein so ein Mief!«, sagt er – immer noch ziemlich vorwurfsvoll – zum Arno und will ihm schon die Tür vor der Nase zuziehen.

»He, Bernhard!«

Der sagt nix, sondern schaut bloß aus dem Türspalt heraus.

»Ich tät gern mit dir über alles reden.«

»Mhm.«

»Tät's jetzt gehen?«

»Nein, kommt bald wer. Anzeige.«

»Schon wieder ein Falschparker?«

»Ruhestörung«, antwortet der Bernhard, zieht dann tatsächlich die Tür zu und versperrt sie auch noch, zweimal gleich.

»So was«, murmelt der Arno, wundert sich über den Zusperrtick seines Kollegen und geht ein paar Schritte weg. Seine Schläfen pochen. Wenigstens ist ihm endlich nicht mehr schwindlig, womit auch das Nachdenken wieder leichter fällt. Wobei: Viel muss er gar nicht denken, um zu wissen, wohin er als Nächstes will.

Zur Laura.

Also eilt er zum Rosswirt zurück und hinter diesem den Steig hinauf. Schon wieder. Langsam könnt er echt Kilometergeld verrechnen für die ganze Wanderei.

Oben am See ist überhaupt nix los. Die Niedersackentaler sind weg. Ihr Polizeiauto hat der Arno schon vorhin nicht mehr auf dem Dorfplatz gesehen. Niemand um den See herum, kein Mensch auf den Berghängen, keine Moskitos, nicht einmal die Laura kann er auf die Schnelle entdecken. Bestimmt hat sie sich in ihrem Verschlag verkrochen.

»Laura!«, ruft er hinüber, weil's eh schon egal ist.

Nix.

»Laura!«, wiederholt er lauter.

Wieder nix.

Also geht er zum Kanu, das immer noch an der Stelle liegt, an der er es am Morgen zurückgelassen hat. Mit einem Bein steigt er hinein, mit dem anderen stößt er sich ab, fast so, als hätte er sein Leben lang nix anderes gemacht. Jaja, die Gene – Arnos Opa Salvatore, ein waschechter Venezianer und Gondoliere vor dem Herrn, wär jetzt bestimmt stolz auf seinen Enkel gewesen.

»Laura!«, brüllt der Arno ein weiteres Mal hinüber, während er noch paddelt und paddelt und sein Herz bis zum Hals hoch schlägt, vor Anstrengung und noch mehr vor Sorge, denn inzwischen hätt sie doch antworten müssen!

Und schon ist er drüben. Der Kies knirscht unter dem Kiel, der Arno springt raus, er sieht die Laura in Gedanken schon irgendwo liegen, dahingemeuchelt wie der Luggi, und er tät sich das gar niemals verzeihen, niemals …

Aber die Laura ist nicht da.

Der Verschlag mit der kleinen, über eine Art Wäscheleine gespannten Plastikplane ist leer. Er schaut über den See, aber die Oberfläche ist so glatt wie einförmig, nirgendwo treibt etwas im Wasser …

Was, wenn sie untergegangen ist?

Vielleicht beim Schwimmen, ein Herzkasperl vom Kälteschock, oder hat sie gar jemand mit Gewalt unter Wasser gedrückt?

Um von der Insel zu kommen, hätte sie jedenfalls schwimmen müssen.

Ich muss Hilfe holen, denkt er. Aber wie soll er, ohne Handy? Gestern hat er's ja noch bei sich gehabt, hier auf der Insel … und weil die Hoffnung zuletzt stirbt, sucht er's auch gleich. Er hetzt zur Feuerstelle, zieht die Hose aus der Asche und tastet dort, wo die Taschen gewesen sein müssen – leer. Dann nimmt er einen Stock und durchwühlt die Feuerreste nach etwas Hartem, Zusammengebackenem, findet noch ein bissl Käsesahnekarton und einen fast noch unversehrten Socken, eine kohlrabenschwarze Whiskeyflasche und schau schau, seinen ersten Hotelzimmerschlüssel. Aber kein Handy.

Er sucht die Gegend ab, in immer größeren Kreisen, und da sieht er plötzlich etwas. Ein Stück Papier unter einem dunklen Irgendwas, und dieses Irgendwas ist tatsächlich die Rückseite seines Smartphones. Das Papier ist handbeschrieben. Schnell nimmt er beides auf und liest.

> Lieber Arno!
> Ich muss los. No worries. Vielleicht sieht man sich ja irgendwann wieder!
> Ciao
> Laura
> PS: Der andere Arno gefällt mir.

Der andere Arno?, fragt er sich natürlich gleich, und wie er sich so fragt, kommt die Erinnerung in großen Bruchstücken zurück, und sie macht *Dam-bam-bam-bammm* und *Hey-a-hey-a-hey-a-hey* und *Spring über das Feuer!* und *He, dein Socken brennt!* und *Schnell in den See!* und *Ich fühl mich so anders!* und *Mach Liebe mit mir, anderer Arno!* und *Uiuiui*.

Uiui-Uiuiui!

Für ein paar Momente kann der Arno nicht anders, als so versonnen wie verzückt durch die Gegend zu starren. »Der andere Arno«, spricht er mit einem Hauch von Stolz und muss grinsen.

Er liest den Brief von der Laura noch einmal. *Vielleicht sieht man sich ja irgendwann wieder!* ist so glatt formuliert, dass es nix gibt, wo er seine Hoffnungen auf ein Wiedersehen einhaken könnt, und eine Nummer hat er auch nicht von ihr. Was ihn auf die Frage zurückbringt, wieso sie überhaupt abgezischt ist. Weiß sie Bescheid? Über den toten Luggi, den verhafteten Aschenwald und das ziemlich sichere Ende seines Chalet-Projekts? Aber wieso verabschiedet sie sich nicht und lässt das ganze Zeug da? Das klingt nicht nach der Laura, die er kennengelernt hat. Wie hätten die Baldaufs das wohl gefunden, dass ihre letzte Ruhestätte so ausschaut, als hätte eine dreimonatige Hausbesetzung drauf stattgefunden? Fast tät's den Arno jucken, alles wieder in Ordnung zu bringen, die Transparente abzuhängen, den Müll ins Kanu zu werfen und zu entsorgen, aber natürlich hat er ganz andere Sachen zu tun, und das ungute Gefühl in seinem Bauch wird auch immer stärker.

Da klingelt sein Handy. Der Arno dreht es um, froh darüber, dass es zu funktionieren scheint und nicht einmal der Akku leer ist. Weniger froh ist er über die angezeigte Nummer, die er mittlerweile auswendig kennt.

»Hofrat Klein?«, fragt er deshalb gleich und wartet auf Kermits Reaktion.

Aber zur Antwort quakt kein Frosch. »Qualtinger hier«, brummt der hörbar gut gelaunte Herr Innenminister höchstpersönlich. »Arno Bussi?«

»Oh. Äh. Jawohl?«, stammelt der und ärgert sich über seinen unterwürfigen Ton.

»Arno Bussi, ich sagte doch, Sie sind mein Mann für Tirol! Mein Vertrauen hat sich voll bestätigt. Zack, zack, zack haben Sie das gemacht. Bravo!«

Der Arno ist hin- und hergerissen zwischen der erhaltenen Anerkennung und dem Braten, den er ganz automatisch riecht, wenn der Qualtinger so schleimig daherkommt.

»Sind Sie noch dran? Oder hat es Sie gerade umgehauen? Hahaha!«

»Nein. Ja. Äh – wie bitte?«

»Also, Sie sind mir ja einer, Bussi! Er kam, sah und siegte, besser kann man das gar nicht ausdrücken als der alte Cicero! Es ist mir persönlich ein Anliegen, Ihnen ausdrücklich zu danken, für Ihre großartige Arbeit in Tirol!«

»Aha?« Der Arno überlegt. Nicht wegen des Cicero-Spruchs, der ja eigentlich von Cäsar ist, sondern der *großartigen Arbeit* wegen. Eigentlich hat er ja fast nix gemacht, gefühlt jedenfalls, vom Hin-und-her-Rennen und Herumplappern und Käsesahne-Essen einmal abgesehen. Das mit der Laura war dann auch noch, aber das kann der Qualtinger jetzt echt nicht meinen. *Okay, den Aschenwald verhaftet hab ich auch …*

»Mitten ins Schwarze!«, fährt der Herr Innenminister mit seinem Begeisterungssturm fort. »Und das aus der Hüfte. Sie haben die Intuition, die wir in der österreichischen Exekutive brauchen!«

»Aha«, wiederholt der Arno nur, weil ihm immer noch nix einfällt, das seine angebliche Großartigkeit rechtfertigen könnte. So einen Jackenknopf kann ja jeder finden, und eins und eins zusammenzählen auch. Und wie hat der Qualtinger überhaupt so schnell erfahren können, was geschehen ist? Hat ihn die Katz informiert?

»Und jetzt hören Sie mir zu, Bussi. Gleich morgen Früh nehmen Sie den ersten Flug nach Wien. Acht Uhr fünfzehn, Business Class! Um zehn werden Sie dann in der Pressekonferenz neben mir sitzen, und dann zeigen wir dem Barthel, wo wir den Most herholen, ha-HA! Und hinterher gehen wir essen, ins Steirereck, nur wir zwei.«

Der Arno macht die Augen zu.

»Aber ich höre schon, das ist Ihnen zu wenig. Natürlich. Seien Sie ganz unbesorgt, Bussi. Versprochen ist versprochen, und ich bin ein Mann von Handschlagqualität, nicht wahr. Also: Ab sofort wird Schluss sein mit den … Spezialaufgaben, hehe, dies wird Ihr letzter Einsatz für mich in Ihrem schönen Heimatland gewesen sein. Gut gemacht, Bussi! So, jetzt muss ich aber, der ORF wartet schon. Nix für ungut, bis morgen und habe die Ehre!«

Und aufgelegt.

20

Ach, die Politiker. Als gelernter Österreicher weiß man ja schon bald nicht mehr, ob eigentlich die Kabarettisten die Politiker karikieren oder ob es nicht längst umgekehrt läuft, nach dem Motto *Keiner zerlegt uns besser als wir uns selbst*. Andererseits hat ja bekanntlich jedes Volk die Vertreter, die es verdient, quasi repräsentativer Bodensatz, weshalb man sich immer auch ein bissl über sich selbst aufregt, wenn man über *die da oben* schimpft. Jaja.

Wie der Arno in See sticht, um von der Insel aufs Festland zurückzukommen, kriegt er die Dinge nicht mehr aus dem Kopf, die der Qualtinger ihm versprochen hat. Dass er in den aktiven Dienst zurückversetzt wird. Dass die Arbeit in der Kriminalstatistik endlich ein Ende hat. Dass er morgen mit seinem Oberboss vor den Medien sitzt und hinterher essen geht. Ins Steirereck im Stadtpark, wo's einen wie den Arno – rein finanziell gesehen – so ausbrennt, dass er hinterher vier Wochen lang Kartoffeln essen muss, um sein schlechtes Gewissen loszuwerden.

Aber freuen tut er sich trotzdem nicht.

Auch nicht über das Lob, das ihm der Qualtinger wie Honig ums Maul geschmiert hat. Die Verhaftung vom Aschenwald fühlt sich nämlich mittlerweile ganz falsch an. Viel zu reibungslos. Er weiß schon, so ist die Polizeiarbeit meistens. Aber trotzdem. Irgendwie mag er morgen gar nicht nach Wien zurück. Er ahnt, dass das Rätsel vom Lärchensee noch nicht gelöst ist. Aber noch fehlt ihm viel zu viel, um Licht ins Dunkel bringen zu können.

»Schenk mir diese eine Nacht!«, singt er so plötzlich wie peinlich, nachdem er sich bewusst gemacht hat, dass ihm nur noch ein paar Stunden und eine ganze Nacht in Stubenwald bleiben. Er räuspert sich und grölt zur Sicherheit das Gitarrenriff aus *Highway to hell*, quasi Seelenreinigung und Ohrwurmkur. Der Schlager-Klingelton von Bernhards Handy muss eine Tür zu seinem Unterbewussten aufgestoßen haben, die besser verschlossen geblieben wäre.

Wieder unten im Rosswirt – Kilometergeld, aber echt! – duscht er sich schnell und versucht dann, den verkohlten Original-Zimmerschlüssel aus dem Lagerfeuer sauber zu machen, aber natürlich keine Chance. Und überhaupt hat er viel Wichtigeres zu tun. Also lässt er den Schlüssel im Badezimmer liegen, macht sich fertig und will gerade zur Polizeiwache, als er unten im Hausgang fast mit der Vevi zusammenstößt, die eine Kochschürze umhat. »Oh! Herr Inspektor! Jetzt haben'S mich aber erschreckt!«, klagt sie und hält sich die flache Hand vor die Brust.

»Verzeihung. Ich war nur schnell duschen.«

»Jaja, schon recht, wie'S wollen! Ach ja: Wollen'S nicht doch was essen? Ich hätt Ihnen eine Portion Wurstnudeln mitgemacht.«

»Nein, nein ... Ich hab noch was vor, später«, behauptet er, damit sie ihn nicht noch zehnmal fragt, obwohl, der Hunger wär schon ziemlich eindeutig.

»Ach so?«

»Ja. … Sagen'S, Vevi, die Laura haben Sie nicht zufällig gesehen?«

»Wen?«

»Die Frau, die auf der Seeinsel oben war. Laura Gams.«

»Nein …?«, antwortete sie halb fragend, schaut dafür aber umso vielsagender, strahlt fast, und zwar so, als wisse sie genau, was da gestern auf der Insel gelaufen ist. *Uiuiui.* »Aber die wird schon wieder auftauchen«, meint sie noch.

»Hm?«

»Na, Ihre Laura!«, antwortet sie und – ach, du Schreck! – zwinkert auch noch.

Hm-hm-hmhmhm-hmhm …, meldet sich der Ohrwurm mit dem Schatzifoto wieder, der ihn auf einen Themenwechsel bringt.

»Jaja. Ich bin dann einmal beim Bernhard in der Wache drüben, falls wer was braucht«, beeilt sich der Arno zu sagen und hat schon die Klinke in der Hand.

»Der ist nicht mehr da.«

»Wieso?«

»Ja, weil er daheim ist, wo sonst?«

Einen Blick auf die imaginäre Armbanduhr später kommt der Arno drauf, dass der Nachmittag wohl schon weiter fortgeschritten ist, als er gemeint hätte. Er nickt schnell und verlässt den Rosswirt.

Draußen bleibt er erst einmal im Schatten stehen und geht seine Gedankenliste durch. *Mit der Laura reden* … kann er vorerst vergessen. *Mit dem Bernhard reden* … wohl auch, es sei denn, er will's noch einmal mit der Emilia zu tun bekommen. *Nein, will er nicht.*

Aber mit Ludwigs Witwe, der Klara, könnte er schon sprechen. Jedenfalls wenn die Medikamente sie nicht völlig ausgeknockt haben. Also geht er schnurstracks zum Dorfbäck hinüber und ist froh, dass er nicht wieder irgendwelche Schaulustigen wegschicken muss. Viel zum lustig Schauen gäb's ohnehin nicht mehr, jetzt, wo der Luggi abtransportiert worden ist. Immerhin haben ein paar Leute inzwischen so viel Anstand besessen, ihr Beileid auszudrücken, in Form von Kerzen und Blumen vorm Schaufenster.

Die Eingangstür zur Gaststube ist zugesperrt. Ein polizeiliches Siegel sieht der Arno nicht. Offensichtlich halten die Innsbrucker den Fundort der Leiche – und damit wohl auch den Tatort – für ausreichend untersucht. Eine Klingel gibt's nicht, also dürfte es einen weiteren Eingang ins Haus geben, den er auch findet, in einem ziemlich niedrigen Türbogen ums Eck, der einer Zeit entstammen muss, in der die Leute noch viel kleiner gewesen sind. Auch um die Klingel zu erreichen, muss der Arno leicht in die Knie gehen.

Dann passiert erst einmal gar nix. Außer dass sein Magen knurrt und es plötzlich dunkler wird, für einen Moment nur. Der Arno schaut verwundert zum Dorfplatz und dann nach oben und entdeckt den Grund: eine Wolke.

Schau schau!, denkt er. Wolken sind ja an und für sich nix Ungewöhnliches, aber wenn man wochenlang keine mehr gesehen hat, dann muss man sich erst wieder an ihren Anblick gewöhnen. Die Berggipfel um den Lärchensee werden von einem riesigen Wattebausch umgeben, der den Arno an eine Kochhaube erinnert, und diese Kochhaube wächst so schnell in die Höhe, dass er ihr dabei zuschauen kann. Kommt gleich ein Gewitter? Das täte nicht nur der Natur gut, sondern auch den Menschen. Und Pawlows Hund lässt nicht lange auf sich warten: Beim Gedanken an Sommerregen, der auf seinen Körper prasselt, bekommt der Arno jetzt tatsächlich eine Gänsehaut.

Die wird gleich noch viel dicker, als ihn plötzlich jemand anspricht. »Sie können jetzt mit dem Läuten aufhören!«

Der Arno reißt seinen Kopf herum und erkennt Doktor Lutz, der gebückt in der Haustür steht.

»Oh«, sagt der Arno und nimmt seinen Finger vom Knopf.

»Ich nehme an, Sie wollen mit der Klara sprechen«, vermutet der Dorfarzt.

»Ja … geht's jetzt?«

»Sie ist wach, aber sie darf sich nicht aufregen. Ruhe ist jetzt das Beste für sie«, sagt er und nimmt die Lesebrille ab, die mit einem Bändchen um den Hals vorm Verlieren geschützt ist. Dann fragt er: »Ich habe gedacht, die Ermittlungen seien beendet?«

Falsch gedacht, tät der Arno am liebsten antworten, sagt aber stattdessen: »Ich muss noch einigen Hinweisen nachgehen.«

»Hinweisen?«, wird der Quacksalber gleich noch neugieriger.

»Genau. Die Klara liegt oben?«

»Nein, sie sitzt in ihrer Küche.«

»Aha. Und die ist wo?«

Der Doktor seufzt und gibt seinen Widerstand endgültig auf. »Warten'S, ich geh voraus«, sagt der Mann, der noch ein paar Zentimeter größer ist als der Arno, dabei aber mindestens um ein Drittel schmäler, wie ein Salzstangerl, ein Riesengrissini fast, dem verstorbenen Bäcker gar nicht unähnlich. Er steigt hinter dem Arzt die Stufen hinauf.

»Klara? Der Herr Inspektor Bussi hat noch ein paar Fragen«, schickt der Lutz voraus, da biegen sie auch schon ums Eck in die Küche. »Hier herein, bitte«, sagt er, fast so, als bäte er einen Gast ins eigene Heim.

Und dann …

Also, der Arno wäre ja auf vieles gefasst, die Klara mitten in einer der vier Trauerphasen zum Beispiel – am ehesten die erste, das berühmte Nicht-wahrhaben-Wollen –, aber dass die Klara dasitzt und eine ausgewachsene Käsesahnetorte verputzt, geradezu hinunterschlingt, und ihr Gesicht an jenes eines Kleinkinds erinnert, dem beim Genuss seiner Leibspeise freie Bahn gelassen wurde, ist dann doch sehr speziell.

Arnos Magen knurrt so laut, als wollte er sich gewaltsam aus dem Körper befreien und über das Zuckerding hermachen.

Kaffeetassen stehen auf dem Tisch, dazu noch ein weiterer Kuchenteller, wohl vom Doktor.

»Bitte«, sagt dieser und zeigt auf einen freien Stuhl.

Der Arno setzt sich hin, während die Witwe schon das nächste Stück Kuchen in ihren Mund schaufelt, eine Ladung, dass man sich nicht mehr zu fragen braucht, warum sie ausschaut, wie sie ausschaut, die Klara. Ohne ihre Vergrößerungsglasbrille wirken die Augen winzig, wie die Knopfaugen eines Teddybären, und natürlich sind sie gerötet vom vielen Heulen. Sie scheint nicht durch die Nase atmen zu können, weil sie immer wieder den vollen Mund öffnet, um zwischendurch Luft zu bekommen.

»Iss nur, Klara, iss«, sagt der Arzt und legt ihr die Hand auf den Unterarm.

Der Arno runzelt die Stirn. Aus medizinischer Sicht kann diese Völlerei nicht ratsam sein. Aber vielleicht denkt der Lutz: *Einmal ist keinmal,* und Zucker hilft ihr bei der Trauer.

»Schie wollen mich wasch fragen?«

»Ja … erst einmal mein Beileid.«

»Mhm …«

»Frau Baldauf … Sie haben den Ludwig gefunden?«

»Mhm.«

»Und dann den Herrn Doktor geholt?«

»Mhm.«

»Warum?«

Sie schluckt und schaut den Arno verdutzt aus ihren Knopfaugen an. »Wie meinen Sie das?«

»Na ja, man könnt ja auch den Notruf wählen, zum Beispiel.«

»Ich hab aber die Nummer vom Max eingespeichert«, sagt sie und wirft dem Arzt einen unsicheren Blick zu. »Für Notfälle.«

Dieser nickt beruhigend. »Ich bin hier der Notarzt, wäre also in jedem Fall verständigt worden.«

»Und wie genau haben Sie den Ludwig gefunden, Frau Baldauf?«

»Kann das nicht warten?«, geht der Doktor dazwischen.

»Lass nur, Max«, sagt die Klara und tätschelt jetzt seine Hand. Er lächelt, und der Arno kriegt die Augenbrauen gar nicht mehr nach unten.

»Ich bin um fünf runter, weil ich dem Luggi seinen Kaffee bringen wollt, wie jeden Tag. Er fängt ja schon um drei in der Früh mit der Arbeit an. Aber in der Backstube war er nicht, und die Öfen waren alle kalt. Also hab ich weitergesucht, und dann …« Ihre Augen werden glasig.

»Ich versteh, wie schwer das für Sie ist. Aber ich muss jetzt bitte alles wissen. Was war dann?«

»Hat sie doch schon gesagt! Mich angerufen!«, wird der Arzt ungehalten.

Der Arno wartet einen Moment und fragt weiter: »War die Käsesahne da noch … auf ihm drauf?«

Sie nickt.

»Sie haben sie runtergenommen.«

»Ja, ich … ich hab doch schauen müssen, ob ich … ob ich noch was tun kann.«

Der Arno nickt. »Haben Sie sonst noch was gesehen?«

»Was denn?«

»Eine Botschaft … einen Hinweis, oder so.«

Sie schließt die Augen. Der Arno kann sehen, wie sich die Augäpfel unter den Lidern bewegen, erst nach links, dann nach rechts, dann wieder nach links, als stünde die Antwort auf den Jalousien geschrieben. Schließlich schaut sie ihn an und sagt: »Nein.«

»Irgendwas?«

»Sie hat doch Nein gesagt!«, schimpft der Doktor jetzt ziemlich laut, bevor er sich viel sanfter wieder an die Klara wendet: »Iss noch, Klara. Iss!«

Der Arno räuspert sich und will schon was sagen, aber die Klara kommt ihm zuvor: »Mögen'S auch ein Stück?«

»Nein, nein, danke, wirklich nicht«, antwortet er im Reflex.

Spannender als die Käsesahne findet er, wie die beiden

miteinander umgehen, aber er ist sich unschlüssig, ob und wie er's ansprechen soll. Schließlich tut er's einfach. »Wie lange kennen Sie zwei sich eigentlich schon?«

Die beiden schauen sich an. Doktor Grissini lächelt, die Witwe lächelt zurück. »Seit ich hier im Ort bin«, übernimmt der Arzt die Antwort, »sieben Jahre. Wissen'S, das ist das Gute an so kleinen Gemeinden. Dass man noch Zeit für seine Patienten hat.«

»Der Max ist ein Segen«, legt die Klara drauf.

»Was haben Sie eigentlich früher gemacht?«, fragt der Arno, der keine Lust auf noch mehr Süßholzgeraspel hat.

»Ich? Wieso?«, fragt die Salzstange.

Der Arno sagt nix, schaut nur groß.

»In der Stadt war ich. Uniklinik.«

»In Innsbruck?«

»Ja. Aber dort ist's mir irgendwann zu eng geworden.«

»Also sind Sie nach Stubenwald gezogen.«

»Genau.«

Der Arno lässt den offensichtlichen Widerspruch einmal stehen – Stubenwald ist ja der Inbegriff der Enge –, weil's auch nix zur Sache tut. Aus dem Augenwinkel sieht er, wie die Klara das nächste Kuchenstück in ihren Mund baggert. Er darf ja gar nicht daran denken, wie himmlisch der Geschmack wär. Fast möchte er sie doch noch um ein Stück bitten.

Erste Tropfen prasseln ans Fenster. Eine Böe rüttelt am Gebäude. Dann hört er Donnergrollen. Aber weder die Klara noch der Arzt kümmern sich darum.

Im Herrgottswinkel steht dasselbe Bild, das der Arno schon aus der Gaststube kennt. *Die Hex*, erinnert er sich, wie der Bernhard die alte Baldauf genannt hat. Also rein vom Bild her tät sie tatsächlich fast in ein Kinderbuch passen, quasi Besen drunter und guten Flug.

»Die Klara braucht jetzt dringend Ruhe, Herr Inspektor«, sagt der Doktor leise. »Sie muss sich wieder hinlegen.« Dann räuspert er sich ziemlich nachdrücklich.

Auf den Arno wirkt die Witwe ganz anders. Vielleicht liegt's an den Medikamenten oder dem Trauma oder der Kombination von beidem, aber Ruhebedarf schaut anders aus. Außerdem: Wie soll sie denn bitte schlafen, wenn gleich ein Gewitter kommt?

»Nur eine Frage noch«, sagt er und spricht gleich weiter, um dem Protest des Arzts zuvorzukommen, »hat der Luggi Feinde gehabt – ich mein, abgesehen vom Aschenwald?«

Klaras Augen wackeln wieder hin und her, jetzt aber offen, und der Lutz räuspert sich gleich noch einmal.

»Wer soll uns denn etwas anhaben wollen?«, fragt die Klara. Tränen sammeln sich in ihren Augenwinkeln. »Wir haben ja nix außer Schulden!« Sie lässt das Kuchenstück fallen. Ihr Kinn zittert.

»Jetzt ist aber wirklich genug. Gehen Sie!«, wird der Arzt deutlich, und Blitz und Donner scheinen seine Forderung noch unterstreichen zu wollen. Aber bei dem Wetter schickt man doch nicht einmal seinen Hund vor die Tür, und außerdem fällt dem Arno gleich noch was Wichtiges ein, das er die Klara fragen wollte: »Frau Baldauf, wissen Sie vielleicht, wo die Laura steckt?«

»Die Laura?«

»Ja. Laura Gams, die Inselpächterin.«

»Jaja, ich weiß schon ... ist die nicht oben am See?«

»Nein, ist sie nicht.«

»Dann weiß ich auch nicht. Ich hab ja nix mit der Sache zu tun. Das hat alles der Luggi mit ihr ausgemacht. Der … Luggi …«

»Herr Inspektor!«, keift der Arzt und reicht der Klara ein Taschentuch. »Sie sehen ja, dass das zu viel für sie ist, oder nicht?«

»Okay«, sagt der Arno und erhebt sich, der Arzt ebenfalls. »Frau Baldauf, melden Sie sich, wenn Ihnen etwas einfällt, egal was. Bei mir oder beim Bernhard. Egal wann. In Ordnung?«

Sie nickt.

»Ach noch was«, sagt der Arno, als er schon in der Tür steht: »Was haben Sie eigentlich mit *siebzehn und sieben* gemeint?«

Die Klara schaut groß. »Was?«

»Siebzehn und sieben«, wiederholt er und sucht Hilfe beim Arzt, von dem er's ja erfahren hat, doch der bleibt still. Also erklärt er: »Das sollen Sie immer wieder gesagt haben. Und etwas mit Sonnenthron. Stimmt doch, oder?«

Sie nickt langsam.

»Was bedeutet das, siebzehn und sieben?«

»Ich … weiß es nicht. Er … Der Luggi hat das immer wieder gemurmelt, im Schlaf. Von siebzehn die siebte … Sonne wohl thront.«

»Sonne wohl thront?«, fragt er spontan zurück, und auch den Teil mit den Zahlen hat der Arzt nicht ganz richtig wiedergegeben. *Von siebzehn die siebte … siebzehn was?*

Die Klara nickt wieder, wischt sich endlich einmal den Mund an einer Serviette halbwegs sauber und spricht weiter: »Seit ein paar Tagen. Es muss ihn sehr beschäftigt haben, bis in den Schlaf hinein. Der Luggi war sonst nicht so. Der hat geschlafen wie ein Stein … mein Luggi!«

»Jetzt reicht's aber!«, schimpft der Arzt und schiebt den Arno durch die Tür.

»He!«

»Gehen Sie. Sofort!«

Er hätte richtig Lust, dem Quacksalber ordentlich Bescheid zu sagen. Aber weil er eh schon genug zum Nachdenken hat und es wohl auch nix bringt, von noch mehr Ärger abgesehen, …

… geht er halt.

21

Also der Hunger. Ganze Kriege hätten … ach, das hatten wir schon. Aber da wären wir wieder. Weil der Arno jetzt einen Kohldampf schiebt, der seinesgleichen sucht. Einerseits kein Wunder, wo er doch vor lauter Kater zuerst nix essen hat können und später zu höflich und bescheiden war, um etwas anzunehmen. Andererseits spielt sein Körper ohnehin verrückt, seit er aus diesem blöden Dorfbrunnen getrunken hat. Er hat die Theorie vom Tschiggcharly noch im Ohr, der zufolge der Baldauf Wastl das Brunnenwasser nach seiner Rückkehr aus dem Ausland verhext haben soll. Dessen Eltern liegen ja oben auf der Insel begraben, und die alte Baldauf war zu Lebzeiten als Hexe verschrien. Bald könnt's einem tatsächlich gruseln …

Der Arno bleibt geduckt im Türbogen des Bäckereihauses stehen und wartet, weil es wie aus Kübeln schüttet. Ein kleiner Bach läuft durch die Gasse an ihm vorbei und weiter zum Dorfplatz. Alles scheint zu dampfen, ein Klima wie im Regenwald, von Abkühlung keine Spur.

Der Arno denkt an dieses angebliche Gemurmel vom Luggi und hat nicht die geringste Ahnung, was es bedeuten soll. *Von siebzehn die siebte, Sonne wohl thront* – das kann doch nix heißen. Und doch scheint es den Bäcker in den Tagen vor seinem Tod bis in den Schlaf hinein beschäftigt zu haben …

Arnos Magen knurrt und fühlt sich an, als hätte jemand einen Knoten reingemacht. Er muss jetzt endlich etwas zwischen die Zähne bekommen. Außerdem ist bald Abend, und morgen muss er halbwegs ausgeschlafen sein für die Pressekonferenz mit dem Herrn Innenminister. Besser, er kümmert sich erst mal um sein dringendstes körperliches Bedürfnis. Später, im Hotelzimmer, wird er dann nochmals in Ruhe über alles nachdenken, auch über Luggis kryptisches Gefasel.

Aber zuerst was essen.

Es blitzt und donnert immer noch, aber der Abstand dazwischen wird größer. Zerstäubter Regen hängt über dem Ort, dazu ein Regenbogen, zuerst nur schwach, dann immer intensiver, schließlich zeigt sich auch die Sonne wieder. Es regnet noch leicht, als der Arno losläuft, dem Bächlein nach zum Dorfplatz, wo der Regenbogen in voller Pracht über Stubenwald steht. Das rechte Ende weist direkt in die Gasse, in der die Trafik vom Tschiggcharly liegt, und da rennt der Arno auch schon hin, nicht um ein Goldtöpfchen zu suchen, sondern weil ihm der Kirchturm verraten hat, dass es schon kurz nach sechs ist, und da ist hier auf dem Land in den meisten Läden Schluss. Er muss aber unbedingt seinen Hunger stillen, notfalls eben mit einem weiteren Zuckerriegel …

Doch wie befürchtet kommt er zu spät – die Tür ist versperrt. Doch so schnell will der Arno nicht aufgeben. Er erinnert sich an die Vevi und die Landjäger in ihrem Einkaufskorb. Es muss hier irgendwo einen Metzger geben. Er rennt weiter die Gasse entlang, am Ende rechts rum und schräg hinauf, wo er einen weiteren, viel kleineren Dorfplatz entdeckt, idyllisch mit Holzkreuz und Sitzbänklein und einem Kastanienbaum, der den halben Platz beschattet, und tatsächlich findet er den Metzgerladen, der aber verdächtig dunkel ist. Und mein Gott, was glänzen sie nicht schön, die Oberflächen aus Edelstahl, wo sich sonst Kaminwurzen an Landjäger reihen, die Weißwürste mit den Knackern kuscheln und die herrlichsten Schinkensorten um die Wette strahlen. Hinter der Theke stehen mehrere kleine Backöfen, in denen der Fleischkäse warm gehalten wird, und ganz hinten gäb's sogar so einen Hähnchengrill, auf dem bestimmt zwanzig Knuspervögel gleichzeitig rotieren können, aber jetzt ist alles leer und blank geputzt, und wie zum Spott steigt dem Arno auch noch der typische Metzgereiduft in die Nase, leicht stechend, eigentlich nicht besonders fein, aber schon kommt wieder der Pawlow mit seinem Hund daher, weil: Dem Arno treibt's das Wasser nur so in den Mund. Er drückt sich am Schaufenster fast die Nase platt, schaut und schluckt und schaut wieder, ob er vielleicht doch noch jemanden sieht, der sich seiner erbarmen könnte, *Ja aber selbstverständlich hab ich noch was für Sie, lieber Herr Inspektor*, aber da ist niemand, und so gibt's wohl tatsächlich nix mehr für den Arno.

Außer die Wurstnudeln.

Die Vevi hat sie ihm ja schon zweimal angetragen. Also nimmt er ihr Angebot eben doch in Anspruch, und schon in wenigen Minuten wird er hineinbeißen, in die öligen, saftigen, dampfenden Fusilli, Farfalle oder was auch immer, und er wird sich den Bauch so lange damit vollschlagen, bis er nicht mehr kann.

Wie er zum großen Dorfplatz zurückkommt, den Rosswirt schon vor Augen wie die Oase in der Wüste, sieht er auch, wie der nächste Platzregen aus den Bergen über Stubenwald hereinzieht. Oben am See schüttet's schon wie aus Kübeln, der Regen ein einziger, undurchdringlicher Vorhang. Gleich gibt's hier das nächste Sommergewitter. Der Arno nimmt die Beine unter den Arm, rennt am Dorfbrunnen vorbei direkt auf den Rosswirt zu, doch als er mit Schwung die Tür aufreißen will, ist diese versperrt. Er fährt mit der Hand in die rechte Hosentasche, dann in die linke, und gleich darauf an seinen Kopf, weil: *Schlüssel vergessen*. Er muss im Zimmer liegen, besser gesagt beide, der Ersatzschlüssel und der erste, verkohlte. »Scheibenkleister!«, schimpft er, aber was nützt's, er muss die Vevi ohnehin herausklingeln, weil er ihr ja an die Wurstnudeln will, also drückt er den Knopf neben der Eingangstür, aber fast zeitgleich donnert's, also drückt er noch einmal, und da fängt's an zu schütten, und er drückt wieder und sein Buckel wird nass, weil der Wind den Regen bis unters Vordach hereindrückt, und er wartet und er probiert's noch ein viertes Mal, aber Satz mit x, wieder nix.

Er flüchtet ums Eck zur Hinterseite des Hauses, wo der Steig zum Lärchensee anfängt, gerade noch rechtzeitig, denn jetzt legt das Gewitter so richtig los, ein Blitz zuckt und flackert sekundenlang über Stubenwald, und da kracht's auch schon, so laut, dass er sich die Ohren zuhält. Aus den Tropfen werden Graupel, einzelne Körner prallen vom Boden ab, bleiben dann liegen und schmelzen im Nu, aber dann werden es immer mehr und über alles legt sich ein gewaltiges Donnern.

Der Arno sucht nach einem sicheren Ort, kann das Fenster seines Zimmers im oberen Stockwerk sehen, könnte es vielleicht sogar hochschaffen, dann aber nicht einsteigen, ohne es kaputt zu machen. Da sieht er einen Lichtschein. Ganz hinten im spitz zulaufenden Winkel zwischen Hang und Rosswirt, in einem Fenster, das nur noch einen Meter von der Korbsteinwand entfernt ist.

Der Arno rennt hin, erkennt Vevis rote Föhnfrisur von hinten und will schon klopfen, als er noch jemanden entdeckt. Einen, mit dem er hier und jetzt am allerwenigsten gerechnet hätte.

Den Bernhard.

Jedenfalls glaubt er, dass es der weißhaarige Hinterkopf des alten Polizisten ist, den er sieht, und auch sein schneeweißer Schnauzer schaut hervor. Wie ein altes Ehepaar sitzen die beiden Seite an Seite auf der Couch, mampfen Wurstnudeln und schauen Nachrichten.

Meine Wurstnudeln!

Der Arno will klopfen, da sieht er noch etwas. Die Hand von der Vevi, die in Bernhards Nacken wandert, um den Hals herum und vorne zur Brust hinein …

Uiuiuiuiui!

Da blitzt's.

Und bellt.

Und der Bernhardinerbernhard steht formatfüllend im Fenster.

Und dazu donnert's, und zwar gewaltig.

Der Arno bekommt bei all der Reizüberflutung fast einen Herzkasperl, duckt sich weg und schleicht eilig fort, ums Haus herum, mitten ins Gewitter hinein. Aber nützt ja nix.

Er will nicht, dass die Vevi und der Bernhard merken, dass sie gerade aufgeflogen sind. Vorne auf der Dorfplatzseite kauert er sich in den Eingang und wird trotzdem platschnass. Auch schon egal.

Er ist verwirrt. Die Vevi und der Bernhard? So, wie die Wirtin gerade an seinem Kollegen herumgefummelt hat, ist klar, dass die Wurstnudeln nicht das Einzige sind, um was es sich bei den beiden dreht. »Das gibt's ja nicht!«, spricht er laut aus – da spürt er etwas im Kreuz.

Die Tür.

»Ach, Herr Inspektor!«, ruft die Vevi, »Ja, kommen'S halt rein, schnell!«

»Danke!«, sagt er und schlüpft an ihr vorbei ins Innere. Vom Bernhard keine Spur.

»'tschuldigung, ich hab den Schlüssel vergessen.«

»Schon wieder?«

»Mhm.«

»Ist schon recht. Sagen'S, waren Sie das gerade, hinten?«

»Was denn?«, tut er unschuldig.

»Ach, nix, nix.«

»Stör ich?«

»Aber nein, wobei sollten'S mich denn stören? Ein so ein Sauwetter, oder? Ach, übrigens, wir kommen gleich in den Nachrichten! Gehen'S schnell in Ihr Zimmer hinauf, Kanal zwei!«, sagt sie und drückt ihm schon den dritten Schlüssel in die Hand.

»Aha. Sagen'S, Vevi …«

»Ja bitte?«

»Haben Sie vielleicht noch etwas von den Wurstnudeln?«

Ihre Augen werden groß. »Mei, das ist jetzt aber ganz

blöd. Vor einer Minute hab ich die letzten aufgegessen. Ganz schlecht ist mir, so voll bin ich, uff!«, klagt sie und legt die Hände auf ihren Bauch, quasi scheinschwanger. »Na dann, schönen Abend noch«, sagt sie und ist davon.

Der Arno dürft ja gar niemals die dunklen Gedanken rauslassen, die ihn durchfluten, als er wie ein hungriger Wolf in sein Zimmer schleicht, dort erst einmal ein großes Frotteetuch aus dem Badezimmer holt, den Fernseher anmacht und sich die nasse Kleidung vom Körper zieht.

Gerade läuft die tägliche Lokalsendung. Während der Arno sich trocken reibt, berichten sie von irgendeinem Kirchtag, man sieht unzählige Menschen in Trachtenkleidung. Dann folgen Kurzmeldungen, und schließlich erscheint die Moderatorin im Bild. »Stubenwald ist in aller Munde«, beginnt sie süffisant. »Wie soeben bekannt wurde, sitzt der Verantwortliche des umstrittenen Chaletdorf-Projekts, Arthur Aschenwald, seit heute Nachmittag in Haft. Ob es einen Zusammenhang mit dem Todesfall gibt, über den wir berichtet haben, will das Landeskriminalamt weder bestätigen noch dementieren. Auch die Tiroler Polizei hält sich bedeckt. Dafür haben wir Innenminister Friedolin Qualtinger vor etwas mehr als einer Stunde für eine Stellungnahme erreicht …«

Neues Bild, neue Nase, die vom Qualtinger nämlich, und der Gesichtsausdruck drumherum hat etwas von Cicero, wenn nicht gar von Cäsar. »Mit besonderem Stolz darf ich Sie informieren, dass wir heute in Tirol einen großen Ermittlungserfolg verbuchen konnten, wozu ich den Tirolerinnen und Tirolern kurzfristig die Ressourcen unseres Bundeskriminalamts zur Verfügung gestellt habe. Wir Österreicherinnen und Österreicher können sich, äh – uns darauf verlassen, dass meine Parteifreunde und ich alles, ich wiederhole, *alles* tun werden, um die Sicherheit in unserem schönen Land wiederherzustellen.«

»Geht es um die Ereignisse in Stubenwald?«, will ein Journalist wissen.

»Das werden Sie alles morgen erfahren.«

»Ist das nicht ungewöhnlich, dass sich das Innenministerium in die Ermittlungen einer Landesbehörde einmischt?«

»Aber nein. Ich bin ein glühender Verfechter des Föderalismus, aber wo wir helfen können, da helfen wir gerne, besonders mit solch ausgezeichneten Ermittlungsbeamten wie jenem, den Sie morgen Früh kennenlernen werden.«

Schau schau!, denkt der Arno und könnte sich fast ein bissl geschmeichelt fühlen, würde er nicht sofort wieder den Braten riechen, leider nur im übertragenen Sinn.

Die Moderatorin erscheint wieder im Bild. »Bürgermeisterin Heidemarie Larcher, die zu den Befürwortern des Projekts am Lärchensee gehört, war für keine Stellungnahme zu erreichen. Und jetzt zu einem anderen Thema. Neun Plätze, neun Schatzis – jetzt wird's amourös. Wir suchen Österreichs beliebtesten Junggesellen. Auch Tirol hat drei Kandidaten ins Rennen geschickt, die Sie ab kommender Woche …«

Jetzt wird's amourös … jaja, denkt der Arno, wie er den Fernseher ausschaltet, sich nackt aufs Bett fallen lässt und nachdenkt …

Amourös scheint's auch in Stubenwald zuzugehen. Gestern hat's ihn ja selbst erwischt, auf der Lärchenseeinsel mit der Laura sind Amors Liebespfeile ähnlich zahlreich herumgeflogen wie die Mücken. Er will jetzt auch gar keinen Elefanten draus machen, aber irgendwie tät er schon echt gerne wissen, wohin die Laura so schnell aufgebrochen ist.

Ich muss los. No worries. Vielleicht sieht man sich ja irgendwann wieder!

Anders spannend findet er das mit der Vevi und dem Bernhard, die ein Stockwerk tiefer gerade weiß Gott was miteinander anstellen. Oder hat sich sein alter Kollege davongeschlichen, nachdem sie fast aufgeflogen wären?

Eine heimliche Liebelei …

Der Arno kann den Bernhard ja irgendwie verstehen. Seine Emilia ist zwar schon eine Klassefrau, solange sie nicht ins Reden kommt jedenfalls, aber die Vevi ist auch nicht von schlechten Eltern, oh nein, und mit ihren roten Haaren und ihrer geschäftigen Art fällt sie auch noch ordentlich auf. Und man kennt das ja: Bei auffälligen Frauen schauen die Männer gerne zweimal hin. Die alte Baldauf scheint wohl auch so eine gewesen zu sein, dem Foto nach zu urteilen …

Was noch? *Von siebzehn die siebte* – und das mit der Sonne … *Sonne wohl thront*, erinnert sich der Arno erst nach längerem Nachdenken an den genauen Wortlaut von Luggis angeblicher Schlafmurmelei. Er ahnt, dass er darüber grübeln kann, wie er will, es wird nix bringen, solange er den Zusammenhang nicht kennt. Und sonst? Doktor Lutz, der die Klara so energisch vor ihm in Schutz genommen hat. Diesen Quacksalber würde er sich gerne noch einmal genauer anschauen. Aber wie soll er? Der Arno ist ja bloß noch ein paar Stunden hier, bevor er nach Wien *darf*, zuerst zur Pressekonferenz, dann ins Steirereck und schließlich hinein ins richtige BKA-Ermittlerleben … wenn es sich nur nicht so falsch anfühlen würde, alles.

Der Arno seufzt, steht vom Bett auf und durchsucht seinen Trolley nach trockener Kleidung, aber bis auf ein frisches Paar Socken findet er nichts mehr, und ein bissl was braucht er schon, wenn er morgen Früh in den Flieger nach Wien steigt. Da fällt ihm ein, dass er ja noch gar nicht weiß, wie er zum Innsbrucker Flughafen kommen soll. Die Busverbindungen will er sich lieber gar nicht vorstellen, da müsst er vermutlich um drei Uhr in der Früh aufstehen.

Also nimmt der Arno sein Handy und ruft – mit ein bissl Schalk im Nacken, wegen dem Bernhard und der Vevi und *molto amore* – den Bernhard an, der ihn ja auch schon von Innsbruck nach Stubenwald gebracht hat.

»Hier bei Franz?«, meldet sich nur Sekunden später nicht der Bernhard, auch nicht die Vevi, sondern die Plaudertasche Emilia mit ihrem Schweizerdeutsch.

»Ja …«, fällt dem Arno auf die Schnelle gar nichts Gescheites ein, »Arno Bussi hier.«

»Ach Grüezi, Herr Inspektor, was für eine Freude! Wie geht es Ihnen denn? Wissen Sie schon von … ach, natürlich wissen Sie's. Aber schon eine unglaubliche Sache mit dem Arthur, oder? Wer hätte denn jemals gedacht, dass ausgerechnet DER den einen UND den anderen Baldauf ermordet, nein, nein, unfassbar! Aber das hören Sie wahrscheinlich immer in solchen Fällen, oder? Die Täter sind ja meistens ganz gerissen, und meine Güte, so verzwickt muss Ihre Arbeit sein, genau wie im Fernsehen, da tun Sie mir echt leid, Herr Inspektor, und ach, was das jetzt für ein Bild abgibt für den ganzen Ort, man kann sich ja bloß noch schämen, jawohl, *schämen* muss man sich für diese Zustände, sogar im Fernsehen sind wir gewesen, haben Sie das gesehen, überall im ganzen Land wird man jetzt glauben, bei uns seien Sodom und …«

»Jaja!«, stellt er sich breitbeinig in ihren Redeschwall hinein, »sagen Sie, Frau Franz, ist der Bernhard vielleicht da?«

Jetzt überrascht sie ihn erst einmal, denn sie sagt: nix. Vor seinem geistigen Auge steht sie da, die Quasselstrippe, mit der flachen Hand an der Brust, in einem Paillettenkleid von Versace und perfekt gestylt, in ihrer mondänen Villa – natürlich ist das Blödsinn, aber hat man sich erst einmal ein Bild von einem Menschen gemacht, geht das nur ganz schwer wieder raus.

»Sind Sie noch dran, Frau Franz?«

»Aber der Bernhard hat gemeint, er sei noch mit Ihnen am See unterwegs, Herr Inspektor. Ich habe mir schon Sorgen gemacht, wegen der Gewitter«, flüstert sie fast, und schweigt dann schon wieder, was dem Arno eine Idee davon gibt, wie abgrundtief erschüttert sie sein muss.

Er beeilt sich zu beschwichtigen und lügt munter drauflos: »Das stimmt schon. Aber wir haben uns vor dem Gewitter trennen müssen, und jetzt wollt ich ihn anrufen, damit wir uns wieder … treffen.« *Ein so ein Blödsinn kann auch nur mir einfallen*, denkt er noch.

Aber die Emilia atmet hörbar auf. »Ach so«, sagt sie, »was für ein Unwetter, nicht wahr? Aber wissen Sie, das ist jetzt ganz dumm, der Bernhard hat sein Handy nämlich hier liegen lassen, das passiert ihm leider immer öfter, ich überlege ja schon die ganze Zeit, ach, ich weiß gar nicht, ob ich Ihnen das überhaupt sagen soll, aber ich koche uns ja fast nur noch Fisch und verabreiche ihm heimlich Antioxidantien, und haben Sie schon gewusst, dass Kaffeetrinken der Demenz vorbeugt? Ach, Herr Inspektor, freuen Sie sich nicht auf das Alter, na ja, Panik müssen Sie jetzt auch keine haben, aber wo kommen wir denn hin, wenn wir uns eines Tages selbst nicht mehr kennen, mein Bernhard und ich … Entschuldigung«, schluchzt sie am Ende und ist dann wieder still, zum Glück.

Der Arno vermutet, dass in Wahrheit keine beginnende Demenz, sondern vielmehr die Vevi hinter Bernhards angeblicher Vergesslichkeit steckt, denn so ein vergessenes Handy hat schon Vorteile, wenn man auf Schäferstündchen ist. »Schon gut. Ein bissl vergesslich sind wir doch alle. Sagen Sie, Frau Franz, falls ich ihn nicht mehr seh, könnten Sie ihn dann bitten, mich morgen Früh nach Innsbruck zu bringen? Mein Flieger geht um Viertel nach acht, also wär's gut, wenn wir knapp nach sechs hier losfahren. Glauben Sie, das geht?«

»Aber selbstverständlich, Herr Inspektor! Sonst mache *ich* das einfach. Wissen Sie, ich bin eine moderne Frau und habe auch den Führerschein, und ich könnte Sie standesgemäß chauffieren, mit meinem May…«

»Nein, nein«, unterbricht er sie, »wofür haben wir denn sonst die Polizeiautos gekauft, oder, haha? So, jetzt muss ich aber wieder Verbrecher jagen. Gute Nacht, Frau Franz!«

Erst als das Gespräch beendet ist, fragt sich der Arno, welches Auto sie ihm da wohl gerade als Taxi angeboten hat. *May…* – da fällt ihm eigentlich nur *bach* als Fortsetzung ein, *Maybach*, die Edelmarke von Mercedes, und schon wieder könnt er sich ohrfeigen, denn mit einem Maybach zu fahren, und sei es nur auf dem Beifahrersitz oder hinten, das wär schon ein außergewöhnliches Privileg. Aber dann muss die Franz Emilia wirklich Kohle haben ohne Ende, mit Bernhards Polizistengehalt kann da ja endgültig nix mehr erklärt werden, und mein Gott! Was der Bernhard alles verlieren könnte, wenn das mit der Vevi und ihm herauskäme! Ganz heiß wird dem Arno, wie er dran denkt.

Aber was will er machen? Jeder ist seines Glückes Schmied, und wenn sein alter Herr Kollege auf der Rasierklinge reiten will, dann bitteschön. Vielleicht kann er ja morgen Früh auf der Fahrt nach Innsbruck ein bissl in den Bernhard hineinhorchen und den einen oder anderen dezenten Hinweis setzen, dass er doch um Gottes willen bitte nicht so saublöd sein soll, seine Ehe mit der Emilia aufs Spiel zu setzen ... Aber was weiß der Arno schon, wie diese Ehe in Wirklichkeit ausschaut, und Geld ist ja bekanntlich auch nicht alles im Leben, wenn einem dafür jeden Tag die Ohren klingeln vor lauter vollgetextet.

Also denkt der Arno nicht weiter darüber nach, legt das Handy weg und versucht, seine nasse Kleidung irgendwie zum Trocknen aufzuhängen. Er sucht nach Ecken und Kanten, Haken, Kleiderbügeln und Ähnlichem, zuerst im Bad, dann im Vorzimmer, im Schrank, aber nichts scheint geeignet zu sein. Schließlich kommt er auf die Idee, die Fenster im Schlafraum zu öffnen. Mittlerweile hat's zu regnen aufgehört und die Luft nach einem Gewitter ist ja weltberühmt, und schau schau, ein herrlicher Luftzug weht durchs Zimmer, womit die Kleidung, die er an den Fenstergriffen aufhängt, bald trocken sein dürfte.

Zurück im Badezimmer betrachtet er sich erst einmal genauer im Spiegel. Die Haare erinnern ein bissl an ein Vogelnest. Den Kater sieht man ihm an den Augenringen an, rasiert hat er sich am Nachmittag, aber wie üblich ist nur wenige Stunden später schon wieder ein dunkler Bartschatten zu sehen. Sonst geht's eigentlich. Er dreht sich und sucht nach den Insektenstichen vom Vorabend, die jedoch kaum noch auffallen, und jucken tun sie auch nicht. Der Inselschlamm, mit dem sich die Laura und er während ihrer Orgie eingerieben haben, muss wahre Wunder vollbracht haben.

Hexerei …

Er schüttelt den Kopf. *Unsinn. So was gibt es gar nicht.*

Sehr real ist hingegen sein Hunger. Der Arno hatte gehofft, die Vevi hätte ihm ein Betthupferl aufs Kopfkissen gelegt, eine Minipackung Gummibärchen oder ein Schokoladenstücklein vielleicht, alles besser als nix – aber nix, nicht das klitzekleinste Krümelchen, und in der Not frisst der Teufel ja bekanntlich Fliegen, aber auch die tät er hier in Arnos Zimmer vergeblich suchen. Es ist nun einmal, wie es ist: Der Arno wird hungrig zu Bett gehen müssen. Und nicht nur das, denn morgen wird's auch kein Frühstück für ihn geben, weil die Vevi ja gar nix von seiner Abreise weiß, und stören will er sie jetzt auch nicht mehr.

»Mist verdammter!«, schimpft er und trinkt erst einmal drei Gläser Leitungswasser, damit er wenigstens irgendwas im Bauch hat, und nach dem Zähneputzen gleich noch ein viertes, weil's tatsächlich zu helfen scheint.

Mit gluckerndem Magen legt er sich ins Bett, zappt sich durch die Kanäle und will schon ausschalten, als er hängen bleibt und sich fragt, ob er träumt, weil er die Larcher Heidemarie in der beliebten Spätnachrichtensendung des österreichischen Fernsehens sieht. Aber nein, kein Traum, sondern tatsächlich die Bürgermeisterin, nicht bloß mit roter Kleidung und roten Strähnen im pechschwarzen Haar, sondern auch mit knallrotem Gesicht.

»Was ist los bei Ihnen in Stubenwald?«, fragt der Starmoderator, der in Österreich quasi unter Denkmalschutz steht, weil er die Politiker so auseinandernimmt, dass es schon beim Zuschauen wehtut.

Die Bürgermeisterin ringt um Fassung. »Sie können sicher sein, dass wir alles tun, um die Ermittlungen voranzutreiben …«

»Indem Sie in Wien sind?«

Die Bürgermeisterin grinst spöttisch, was ihr im Fernsehen genauso schlecht steht wie gestern Mittag in ihrem Büro, als sie nach der schiefgegangenen Projektpräsentation noch mit dem Aschenwald konspirative Pläne geschmiedet hat und der Luggi ihr fast an die Gurgel gesprungen wär. Jetzt ist der eine tot, der andere verhaftet und die Larcher im Fernsehen …

»Der Parteitag stand schon lange fest«, wehrt sie sich, »und außerdem bin ich bereits gestern Abend angereist, also vor den erschütternden Ereignissen. Selbstverständlich habe ich dafür gesorgt, dass in meiner Gemeinde mit Hochdruck ermittelt wird, ich war in ständiger Verbindung mit dem Landeskriminalamt, und schauen Sie, wenige Stunden später ist die Tat auch schon geklärt.«

»Es gilt selbstverständlich die Unschuldsvermutung.«

»Selbstverständlich gilt die Unschuldsvermutung.«

Die Beißzange von Moderator beißt weiter: »Besonders pikant ist, dass es sich bei dem Verdächtigen um jenen Mann handeln soll, mit dem Sie ein Projekt vorantreiben, das nicht unumstritten ist – ein Chaletdorf am Lärchensee oberhalb Ihrer Gemeinde.«

»Dass ich dieses Projekt vorantreibe, ist eine Unterstellung, gegen die ich mich entschieden verwehre.«

»Aber Frau Larcher, das können Sie jetzt doch nicht ernsthaft behaupten. Schauen Sie sich einmal dieses Foto hier an«, sagt er, worauf ein amateurhaft geschossenes Bild von der gestrigen Präsentation am Bildschirm erscheint. »Darauf sind unzweifelhaft Sie zu sehen, zusammen mit dem Herrn, der nun unter Mordverdacht steht. Auf mich macht das nicht den Eindruck, dass Sie zu den Projektgegnern gehören.«

Mittlerweile ist der Arno hellwach.

Die Larcher wehrt sich: »Selbstverständlich begrüße ich jeden wirtschaftlichen Impuls für unseren Ort. Die Roten stehen für soziale Gerechtigkeit, und deren Basis ist eine gesunde Wirtschaft.«

»Jaja. Das haben Sie Ihren Freundinnen und Freunden auf dem Parteitag bestimmt auch erzählt. Trotzdem wurde Ihnen heute Nachmittag die Bestätigung als Parteichefin verwehrt, nachdem die Verhaftung Ihres Projektpartners …«

»Er ist nicht mein Projektpartner!«, keift sie fassungslos.

»Meinetwegen. Dennoch hat Ihre Partei aktuell keinen Parteichef, womit sie vor einem noch größeren Scherbenhaufen steht als zuvor. Sagen Sie, Frau Larcher, was ist eigentlich los bei den österreichischen Roten? Es wirkt ja fast schon, als seien hier böse Geister am Werk …«

Arnos Augenbrauen schießen in die Höhe. Ihm ist nämlich gerade ein ganz helles Licht aufgegangen. Und zwar den

Herrn Innenminister und dessen Interesse an einer schnellen Aufklärung des Falls betreffend. Der Qualtinger ist ja bekanntlich kein Roter, im Gegenteil, und wenn links und rechts einmal die Gelegenheit haben, sich das Hackl ins Kreuz zu schmeißen, dann tun sie das auch, ohne an ein Morgen zu denken, Hauptsache tot und rauchender Trümmerhaufen und ätsch.

Die Bürgermeisterin wehrt sich wortreich, aber der Arno hört ihr nicht zu, weil's gleich weitergeht mit seiner Grübelei. Der Qualtinger wird die Pressekonferenz morgen sicher nützen wollen, um ordentlich gegen seine politische Konkurrentin auszuteilen, und der Arno wird neben ihm sitzen und pikante Details über Stubenwald ausplaudern müssen. *So* läuft der Hase nämlich wirklich. Der Qualtinger hat ihn zum Spielball seiner politischen Intrige gemacht, hat extra einen alten Fall vom LKA abgezogen, der so ausschaut, als könnte er der Larcher irgendwie zum Verhängnis werden, und den Arno ins Wespennest geschickt. Und was hat der getan? Drin rumgestochert. Leute aufgeschreckt, den Aschenwald verhaftet und dem Qualtinger damit direkt in die Hände gespielt.

Na bravo, denkt er und schaltet den Fernseher aus, weil das Interview ohnehin zu Ende ist. Der Qualtinger ist schon ein seltener Glückspilz. Kaum schickt er den Arno nach Stubenwald, geschieht auch schon ein weiterer Mord, der ihm voll in die Karten spielt. Langsam hat der Arno den Verdacht, dass das Büro vom Herrn Innenminister nur deshalb so kalt temperiert ist, weil dem sonst vor lauter Händereiben viel zu heiß wäre. Wo bleibt eigentlich das Karma, wenn man es braucht?

Er starrt ins Dunkel des Raums. Erst jetzt merkt er, wie schnell sein Herz klopft. Er fühlt sich benutzt. Missbraucht. Es scheint genau so zu sein, wie er's vermutet hat: In Wahrheit ist er nichts als eine Marionette. Aber was nützt's?

Es beginnt wieder zu regnen. Zuerst nur ein Tropfen hier und einer da, aber schnell werden es mehr, sie erzeugen ein Knistern und schließlich ein beständiges Rauschen. Wenigstens kein Gewitter. Ob seine Kleidung überhaupt trocknen wird? Wenn nicht, muss er nach der Landung in Wien schnell noch in seiner Wohnung am Alsergrund vorbeischauen und dort vielleicht in einen Anzug mit Krawatte umsteigen, aber geht sich das alles überhaupt bis zehn Uhr aus? So oder so wird diese Pressekonferenz garantiert ein Riesenzirkus werden, die Kameraleute werden sich um die besten Bilder prügeln, und der Arno wird mit dem Qualtinger im Bild sein, als jener Mann, der den Roten den finalen Dolchstoß verpasst hat.

Er ballt seine Fäuste und schlägt sie neben sich auf die Matratze. Nein, so darf das alles nicht enden. Zwar findet er die Stubenwalder Bürgermeisterin überhaupt nicht sympathisch, aber so billig abgeschossen zu werden, mit Arnos Hilfe noch dazu, hat sie auch wieder nicht verdient. Zwangsläufig denkt er an den Aschenwald, genauso wenig sympathisch, genauso billig abgeschossen, mit seinem Totenkopfknopf am Tatort und den Propofol-Spritzen im Hausmüll. Langsam könnt er echt glauben, der Herr Innenminister persönlich hätt ihm die Indizien untergeschoben …

Von siebzehn die siebte … Sonne wohl thront …

Da hört der Arno plötzlich noch etwas anderes als das Rauschen des Regens. Etwas Rhythmisches. *Schritte*, denkt er, auf dem Steig zum Lärchensee, nur wenige Meter von seinem offenen Fenster entfernt. Aber wer will im Dunkeln und bei diesem Sauwetter noch da hinauf?

Die Laura? Vielleicht, um ihr Zeug zu holen?, überlegt er, springt auf und hastet zum Fenster, aber draußen ist es so dunkel, dass er nicht einmal die Hand vor Augen sehen könnte. Er horcht in den Regen hinein, und da sind sie wieder, die Schritte.

Und weil er ohnehin nicht schlafen wird können, vor lauter Aufregung und Hunger und Ungerechtigkeit und überhaupt, zieht er seine nassen Sachen wieder an, verlässt den Rosswirt und geht los, mit dem Handylicht als Taschenlampe, hinterm Haus den Steig hinauf.

22

Also was den Krimihelden heutzutage alles zugemutet wird, damit sie noch irgendwem im Gedächtnis bleiben, ist schon bemerkenswert. Längst reicht es nicht mehr, gewitzt wie Miss Marple oder genial wie Sherlock Holmes zu sein. Die meisten Ermittler sind dazu verdammt, sich einen bizarren Vogel im Oberstübchen zu halten – oder ein kleines dreckiges Geheimnis im Privatleben – und Action zu liefern. Selbst Hercule Poirot brennt in der Neuverfilmung von »Mord im Orient Express« ein veritables Action-Feuerwerk ab – in einem Zug, der mitten in der Pampa in einer Schneewand steckt. Aber auch einem ganz reellen Polizisten wie dem Arno könnt man bald ein Beileidsschreiben ausstellen, so sehr muss er sich ohne Rücksicht auf Verluste in seine Fälle hineinknien.

Im Stockdunkel latscht er den Steig zum Lärchensee hinauf, hungrig, verkatert und mehr nass als sonst was, einem Phantom hinterher. Er setzt seine Schritte behutsam und bemüht sich, den Lichtkegel seines Smartphones so klein wie möglich zu halten, obwohl der andere bestimmt schon einen ordentlichen Vorsprung hat. Immer wieder hält er an und horcht, aber da ist nix mehr außer Regen, der auf die Wiesen fällt. Trotzdem geht er weiter, bis er oben am Grat ankommt, wo sich seine Hoffnung verflüchtigt, mehr sehen zu können, weil Wolken und Regen jede noch so kleine Lichtquelle auslöschen.

Bis auf eine.

Der Arno erahnt sie mehr, als dass er sie wirklich sehen könnte, aber er ist sich ziemlich sicher, dass das eine Taschenlampe ist, die in diesem Regenvorhang herumzappelt, zwei- oder dreihundert Meter weiter, vermutlich schon am Ufer des Sees. Also steigt er – jetzt weniger vorsichtig – die Böschung hinunter und geht direkt auf das Zappellicht zu.

Vor Anspannung spürt er die Kälte kaum, die sich von der nassen Kleidung auf seinen Körper überträgt. Alles um ihn rauscht. Er rätselt, wer der andere sein könnte. Wer außer der Laura hätte etwas auf der Insel verloren, mitten in der Nacht, bei diesem Wetter? Trotzdem bleibt der Arno vorsichtig. Als er den Kies unter seinen Füßen knirschen hört, weiß er, dass er das Ufer gleich erreicht hat, das Licht zappelt aber noch immer ein ganzes Stück vor ihm in der Dunkelheit herum. Es muss von der Insel kommen, vielleicht vom Wasser. Zu allem Überdruss sieht er das Kanu nicht, mit dem er heute schon mehrmals übergesetzt hat, nur einen der beiden Jetskis, und den kriegt er ja nicht zum Laufen.

Schwimmen?

Der Leuchtkegel der Taschenlampe befindet sich jetzt definitiv auf der Insel. Fast wirkt's, als ob da jemand nach irgendetwas sucht. Plötzlich bewegt sich die Lampe nicht mehr, als sei sie irgendwo hingelegt oder zwischen Ästen festgeklemmt worden. Ein Gegenstand erstrahlt im Licht, etwas helles, längliches, und als sich ein Fuß auf das untere Ende stellt und es in die Erde treibt, ist dem Arno klar, dass hier gerade jemand zu graben beginnt. Was die Sache noch viel spannender macht und ihm wohl tatsächlich keine andere Möglichkeit lässt, als hinüberzuschwimmen und nachzusehen.

Er seufzt, als ob's noch irgendjemanden interessieren würde, wie schwer ihm alles gemacht wird, und schält sich aus den nassen Sachen. Nur Unterhose und Socken behält er an – warum ausgerechnet die Socken, weiß nur er selbst. Dann steigt er langsam ins Wasser hinein, den Blick immer auf die Insel gerichtet, und schau schau, der See ist kaum kälter als die Luft, angenehm fast, aber eben nur fast. Regentropfen prasseln dicht vor ihm auf die Wasseroberfläche und spritzen ihm in die Augen, sodass er ununterbrochen blinzeln muss. Er macht langsame, aber kräftige Schwimmzüge auf die Insel zu. Das Wasser wird kälter, je weiter er kommt. Aber das hält er jetzt locker aus.

Die Gestalt gräbt eilig weiter.

Plötzlich wird es hell. Ein Blitz zuckt durch den Himmel, spiegelt sich in der Wasseroberfläche und erschreckt und blendet ihn zugleich. Nur einen Moment später donnert es, jetzt wieder im Stockdunkeln, und der Schall hallt lange nach, verstärkt von den Bergflanken, wie eine Warnung, besser schnell aus dem Wasser zu kommen, bevor der nächste Blitz herabfährt, um den Arno zu grillen. Mit dieser Vorstellung im Nacken schwimmt es sich gleich viel schneller – und schon spürt er den Kies des Inselufers zwischen den Fingern. Die Gestalt mit der Schaufel ist jetzt halb von einem Baum verdeckt. Fast möchte der Arno aus dem See rennen, doch Schritte im Kies sind eindeutig lauter als Schwimmzüge, und er muss vorsichtig bleiben, darf nicht riskieren, bemerkt zu werden, jetzt, wo nur noch wenige Meter fehlen. Er richtet sich auf und balanciert vorsichtig nach vorne aus dem Wasser heraus. Der Untergrund gibt nach, aber damit hat er schon gerechnet, er lässt einen Fuß einsinken, setzt den anderen davor und steigt immer weiter. Trotz des geringen Tempos hat er das Gefühl, der Lösung des Rätsels gerade mit Siebenmeilenstiefeln näher zu kommen. Denn womit soll diese Graberei denn sonst zusammenhängen als mit den Baldaufs – den ermordeten Söhnen und den beiden Senioren, die hier irgendwo unter der Erde liegen müssen …

Der gräbt sie doch nicht etwa aus?, kommt der Arno auf eine ganz schauerliche Möglichkeit, aber wozu sollte jemand die alten Baldauf-Knochen brauchen, und ausgerechnet jetzt?

Da muss noch etwas ganz anderes im Spiel sein …

Hexerei?, fällt ihm ein, da zuckt schon der nächste Blitz vom Himmel und alles wird hell, auch die Gestalt, die einen dunklen Regenumhang trägt und ihm den Rücken zugewandt hat. Fast will sich der Arno die Ohren zuhalten, so sehr erschüttert ihn der nächste Donnerschlag, bis in die Magengrube hinein, aber das Gewitter ist unwichtig, wichtig ist nur noch, was das alles soll, vor allem aber, *wer* …

Und schon blitzt es wieder. Nein, es blitzt nicht – es leuchtet! Eine zweite Taschenlampe hat ihn ins Visier genommen. Von hinten. Er sieht seinen eigenen Schatten vor sich und weiß sofort: *Es sind zwei.*

»Polizei!«, brüllt er im Reflex und dreht sich um, da pfeift schon etwas durch die Luft, ein Ast oder ein Baseballschläger oder ein Spaten, mit Wucht kracht es gegen seinen rechten Unterarm, den er sich schützend vor den Kopf gehalten hat.

Die Schmerzen rauben ihm fast den Atem, aber immerhin steht er noch und weiß, er *muss* jetzt stehen bleiben, muss sich irgendwo festhalten, aber der Zweite hat seine Taschenlampe wieder ausgemacht und das erste Licht zappelt aus den Bäumen auf ihn zu, und das ist nicht gut, gar nicht gut.

»Polizei!«, ruft er noch einmal, duckt sich und rennt seinerseits auf das Zappellicht zu, Angriff ist schließlich die beste Verteidigung, als ihn wieder etwas trifft, am Kopf, und er merkt noch, wie er fällt, aber nicht mehr, wie er am Boden aufschlägt.

Fünfter Tag

23

Es donnert und es brodelt. Er hört exotische Schreie, wie von Vögeln oder Affen im Regenwald. Er öffnet die Augen und sieht grün, grün, grün, die üppigste Vegetation, die man sich nur vorstellen kann, mit ein paar blütenförmigen Farbtupfern dazwischen.

Es riecht nach Pflanzen und See, was wohl heißt, dass er immer noch auf der Insel ist – jedenfalls dann, wenn er sich den Schwefel wegdenkt, den er ebenfalls wahrnimmt.

Schwefel?

Wie spät ist es? Und was ist passiert? Ihm ist schwindlig und sein Kopf ist die Hölle. Dafür hat er gar keine Schmerzen im Arm, was ihn irgendwie wundert. Er schaut hin und erkennt nicht die geringste Spur des Angriffs, an den er sich doch noch ziemlich genau erinnert …

Da bemerkt er ein tiefes Brummen. Darunter mischt sich aber auch etwas Hochfrequentes, Raschelndes – wie eine Hummel mit Flügeln aus Backpapier, nur viel, viel lauter, aber als er in den

Himmel schaut, sieht er nur einen gewaltigen Schatten, der über das Blätterdach zieht. Die Äste geraten in Schwingung. Wind dringt bis zum Boden durch und eine Frau lacht, irre und lang gezogen, böse und verschlagen, fast wie eine … nein, genau wie eine …

Nein, Hexen gibt's nicht.

Er stemmt sich auf die Füße und muss sich an einem Stamm festhalten, nach Lärche sieht der aber nicht aus, überhaupt ist's viel grüner auf der Insel als in seiner Erinnerung.

Mit bloßen Händen wühlt er sich durchs Dickicht, spürt, wie die scharfkantigen Äste seine Haut aufschürfen, aber etwas drängt ihn, von hier wegzukommen, und da ist auch der Brummer wieder, und mit ihm die Frau, die so ausgelassen wie durchdringend grölt, er schaut hinauf …

Plötzlich fällt er – nein, er sinkt! Bis zu den Hüften steckt er in einer sahnigen Masse, und schnell geht es weiter, im Nu reicht ihm das Zeug bis über den Nabel, und ein Atemzug genügt, um Luggis Käsesahne zu identifizieren, und mein Gott, er könnt ja wirklich in dem Zeug baden, aber doch nur im übertragenen Sinn! Neben der Sahnegrube ist ein gewaltiger Erdhaufen aufgetürmt, ein Spaten steckt drin, aber er bekommt ihn nicht zu fassen.

Als er seinen Kopf zur Seite dreht, sieht er noch etwas.

Einen Grabstein.

Hier ruhen in Frieden:

Maria Baldauf

Alois Baldauf

Arno Bussi

Er strampelt wie verrückt, aber so versinkt sich's nur noch schneller. Man kennt das ja vom Treibsand, da soll man ganz ruhig bleiben und sich am besten gar nicht bewegen, weil man dann zwar genauso untergeht und stirbt, aber wenigstens kann man's noch ein bissl länger auskosten.

»A-haha-haha!«, johlt die Frau in der Luft und das Brummen wird penetrant, genau wie der Wind. Der Arno, mittlerweile fast bis zum Hals in der Tortenmasse gefangen, legt seinen Kopf in den Nacken, da kommt etwas zu ihm herunter, es ist ein Seil, er greift danach und mit einem Ruck zieht es ihn aus der Käsesahne und weiter himmelwärts, das Brummen wird immer lauter, das Lachen der Frau auch, wie im Fahrstuhl geht es aufs Blätterdach zu und zack, ist er im Freien, alles ist hell und von oben kommt ein Sturm, der im Nu die Reste der Käsesahne von seinem Körper bläst. Unten liegt der Lärchensee und rundum die Berge, unter die sich ein rauchender Vulkan gemischt hat – ein Vulkan in Tirol? Sie steigen unglaublich schnell, was ihn auf die Idee bringt, wieder nach oben zu schauen, und …

Wie?

Seine Augen müssen ihm einen Streich spielen, denn was er sieht, ist unmöglich. Das brummende Ding, das ihn aus dem Käsesahnegrab befreit hat, ist fast durchsichtig, wie aus Glas, und nur weil die Konturen glitzern, kann er die Gestalt abschätzen und am ehesten mit der einer Libelle vergleichen, allerdings ist sie viel größer als die größte Libelle, die es überhaupt geben kann, mit einer Spannweite von vielleicht zehn, möglicherweise sogar zwanzig Metern, und an ihrem Kopf trägt sie – ja, wirklich – Innenminister Qualtingers Glasphallus. Eine gewaltige Einhorn-Libelle aus Glitzerglas ist es, die den Arno durch den Stubenwalder Luftraum trägt, aber nicht nur ihn – dem Insekt sitzt jemand im Nacken, eine Frau in einer weiten schwarzen Kutte, mit breitkrempigem Hut, den sie vor lauter Fahrtwind einhändig festhalten muss, während sie dem Glasinsekt die Sporen gibt.

Da fliegt etwas an der Libelle vorbei, mit dem Tempo einer Kanonenkugel. Als der Arno seinen Kopf herumdreht, hat es seine Richtung schon gewechselt und rast wieder auf das Glasgespann über ihm zu, lässt einen Gegenstand fallen und trifft damit einen Flügel des Libellenhubschraubers. Scherben regnen vom Himmel, nur um Haaresbreite am Arno vorbei, gleich darauf geraten sie ins Trudeln, er hält sich mit aller Kraft fest, das Seil wird im Sturzflug herumgepeitscht, er schaut Hilfe suchend zur Einhorn-Pilotin, und jetzt treffen sich ihre Blicke, einen Moment nur und doch lange genug, um die Laura zu erkennen.

»Laura?«, schreit er, da fängt sie wieder zu johlen an, als wär's ein Spaß wie in der Achterbahn, dabei kommen die Berge rasend schnell auf sie zu, und jeder weiß doch, dass so ein Match zwischen Glas und Berg nur auf eine Weise enden kann!

Sie drehen die nächste Pirouette, das Seil erschlafft und spannt sich wieder und reißt mit einem lauten Knall in der Mitte auseinander. Der Arno fällt und fällt und fällt, er sieht den Vulkan unter sich, die glühende Lava strahlt wie pures Gold und ist dabei tausendmal tödlicher, noch zweihundert Meter, noch hundert, noch …

Da packt ihn etwas und reißt ihn mit sich in die Höhe, etwas Fellig-Weiches, das ihn auf seinem Rücken absetzt und fliegt wie der Wind, und potz Blitz! Es ist der Bernhardinerbernhard! Während dieser sanft auf den Lärchensee zuschwebt, verrät ein gewaltiges Klirren aus den Bergen, dass die Einhornlibelle zerschellt ist, und das Klirren verhallt und der Hund landet am Seeufer und der Arno steigt ab und es wird still, so still wie am stillsten Ort der Welt, kein Fahrtwind, kein Geschrei … und wohl auch keine Laura mehr, was ihn unendlich traurig macht.

Da schleckt ihm etwas übers Gesicht. Und schleckt. Und schleckt.

Jetzt ist aber genug!, beschließt er und will endlich aufwachen, denn dass das alles nur ein Albtraum sein kann, hat er inzwischen auch kapiert.

Aber das Schlecken geht weiter.

Dazu explodieren die Schmerzen in seinem Kopf, aber auch die an seinem Unterarm. Und es ist hell. Viel! Zu! Hell! Die Sonne strahlt ihm ins Gesicht, jedenfalls dann, wenn der Hund nicht darin herumschleckt, als wär der Arno ein gemischtes Eis.

Er dreht sich zur Seite, hustet, prustet, versucht, sich den Mund abzuwischen, aber seine rechte Hand gehorcht ihm nicht mehr richtig, vor allem aber schmerzt sie so sehr, dass er Sterne sieht … und wie es juckt! Alles beißt, jeder Quadratzentimeter seiner Haut würde am liebsten aus sich selbst herausfahren. Mit der Linken ertastet er eine wahre Buckelpiste, dort, wo einmal sein Gesicht war, und auch am Hals hat er schwer die Beulenpest, von der er bereits ahnt, dass sie von Hunderten Moskitostichen kommt.

»Aua!«, muss er erst einmal sein Leid klagen, bevor er auch nur irgendwas anderes denken kann. Er atmet tief durch und drückt die Hundeschnauze weg, worauf der Hund ihn anbellt, so laut, wie es nur der Bernhardinerbernhard kann, dessen Fell tropft, besser gesagt: Es trieft, als sei der Hund gerade durch den See geschwommen, und wahrscheinlich ist's tatsächlich so gewesen.

Mit größter Willensanstrengung stemmt sich der Arno ins Sitzen und schaut sich um. Der Hund bellt und bellt, bei jedem Laut rauscht das Blut noch schneller durch Arnos Körper.

»Jetzt hör endlich auf!«, schimpft er ihn. »Aus!«

Aber nix aus.

Der Arno muss von dieser Insel runter und die Leute suchen, die ihn ausgeknockt haben. Mit der linken Hand stemmt er sich weiter vom Boden ab, schafft's auf die Knie und steht auf. Er ist nicht weit vom Ufer weg, zwischen den Bäumen. Im Dickicht kann er einen frischen Erdhaufen sehen, davor eine Grube. Der Arno wankt hin, ihm ist schwindlig, er presst den rechten Unterarm gegen seinen Bauch und weiß nicht, was ihm gerade mehr wehtut, der Arm oder sein Kopf. Im Geist sieht er schon eine Leiche im Erdloch liegen, vielleicht auch ein verwittertes Skelett, aber dafür wär das Loch dann doch wieder zu klein.

Eine Urne?

Er beugt sich drüber und schaut – aber da ist nix. Er könnt auch nicht sagen, ob jemals was drin gewesen wäre. Hat der andere – haben DIE anderen gefunden, wonach sie in der Nacht auf der Suche gewesen sind? Und, noch viel wichtiger: Wer war das? Er weiß nur, wer's nicht gewesen sein kann: der Aschenwald zum Beispiel, der immer noch im Gefängnis sitzt, und die Bürgermeisterin Larcher, die er ja kurz vor seinem Aufbruch noch live aus dem Wiener Fernsehstudio gesehen hat.

Womit ihm auch die Pressekonferenz vom Qualtinger einfällt. Wie spät es wohl sein mag?

»Jetzt hör endlich mit dem Bellen auf, das hält ja kein Mensch aus, du selten blöder … jaja, meinetwegen, ich komm ja schon«, schimpft der Arno, dreht sich um und geht los.

Wie Lassie in ihren besten Tagen deutet der Bernhardinerbernhard an, dass er etwas entdeckt hat, für dessen weitere

Abhandlung er einen Menschen braucht, quasi *ich kann ja vielleicht nicht reden, aber blöd bin ich deshalb nicht.*

Der Arno latscht zum Ufer und sieht nix, das ihm ein menschenwürdiges Übersetzen ermöglichen würde. Jetzt bei Tageslicht bemerkt er, dass das Kanu von der Laura drüben auf der anderen Seite liegt. Die Jetskis stehen, wo sie immer stehen, und Menschen sieht er auch keine, denen er etwas zurufen könnte. Während er überlegt, ob er vielleicht einhändig schwimmen könnte, ist der Bernhard schon im Wasser und bellt und bellt.

Und weil dem Arno ohnehin schon alles wurscht ist und er im kalten Wasser eine gute Möglichkeit sieht, wenigstens das Jucken der Beulen auf seiner Haut zu lindern, steigt er in den See hinein, lässt sich nach vorne gleiten und stößt sich ab. Einen Moment später könnte er vor Schmerzen aufschreien und tut es dann tatsächlich, weil sein rechter Arm gegen jede Schwimmbewegung protestiert, selbst wenn er ihn ganz ruhig am Körper hält und nur die anderen drei Gliedmaßen bewegt. Er will schon umdrehen, weil er sicher ist, dass er's nicht schaffen wird, als der Bernhardiner zu ihm zurückschwimmt. Der Arno greift sich linkshändig das Fell vom Bernhard, der loszieht wie ein Außenbordmotor, und sein Passagier braucht gar nix anderes zu tun, als sich festzuhalten. Im Nu haben sie den halben Weg zum Festland hinter sich gebracht. Der Hund macht einen Schulterblick, die riesige Zunge hängt ihm aus dem Maul und seine Augen sind hellwach, quasi *alles klar, Kumpel?* – und schon sind sie drüben am anderen Ufer, wo Arnos Sachen liegen. Sein Hemd, seine Hose, seine Schuhe. Mühsam rappelt er sich zunächst auf die Knie und dann auf die Füße, balanciert aus dem See heraus und wühlt sein nasses Zeug durch, kann aber weder Handy noch Zimmerschlüssel finden, dabei weiß er ganz genau, dass er alles hiergelassen hat, aber seine Angreifer haben offenbar ganze Arbeit geleistet.

Der Hund schüttelt sich, das Wasser spritzt wie aus einem Rasensprenkler, dann bellt der Bernhard schon wieder und signalisiert, dass der Arno mitkommen soll, Richtung Ort hinunter. Und weil der weiß, dass Widerworte gar nix bringen, tut er es halt, lässt die Kleidung liegen, weil er sich ohnehin nicht vorstellen kann, wie er mit dem verletzten Arm hineinkommen soll. Er stapft über Kies und Wiese und wird plötzlich von einem neuen Gefühl erfasst, von ebenjenem, das ihm normalerweise verrät, dass er gleich einem Toten begegnen wird. Sein Herz klopft vor Aufregung, als sie sich einem großen Hinkelstein nähern, hinter dem etwas hervorschaut, und der Arno weiß sofort: Es ist nicht etwas.

Es ist jemand. Und dieser Jemand muss tot sein.

Zuerst sieht der Arno nur die Füße. Ein Schuh liegt etwas abseits. Dann die Stoffhose. Das Hemd, einseitig zerrissen. Die Arme, der Hals, der weiße Schnauzer …

Der Franz Bernhard.

Mit geschlossenen Augen. Blut an der Schläfe, das Haar auf einer Seite ganz dunkel.

Der Schädel deformiert.

Der Arno läuft die letzten Meter hin und fällt direkt vor seinem alten Kollegen auf die Knie, wobei dessen Anblick verrät, dass nix und niemand ihm mehr helfen kann. Trotzdem legt der Arno die linke Hand an den Hals und beugt sich übers Gesicht, um noch das leiseste Atmen mitzubekommen … aber da ist keines mehr.

Der Bernhard ist tot.

Und damit verliert alles andere seine Bedeutung. Die Schmerzen, das Jucken, der Qualtinger, die Larcher, der Aschenwald, der Baldauf-Klan und diese verdammten Chalets …

Arnos Herz hämmert so schnell, als wollte es ihm aus der Brust springen. Der Hund kläfft, stupst sein Herrchen mit der Schnauze an, dann auch mit dem Vorderlauf. Bestimmt hat er es schon den ganzen Morgen so versucht, bevor er auf die Idee gekommen ist, den Arno von der Insel zu holen. Dieser wird jetzt zum Zeugen einer jener Szenen, die beweisen, dass in Tieren mehr steckt als bloßer Instinkt. Er weiß nicht, was ihn mehr aufwühlt – der Tod des alten Polizisten oder die Verzweiflung seines Hundes.

Der Arno weicht vom toten Körper zurück und richtet sich auf. Er ahnt, dass es jetzt auf ihn ankommt. Dass ihm nix entgehen darf, wenn er eine Chance haben will, den Wahnsinnigen zu finden – nein, *die* Wahnsinnigen zu finden, die das hier angerichtet haben.

Der Bernhard trägt Zivilkleidung, und wenn's ihn nicht täuscht, ist's dieselbe wie gestern bei der Vevi. Das Blut am Kopf ist längst getrocknet, was bedeutet, dass der Mord schon ein paar Stunden zurückliegen dürfte. An Hals und Nacken zeigen sich erste Anzeichen der Totenstarre. Dem Sonnenstand nach zu urteilen, dürfte es gerade zwischen neun und zehn Uhr vormittags sein, was heißt, dass die Tat irgendwann in den frühen Morgenstunden geschehen sein muss, vielleicht auch früher, und wenn er sich die schlammigen Schuhe vom Bernhard und die nasse Kleidung anschaut, könnt's auch im Regen der Nacht gewesen sein.

Mein Gott, der Bernhard ist tot, wird ihm noch einmal schmerzlich bewusst, und damit auch, dass der Aschenwald wohl wirklich der falsche Täter ist, und selbst wenn er doch mit drinstecken sollte, gibt's noch mindestens zwei andere. Bestimmt hängen die Taten irgendwie zusammen. Der alte Mord am Wastl, der neue an dessen Bruder Luggi und der am Bernhard jetzt …

Ohne Handy kann er von hier aus keine Hilfe holen. Aber vielleicht hat der Bernhard eines dabeigehabt? Ein weiteres Mal bückt er sich zur Leiche hinunter und ignoriert das Bellen des Hundes, der sich jetzt offensichtlich wieder als Bewacher fühlt. Der Arno spricht beruhigend auf ihn ein und tastet Bernhards Hosentaschen ab. Aber nix. Weder Telefon noch Geldtasche noch Hausschlüssel noch sonst irgendwas. Genau wie bei ihm.

Nur dass ich noch lebe …

Sein Arm pocht, sein Kopf sowieso, sein Herz rast und die Insektenstiche jucken wieder so sehr, dass er es kaum noch in seiner Haut aushält. Er weiß, dass er Hilfe braucht, bevor er etwas tun kann, besonders wegen des Arms.

»Du bleibst hier und passt auf«, sagt er zum Bernhard, der an der Seite seines toten Herrchens sitzen bleibt, während sich der Arno zum Ort aufmacht.

Als er wenige Minuten später bei der Vevi vorm Haus ankommt, kann er wieder bloß klingeln und hoffen.

Mein Gott, die Vevi und der Bernhard!, denkt er, wie er die rothaarige Rosswirtin von innen auf die Tür zukommen sieht. Er hasst es, Todesnachrichten zu überbringen.

»Ja Herr Inspektor!«, erschrickt sie bei seinem Anblick und rollt ihre blitzblauen Augen, dazu legt sie sich eine Hand an den Hals. »Mein Gott, was ist denn mit Ihnen passiert?« Sie mustert ihn von oben bis unten.

»Ja, ich, äh – das ist mir jetzt ein bissl peinlich, aber ich glaub, ich brauch …«

»Jaja, ich seh schon. Kommen'S rein, um Gott's willen! Wo haben'S denn gesteckt? Der ORF ruft schon die ganze Zeit an, und gerade vorhin war jemand vom Innenministerium dran …«

»Jaja«, geht er dazwischen. Kann er sich schon denken, dass der Qualtinger rotiert, weil er nicht wie befohlen in Wien ist, sondern immer noch in Stubenwald steckt. Aber da kann er jetzt auch nix mehr richten. Er folgt der Wirtin durch den Gang und dann weiter in die Stube.

»Setzen'S sich, oder besser noch hinlegen, da, auf die Bank.«

»Frau Altenburger, ich muss Ihnen …«

»Schschsch. Hinlegen müssen'S sich jetzt erst einmal!«

Der Arno tut's und die Wirtin verschwindet nach hinten. Der Bankbezug, auf dem er liegt, ist wunderbar kratzig, wobei, man kennt das ja mit den Mückenstichen, sie zu kratzen endet in einem Teufelskreis, und am Ende ist's dann zehnmal so schlimm. Trotzdem reibt und scheuert er seine gesamte Rückseite und hört erst wieder damit auf, als die Vevi aus der Küche zurückkommt und ihm einen feuchten Lappen reicht, von dem der Arno erst einmal gar nicht so richtig weiß, wohin damit. Also wischt er sich halt übers Gesicht.

»Was ist mit dem Arm?«, fragt die Vevi.

»Gebrochen, glaub ich.«

»Lassen'S mich einmal sehen.«

Sie greift so energisch zu, dass der Arno schon schreien will – der berühmte vorauseilende Schmerz, wie man ihn auch vom Zahnarzt kennt –, aber sie geht erstaunlich fachkundig mit ihm um, dreht ein bissl, zieht ein bissl, aber nix, und »Aua!«, tut's dann plötzlich doch weh, aber wie.

»Ja, Sie haben recht. Ulnafraktur, eindeutig«, verkündet sie ihr Urteil und legt den Arm vorsichtig auf Arnos Brust zurück.

Der zieht die Augenbrauen hoch und schaut sie fragend an.

»Die Elle«, erklärt sie. »Können'S in den Fingern alles spüren?«

Er nickt.

»Keine große Sache. Gefäße dürften auch intakt sein, was ich so seh. Gips drauf und in ein paar Wochen ist alles wie neu. ... Wie ist das überhaupt passiert?«

»Nicht so wichtig. ... Wieso kennen Sie sich so gut damit aus?«

Sie grinst. »Ich war früher Krankenschwester ... Pflegerin, muss man ja heute sagen, leider – und helf manchmal beim Maximilian aus. Also dem Doktor Lutz. Aber das da, das hab ich auch noch nie gesehen«, sagt sie und deutet zur Buckelpiste auf seiner Haut.

»Insektenstiche.«

Sie geht näher ran. »Ja ... haben'S die etwa alle einzeln gekratzt, oder wie?«

»Nein, das äh – kommt bei mir von ganz allein.«

»Na bravo.«

»Mhm. Frau Altenburger?«

»Jaja. Ich schmier Ihnen da gleich was drauf. Aber so viel Salbe hab ich gar nicht da. Vielleicht Topfen? Aber da müssten'S ja fast schon drin baden, was?«, sagt sie und lacht.

Arnos Magen knurrt lang gezogen. »Nein nein, geht schon«, wehrt er sich, weil er ohnehin nix von der ganzen Schmiererei hält, und mit Topfen schon gar nicht, denn der gehört in die Käsesahne und nicht auf die Haut. Vor allem aber muss er jetzt endlich einmal zu Wort kommen.

Er setzt sich auf.

»Frau Altenburger, ich muss Ihnen etwas Trauriges sagen.«

Ihre Augen weiten sich. »Ja? Reisen Sie etwa ab?«

»Vielleicht setzen'S sich erst einmal hin.«

Zögerlich folgt sie.

»Frau Altenburger, der Franz Bernhard ist … tot.«

»Was?«, sagt sie lang gezogen, schaut ihn an und dann an ihm vorbei ins Leere.

»Der Bernhard ist erschlagen worden. Letzte Nacht, oben am See.«

»Aber das … ist unmöglich.«

»Wieso?«, fragt er und denkt an seine Zufallsentdeckung von gestern.

»Das muss einfach ein Irrtum sein.«

»Ist es leider nicht, Frau Altenburger. Ich werde jetzt gleich das LKA anrufen.«

»Das glaube ich nicht«, wehrt sich die Vevi weiterhin, als hätt sie ihn gar nicht gehört. »Ich will … ich will ihn sehen!«

»Nein, das geht jetzt nicht.« Er stöhnt vor Schmerzen, wie er sich in die Höhe wuchtet. »Sie bleiben hier. Da droben darf nix angerührt werden. Außerdem … ersparen'S sich den Anblick lieber.«

Tränen sammeln sich in ihren Augen, als sie zu ihm hinaufschaut. »Aber der Bernhard … das … ist nicht …«, fängt sie an und schluchzt.

»Sie zwei haben sich … *gemocht*«, deutet er an.

Sie nickt, bringt aber nix mehr heraus.

»Ich brauch bitte unbedingt Ihr Telefon.«

Wieder nickt sie bloß und zeigt in den Gang hinaus.

Fünf Minuten darauf kehrt der Arno mit dem Festnetz-Funktelefon in die Gaststube zurück. »Sie kommen«, sagt er zur Wirtin, die ihr Gesicht in ein Taschentuch vergraben hat, setzt sich neben sie hin und hält den rechten Arm angewinkelt an seinem Bauch fest, womit die Schmerzen halbwegs erträglich sind, nicht aber das Jucken, das selbst den Hunger überdeckt. Dafür sind seine Gedanken erstaunlich klar, was keine Selbstverständlichkeit ist, wenn man den Schlag auf seinen Kopf bedenkt. Er tastet vorsichtig an der Beule herum. Dann seufzt er schwer in die Stille hinein, die nur hin und wieder von Vevis Schluchzen und Schniefen unterbrochen wird.

Aber weil's ja alles nix bringt, konzentriert er sich wieder aufs Geschehen. Er hat die Katz vorhin gleich wieder in die Leitung bekommen. Nach dem Versprechen, sich unverzüglich auf den Weg zu machen, hat sie auch die Vermutung geäußert, mit dem Aschenwald wohl doch den falschen Täter untergeschoben bekommen zu haben. »Das wird dem Qualtinger aber gar nicht gefallen«, hat sie noch einen draufgelegt, und dem Arno könnt's fast so vorkommen, als hätt er mit der Katz eine Seelenverwandte gefunden. Irgendwie freut er sich fast drauf, die spröde Deutsche wiederzusehen, dann trägt er aber hoffentlich mehr als eine Unterhose und nasse Socken. Nur was? Oben im Zimmer hat er ja auch nix mehr …

Da klingelt das Haustelefon, das neben dem Arno liegt. Er nimmt es und reicht es der Vevi.

»Das ist wieder jemand aus Wien«, sagt sie nach einem Blick auf die Anzeige. »Gehen Sie bitte dran … Ich kann nicht.« Sie steht auf und lässt den Arno alleine.

Der nimmt ab. »Ja, hallo?«

»Bussi?«

Der Qualtinger.

Weil der Arno gar nicht brauchen kann, dass sich gleich das nächste Gewitter über ihm entlädt, kommt er sofort zum Punkt: »Der Aschenwald war's nicht.«

»Was?«, bellt der Qualtinger, dass er sich fast wie der Bernhardinerbernhard anhört. »Was reden'S denn da, Bussi? Und wo stecken'S überhaupt? Die Presseleute warten draußen im Foyer!«

»Ich bin noch in Stubenwald.«

»Wie bitte? Bussi, haben'S mich etwa nicht verstanden gestern? Ja, wie schaut das denn aus? Das ist ja … das ist ja Befehlsverweigerung!«

»Wir haben einen Polizistenmord«, sagt er, bevor der Qualtinger ihm noch mit Meuterei und Kriegsgericht kommt.

»Was?«

»Der Ortspolizist ist oben am See erschlagen worden. Außerdem haben letzte Nacht zwei Menschen oben auf der Insel nach etwas gegraben. Der Aschenwald ist der Falsche. Oder halt nicht der Einzige.«

»Wie kommen'S denn da jetzt drauf?«, faucht der Qualtinger aus dem Hörer. »Graben kann, wer will, und schlagen auch! Ich dachte, wir hätten Beweise?«

»Die wir viel zu leicht entdeckt haben. Frau Katz vom LKA glaubt ebenfalls nicht ...«

»Ich HASSE diese KATZ!«, explodiert der Qualtinger und muss erst einmal hörbar nach Luft schnappen. Dann nuschelt er so informell wie verschwörerisch: »Hören'S zu, Bussi, wir können uns doch nicht von einer dahergelaufenen Piefkinesin erklären lassen, wie wir unsere Fälle zu lösen haben. Wo kommen wir denn da hin?« Und lauter: »Was glauben'S denn, warum ich den Fall abgezogen und Ihnen gegeben habe, einem waschechten Tiroler?« Und ganz laut: »Also sorgen'S endlich dafür, dass der Aschenwald gesteht! Sie fahren mir jetzt sofort nach Innsbruck, Bussi, und nehmen den Aschenwald auseinander, bis der Fall eingetütet ist, VERSTANDEN?«

Eingesackelt, tät er den Qualtinger am liebsten verbessern, wo der doch so auf alles Heimatliche steht. Stattdessen antwortet er bloß: »Geht nicht.«

»WAS?«

»Ich bin nicht dienstfähig.«

»WAS?«

»Knochen gebrochen.«

Wieder schnauft der Innenminister wie ein altes Dampfross. »Ja, was für ein Knochen denn?«

»Armknochen.«

»Und jetzt wollen'S, dass Ihnen jemand den Aua-Bär draufklebt, oder was?«

»Nein, aber ein Gips wär nett«, gibt der Arno trocken zurück, womit's dem Qualtinger reicht, weil der einfach auflegt.

»Ts!«, sagt der Arno zum Telefon und legt es weg.

Logisch passt dem Innenminister der neue Mord nicht in den Kram. Weil sich's damit natürlich viel schlechter gegen die Bürgermeisterin Larcher intrigieren lässt. Fast möchte der Arno grinsen, wie er sich den Qualtinger jetzt in seinem Büro rotierend vorstellt. Was dort wohl gerade zu Bruch geht? Und was wird er als Nächstes tun? Sagt er die Pressekonferenz ab oder zieht er sie durch und riskiert, dass ihm seine schöne Aschenwald-Larcher-Theorie später wie ein Bumerang um die Ohren fliegt?

Jaja, die hohe Politik, denkt er. Aber was nützt's. Der Qualtinger ist in Wien und er hier in Stubenwald, und irgendwie muss er jetzt das Beste aus der Situation machen.

»Frau Altenburger? Hallo? Glauben'S, Sie könnten mir den Doktor …«

24

Jetzt erst einmal ein Wort zum Thema Zusammenhalt auf dem Land. Also wenn sie sich nicht gerade gegenseitig die Köpfe einschlagen, weil der Franz und der Ferdinand am Kirchtag gleichzeitig mit der Sissi vom Huberförster tanzen wollen, dann helfen sich die Leute auf dem Land, wann immer es geht. Das lässt sich überhaupt nicht mit der Stadt vergleichen, wo der alte Herr Hofrat Horvath so lange in seiner Wohnung vergammelt, dass er schon bald unterm Türspalt herausgekrochen kommt, bis ihn jemand findet. Ausnahmen mag es immer geben, aber generell, da ignoriert man sich in der Stadt und kennt sich auf dem Land.

Was dem Arno angenehm auffällt, wie er mit einem frischen Gips und geliehener, strahlend weißer Arztkleidung zum Rosswirt zurückgeht und bloß noch der Lolli im Mund fehlt, so brav ist er beim Herrn Doktor Lutz gewesen. Und der ist tatsächlich ein sehr angenehmer Arzt, so unfreundlich er gestern bei der Klara zu ihm gewesen sein mag. Dem scheinen die Kranken einfach viel mehr am Herzen zu liegen als die Gesunden.

Der Lutz ist gleich furchtbar besorgt gewesen. Eine Röntgenaufnahme später war klar, dass ihm aber wohl wirklich nix weiter fehlt als eine glatt durchgebrochene

Elle, genau wie die Vevi gemeint hat, also Gips drauf, ein ordentliches Schmerzmittel dazu, intravenös, damit's auch wirkt, und schließlich noch eine Schicht Kortisonsalbe auf die Haut.

»Essen Sie genug?«, hat der Lutz beim Einsalben gefragt, und der Arno hätte am liebsten laut aufgelacht, von wegen essen und tät er ja wirklich gern, wenn's nur was gäb in diesem Kaff, stattdessen hat er aber bloß genickt und sich nach der Bäckerswitwe erkundigt: »Wie geht's der Klara heute?«

»Den Umständen entsprechend.«

»Haben Sie eigentlich irgendeine Vermutung, was es auf sich haben könnte mit den Baldaufs und dieser Insel im See?«

»Nein. Aber ich hoff, mit der Sache gestern hat der Spuk endlich ein Ende.«

Er weiß noch gar nix vom Bernhard, hat der Arno erkannt und ist gleich hellhörig geworden. »Wieso Spuk?«

»Was?«

»Wieso Spuk? Wieso haben Sie das Wort benutzt?«

»Sagt man halt so.«

»Glauben Sie, mit den Baldaufs ist was … *Spirituelles* am Laufen?«

»Wie meinen'S das jetzt?«

»Ja, halt … irgendwas mit Esoterik und Okkultismus oder so.«

»Sie meinen wegen Klaras Schwiegermutter, der Maria.«

»Die hat schon was Unheimliches an sich gehabt, oder? Und was war eigentlich mit ihrem Sohn? Manche hier im Ort behaupten, der habe nach seiner Rückkehr aus dem Ausland das Wasser verhext.«

»So einen ausgemachten Blödsinn kann auch nur der Weller Karl von sich geben.«

Was den Weller Karl alias *Tschiggcharly* anging, musste der Arno dem Arzt zwar recht geben, mit dem *Blödsinn* war er sich aber gar nicht mehr sicher, wenn er an seine eigenen Erfahrungen mit dem Dorfbrunnen dachte …

Der Arzt hat weitergeredet: »Der Charly ist doch vernebelt. Ich bin noch nicht so lang in Stubenwald, wie Sie ja wissen. Aber je weiter man in diese Täler hineinkommt, desto ärger wird nicht nur der Glaube, sondern auch der Aberglaube. Und glauben heißt ja bekanntlich nicht wissen. Da bin ich nach wie vor eher der Schulmediziner.«

»Eher? Ein bissl was könnt also vielleicht doch dran sein, Ihrer Meinung nach?«

»Pff … Ich habe keine Ahnung, was mit den Baldaufs los war. Oder mit diesem Wasser. Interessiert mich auch gar nicht. Ich hoffe bloß, es hat jetzt endlich ein Ende und die Leute kommen zur Ruhe. … So, Sie sind fertig. Die Salbe gegen die Stiche noch ein bissl trocknen lassen, und dann können Sie sich anziehen und gehen.«

Der Arno erreicht den Rosswirt und klingelt, aber die Vevi scheint nicht da zu sein. Er probiert's noch einmal und noch einmal, da kommen die Autos der Kollegen aus Innsbruck auf den Dorfplatz und rasen direkt auf ihn zu.

Die Katz ist da.

Und dann kommt gleich noch jemand, den der Arno zuerst als roten Punkt im Augenwinkel wahrnimmt und dann als Bürgermeisterin Larcher erkennt, die direkt aus dem Gemeindeamt auf ihn zustürmt.

Die Autos sind schneller. »Juten Tag, Herr Bussi! *Saturday Night Fever*, oder wie?«, grüßt die Katz, während der Arno der roten Gefahr entgegenschaut.

Er wendet den Kopf. »Hallo, Katz! Äh – wie bitte?«

Sie deutet auf das viel zu enge weiße Poloshirt vom Lutz, das besonders um die Brust herum spannt, und die ebenso enge wie strahlend weiße Hose, die … *woanders* spannt. Dann auf seinen Gipsarm. »Ist Ihnen ein kleines Malheur passiert, ja?«

»Mhm.«

»Können wir Ihnen ja was draufkritzeln«, scherzt sie munter weiter, und der Arno fürchtet, dass ihr das gleich vergehen wird, weil ihnen die Bürgermeisterin jetzt die Leviten liest.

Aber nix. Die Larcher stellt sich bloß zu ihnen und sieht ganz blass aus. Dann spricht sie: »Jesus Maria, ich hab's schon gehört …«

»Was denn?«, fragt der Arno.

»Das mit dem Bernhard. Das ist ja schrecklich!«

»Von wem?«

»Hm?«

»Wer Ihnen das mit dem Leichenfund verraten hat«, präzisiert die Katz so spröde, wie er sie kennengelernt hat. Er merkt, dass sie schon wieder viel zu viel anhat, fast so, als müsste man in Tirol selbst im Hochsommer jederzeit auf einen Schneesturm gefasst sein.

Die Larcher antwortet noch leiser: »Wissen Sie, ich habe vorhin mit Wien telefoniert …«

»Wien?«, staunt die Katz so laut wie lang gezogen.

Der Arno übernimmt, weil er jetzt was zum Imponieren

hat: »Das muss Ihnen aber der Qualtinger persönlich verraten haben. Ich hab's ihm vorhin erst selber gesagt.«

Beide Frauen schauen ihn groß an, quasi der Arno mit dem Herrn Innenminister, Respekt, Respekt, aber dann gleich kein Respekt mehr, weil die Larcher zuerst rot anläuft und dann explodiert: »SIE stecken also mit dem Saubeutel unter einer Decke? Na jetzt geht mir aber ein Licht auf! SIE spionieren hier herum und versorgen ihn mit allem, was er braucht, um MICH fertigzumachen! Ein abgekartetes Spiel ist das! Na warten'S, wie ich Ihnen das heimzahlen werde, also ich …«

»Moment«, fällt ihr der Arno ins Wort, »damit das klar ist, der Qualtinger und ich sind überhaupt keine Freunde. Und unter einer Decke stecken wir schon zweimal nicht. Ich weiß nicht, was für eine Geschichte da zwischen Ihnen läuft.«

Während sich der Arno und die Larcher anfunkeln, dass bald die Funken fliegen – nicht wie in der Liebe, sondern wie mit der Flex –, hört er, wie die Katz ihren Männern befiehlt, die Baustellenzufahrt zum See hinaufzufahren, was mit diesen Stadtautos interessant werden dürfte, ganz besonders nach dem vielen Regen der Nacht. Aber zur Not haben sie ja Füße. Autotüren schlagen zu, Motoren starten, dann sind sie davon. Nur die Katz, die Larcher und er bleiben hier.

Die Bürgermeisterin scheint immer noch unschlüssig, ob sie dem Arno glauben soll oder nicht. Also nimmt er sie zur Seite und spricht so verschwörerisch es geht: »Hören'S mir zu, Frau Larcher. Der Qualtinger hat mich ungefähr genauso gern wie Sie, vielleicht sogar noch ein bissl weniger. Der hat mich hier ins kalte Wasser geschmissen, mit dem alten Baldauf-Fall. Aber schauen'S, der Aschenwald hat mit den Morden ziemlich sicher nix zu tun und könnte wohl bald wieder frei sein. Damit wären Sie und das Chalet-Projekt aus dem Schneider. Glauben'S nicht, dass wir ein bissl zusammenarbeiten sollten, um den wahren Täter zu finden? Was meinen'S? So als kleine Retourkutsche für den Herrn Innenminister?«

Die Larcher schaut weiterhin so schmal, dass man Euromünzen durch die Schlitze zwischen ihren Lidern werfen möcht, entspannt sich dann aber und zuckt mit den Schultern. »Und was brauchen'S dafür von mir?«, fragt sie.

»Alles«, spricht die Katz in ihren Rücken.

Da klingelt das Handy der LKA-Beamtin. »Ja? … Was? … Und jetzt? Soll ich euch mit 'nem Tau bergen, oder was? Habt ihr nichts dabei? Ja, Schneeketten oder was weiß ich, wie ihr Bergvolk das macht … aha. Und was wollte der da oben? … Hm.« Die Katz hält die freie Hand ans Gerät, um das Mikrofon zuzudecken, und spricht zum Arno: »Die Kollegen stecken fest. Kommen bloß noch zurück, aber nicht mehr weiter hoch.«

Er zuckt mit den Schultern, schließlich hat er genau das vorhin befürchtet. Werden sich die Kollegen eben die Schuhe schmutzig machen müssen, um zum toten Bernhard hinaufzukommen.

»Offenbar stand ihnen ein großer Geländewagen mit Anhänger im Weg, der eben nach unten wollte«, legt die Katz nach.

Jetzt spitzt er doch die Ohren. »Mit wem drin?«

»Ein großer, dünner Mann.«

Da fallen ihm auf die Schnelle eigentlich nur der Tschiggcharly und der Doktor Lutz ein. Wobei sich Letzterer immer noch in seiner Praxis aufhalten dürfte. »Die sollen ihn gleich herbringen.«

Die Katz nickt, gibt die Anweisung an die Kollegen weiter und steckt das Telefon wieder weg.

Dem Arno ist schwindlig, was wohl von dem Zeug kommt, das der Lutz ihm gespritzt hat. Trotzdem fühlt er seine Aufregung wachsen. Etwas Wichtiges scheint sich gerade aufzutun. Etwas, das ihnen neue Zusammenhänge offenbaren wird.

»Was ist jetzt?«, will die Bürgermeisterin wissen.

»Werden wir gleich sehen«, antwortet der Arno kryptisch.

Aber sie sehen nix, sondern stehen erst einmal einsam und verlassen in der brütenden Hitze des Stubenwalder Dorfplatzes herum. Ein paar Minuten später klingelt das Handy von der Katz wieder.

»Was denn? … Ja dann hinterher, zum Donnerwetter! … Was heißt, der will aus dem Tal raus? Dann muss das Tal eben zugesperrt werden! Barriere! … Gut, ich kümmere mich drum. Seht ihr bloß zu, dass er euch nicht wieder verscheißert, könnt ihr das? … Na dann.«

Der Arno hat's zwar schon mitbekommen, lässt sich von der Katz aber nochmals erzählen, dass der Geländewagen samt Anhänger nicht wie gefordert ins Stubenwalder Dorfzentrum abgebogen ist, sondern mit über hundertdreißig Sachen Richtung Talausgang rast.

Da hat der Arno einen Geistesblitz. »Die Niedersackentaler!«, ruft er der Katz zu. »Die können das Tal bestimmt sperren!«

Sie nickt, wischt in ihrem Handy herum und hat keine

Minute später der dortigen Wache den Auftrag erteilt, zackig wie eh und je.

»Na dann gucken wir mal, wen sie uns da frei Haus liefern werden, was?«, sagt sie nicht ohne ein bissl Stolz um ihre entzückende Sommersprossennase. »Was gaffen Sie so?«

»Nix, nix«, beeilt sich der Arno mit der Antwort und macht seinen Mund wieder zu. Dann dreht er sich weg, schaut ziellos durch die Gegend und denkt über den Geländewagen am See nach. Was hatte er dort verloren? Ausgerechnet jetzt, wo der Bernhard oben liegt?

Verloren …

Oder hat dieser Mann etwas gesucht? *Gefunden?*

»Sie können gerne das Gemeindeamt nützen, falls Sie Räumlichkeiten brauchen«, sagt die Larcher und wartet gar nicht erst auf eine Antwort, sondern marschiert los.

Der Arno schaut ihr hinterher und überlegt. In die Polizeiwache kommen sie ohne Schlüssel bestimmt nicht hinein, so gewissenhaft wie der Bernhard beim Zusperren war.

»Wäre gut, wenn wir den Sachverhalt auflösen könnten, bevor's hier den ganz großen Bahnhof gibt«, sagt die Katz.

»Mhm.«

Er merkt selbst, dass er ein bissl redefaul ist, fast wie der Bernhard zu seinen besten Zeiten, aber er ahnt, dass er sich seine Energie einteilen muss. Dabei hat sie schon recht mit der Eile. Die Medien werden sich auf den Polizistenmord stürzen, und die Schaulustigen kommen bestimmt auch wieder, verbreiten Fotos und Videos und ziehen damit noch mehr Leute an.

»Was ist jetzt eigentlich mit Ihrem Arm passiert?«

Er seufzt, dann erzählt er ihr knapp, was da oben auf der

Insel war, gestern Nacht, mit den zwei Gestalten, von denen ihn die eine von hinten überrascht und niedergeknüppelt hat.

»Ist ja fast wie bei *Stirb langsam* mit Ihnen.«

»Mhm.«

»Und was haben die da gesucht, in der Grube?«

»Keine Ahnung.«

»Meine Leute werden das untersuchen.«

»Mhm.«

»Zigarette?«, überrascht sie ihn nach einer schweigsamen Minute.

»Was? Äh … nein, danke.« Langsam spürt er wieder seinen Hunger.

»Ich brauch jetzt einfach eine«, sagt sie und kramt in ihrem Täschchen. Der Arno sieht ihre polierte Glock 17 herausleuchten. Schließlich holt sie eine rote Zigarettenpackung heraus. »Es stört Sie doch nicht? … Wirklich keine?«

»Nein, nein.« Wahrscheinlich würde ihm das Nikotin den Rest geben, so zittrig, wie er eh schon auf den Beinen ist.

Die Katz holt einen Glimmstängel heraus und zündet ihn an. Aber ganz genau wie's immer und überall auf der Welt ist, wenn man als Raucher auf einen Zug, einen Bus oder worauf auch immer wartet, kommt's genau in diesem Moment um die Ecke. So jetzt auch die Fahrzeugkolonne. Allen voran das Einsatzauto der Niedersackentaler mit Blaulicht, dahinter die Autos aus Innsbruck und am Ende der Dodge Ram vom Aschenwald samt Anhänger und schau schau, mit beiden Jetskis drauf. Am Steuer ebenfalls ein Niedersackentaler.

Die Katz wirft ihre Zigarette weg und bläst den Rauch eilig nach hinten, als dürfte bloß keiner der Ankommenden sehen, dass sie geraucht hat.

Schau schau, denkt der Arno, wie er den Tschiggcharly aus dem Einsatzfahrzeug der Niedersackentaler steigen sieht. Dieser ist nicht nur voller Schlamm, sondern hält sich auch noch die rechte Hand unter die linke Achsel. Der Arno hat schon so eine Vermutung, wieso.

»Bringen Sie ihn in die Wache«, befiehlt die Katz einem der Polizisten aus dem Nachbarsort.

»Da kommen wir nicht rein!«, sagt der Arno voller Überzeugung und deutet auf die Tür. »Die ist zugesperrt!«

»Ach?«, meint die Katz, fasst die Klinke an und drückt sie einfach auf.

»Mmmhm!«, staunt er. So wie er den Bernhard kennengelernt hat, hätte der seine Polizeiwache gar niemals unversperrt gelassen. Ist er überstürzt aufgebrochen? Oder … »Loslassen!«, fährt er die Katz an, die in der Bewegung erstarrt.

»Bitte wie?«

»Nix anfassen. Da passt was nicht.«

»Wieso denn nicht?«

»Weil der Bernhard die Wache nie offen gelassen hätte.«

»Und wenn er schnell fortmusste?«

»Nein, so ist … so war der Bernhard nicht. Der war da sehr penibel.«

Die Katz lässt die Klinke los und weicht zurück.

»Die sollen drinnen nach Spuren suchen«, sagt der Arno.

Die Katz nickt und fragt: »Wohin dann?«

Der Arno deutet zum Gemeindeamt hinüber. »Die Bürgermeisterin hat's uns ja ausdrücklich angeboten, oder?«

Während er ins Gemeindeamt geführt wird, hält der Tschiggcharly den Kopf unten und vermeidet jeden Blickkontakt. Seine Schuhe verursachen eine riesige Schweinerei, auch Arme und Beine sind verdreckt, aber das ist jetzt nicht Arnos Problem. *Wieso war die Tür nicht zugesperrt?*, rätselt er weiterhin über die offene Polizeiwache, während er den anderen ins Innere folgt, in ein Besprechungszimmer im Erdgeschoss, wo die Bürgermeisterin ihr Gespräch mit einer der Angestellten unterbricht und den Charly angewidert anschaut.

»Wir hätten dann mal ein paar Takte mit dem Herrn hier zu reden. Alleine«, sagt die Katz ziemlich kratzig, und die Larcher braucht ein bissl, um die Ansage hinunterzuschlucken, bevor sie allen noch einen ziemlich giftigen Blick mitgibt – quasi *Ihr wisst aber schon, was hier für mich auf dem Spiel steht!* – und den Raum verlässt.

Die Katz kommandiert die eine Hälfte ihrer Leute zur Polizeiwache, die andere zum See hinauf – »dieses Mal aber zu Fuß« – und schickt einem der Männer, der sie ernsthaft nach Gummistiefeln fragt, einen ähnlichen Todesblick wie die Larcher vorhin, worauf er eilig verschwindet. Gleich darauf sitzen die Katz, der Tschiggcharly und der Arno um den Tisch des Besprechungszimmers herum.

Die Leiterin der Innsbrucker Mordgruppe holt ihr altmodisches Tonbandgerät aus der Tasche und aktiviert die Aufnahme. »So, dann lassen Sie mal alles raus«, fordert sie.

Der Charly bleibt still.

»Was wollten'S denn oben am See?«, macht's der Arno ein bissl konkreter, und zwar per Sie, weil das Du, das ihm der Charly beim Kennenlernen angeboten hat, jetzt doch ziemlich unpassend wär. Aber auch er bekommt keine Reaktion, wenn man davon absieht, dass sein Gegenüber ziemlich arg zittert.

»Der Bernhardiner hat Sie gebissen, oder?«, fragt der Arno und deutet auf die rechte Hand des Trafikanten. »Lassen'S mich einmal schauen.«

Der Charly schüttelt den Kopf.

»Raus mit der Pfote, oder ich zieh dran!«, wird die Katz ungeduldig, und mein Gott, kann die ein Regiment führen, muss sich auch der Herr Trafikant denken, weil er nachgibt und seine verletzte Hand ausstreckt. Blut tropft auf den Tisch. Der Charly verzieht das Gesicht vor Schmerzen, und dass die Verletzung schwerer ist, als die Kollegen gemeint haben, sieht der Arno auf einen Blick. Tiefe Bissspuren. Und er würde alles darauf wetten, dass sie zu den Beißerchen eines gewissen Lawinenhundes a. D. passen, der oben am See sein Herrchen bewacht.

Aber nicht nur der Charly, auch die Katz ist plötzlich ungewöhnlich still, vielleicht wegen des Blutes, das aus dem Tschiggcharly tropft. Auf der anderen Seite wäre eine leitende Mordermittlerin, die kein Blut sehen kann, schon ein bissl schwer gehandicapt.

Der Arno will gerade vorschlagen, dass sie draußen nach einem Verbandskasten fragen soll, da verdreht der Charly seine Augen, bevor er leichenblass in sich zusammensackt. Der Arno will ihm beide Hände entgegenstrecken, vergisst dabei natürlich seinen gebrochenen Arm und stöhnt vor Schmerzen auf.

Die Katz bewahrt den Charly gerade noch davor, vom Stuhl zu rutschen und auf den Boden zu fallen. »Holen Sie den Arzt«, sagt sie, während sie ihm sicher auf den Boden hilft, da ist der Arno längst schon draußen und trägt einer Mitarbeiterin des Gemeindeamts auf, den Lutz zu holen. Keine fünf Minuten später trifft der Arzt mit einem ziemlich genervten »Was ist denn jetzt schon wieder?« ein, prüft Puls, Blutdruck und Pupillenreaktion, schaut sich die Bisswunden an, legt einen Zugang und verabreicht dem Tschiggcharly allerlei Zeug. Immer wieder lässt der Doktor seinen Frust in Halbsätzen raus, von wegen *wenn ich Stress wollte, wäre ich gleich in Innsbruck geblieben* und so weiter, und der Arno wird das Gefühl nicht los, dass er jetzt dafür auch noch verantwortlich sein soll. Kurz bevor ihm selbst der Kragen platzt, trägt er dem Lutz auf, gut auf den immer noch bewusstlosen Charly aufzupassen und ihn notfalls an der Flucht zu hindern, während er jetzt erst einmal wieder eine Todesnachricht zu überbringen hat.

An die Franz Emilia.

Mein Gott, die Emilia!

25

Also Todesnachrichten. Wie schon gesagt, verabscheut der Arno diesen Teil seiner Arbeit, genau wie jeder andere Kriminalbeamte auf der Welt auch. Aber es bleibt ihm halt nicht erspart, und Kollegenschwein will er ja auch keines sein, indem er zum Beispiel einen der Niedersackentaler vorausschickt. Noch dazu trifft ihn dieser Fall persönlich. Logisch. Er hat den Bernhard, diesen alten, wortkargen Polizisten mit seinem Wackelschnauzer, gemocht, und ein bissl Mitleid hat er auch mit ihm gehabt, wegen seiner Frau, der Emilia, der schweizerischen Quasseltante des Jahrhunderts. Heimlich ist er froh, dass die Katz ihn begleitet.

Sie sitzen Seite an Seite im Einsatzwagen der Niedersackentaler, die Katz am Steuer, der Arno als Navi.

»Da vorn … glaub ich.«

»Glauben heißt nicht wissen.«

»M-mmm … Doch, das da ist's.«

»DAS da?«

»Mhm.«

Auch die Katz ist sichtlich von den Ausmaßen der Franz'schen Immobilie beeindruckt. »Nobel geht die Welt zugrunde«, sagt sie und lässt einen Pfiff los.

»Mhm.«

Sie steuert den Wagen durchs schmiedeeiserne Tor auf den gekiesten Zufahrtsweg. »Haben die im Lotto gewonnen oder was?«, murmelt sie, wie sie um den idyllischen Springbrunnen herumkurven, der am Ende der Einfahrt vor sich hin plätschert.

Der Arno sagt nix. Er ist zwar ein ausgesprochenes mathematisches Untalent, aber trotzdem weiß er, dass die Wahrscheinlichkeit, von einem Blitz getroffen zu werden, wesentlich größer ist als die, den Lottojackpot abzuräumen. Trotzdem gibt es sie natürlich, die Einzelfälle, aber zur Emilia passt das nicht. Wenn man von ihrer viel zu groß geratenen Klappe absieht, umweht sie der Geist des alten Geldadels. Auch die Art, wie sie ihr Haus eingerichtet hat, passt nicht zu jemandem, der zufällig reich geworden ist.

»Dann wollen wir mal, Herr Bussi«, sagt die Katz.

»Mhm.«

Kurz nach dem Klingeln bewegt sich etwas auf die Tür zu. Durch die Verzerrung des Glases wirkt's fast, als würde gleich eine weiße Taube gegen die Innenseite der Tür knallen, aber nix Taube, sondern die Emilia, in weitem, weißem Kleid, elegant wie eh und je.

»Herr Inspektor …?«, sagt sie in einer Mischung aus Freude und Verwirrung. Und dann passiert etwas ganz Außergewöhnliches: Sie bleibt still. Sie erkundigt sich nicht einmal nach Arnos Gipsarm, auf den ihr Blick kurz fällt.

»Grüß Gott, Frau Franz. Ich äh – dürften wir vielleicht reinkommen?«

»Natürlich«, sagt sie leise.

»Das ist die Frau Major Katz vom LKA Tirol.«

Die Frauen schütteln sich wortlos die Hand. Dann bittet die Emilia sie ins Wohnzimmer mit dem riesigen Panoramafenster, wo sie sich auf die weiße Ledercouch setzen, die nicht einmal in Einzelteile zerlegt in seine Wiener Wohnung hineinpassen würde. Als der Arno kurz zu seiner Kollegin vom LKA schaut, glaubt er, ihr Staunen zu erkennen. »Ist das ein …«, haucht sie und zeigt auf eine ziemlich schillernde Skulptur, die ausschaut wie eine dieser Ballonfiguren, die Clowns in Fußgängerzonen für Kinder verknoten, nur zehnmal so groß und vermutlich aus Metall.

Die Emilia nickt, während der Arno nur Bahnhof versteht. Dann sagt sie: »Ach, wie unhöflich von mir. Wollen Sie etwas trinken?«

»Nein, nein, danke«, beeilt er sich. Er sieht, dass die Hausherrin zittert. Bestimmt rätselt sie, weshalb der Bernhard nicht mitgekommen ist. Er darf sie nicht länger im Unklaren lassen. »Frau Franz, ich muss Ihnen etwas Trauriges sagen.«

Ihre Augen weiten sich. »Ja?«

»Ihr Mann, der Bernhard, ist … tot.« Fast hätt er das Wort nicht über die Lippen gebracht. Er spürt, wie ihm selber die Tränen kommen, jetzt, wo er es so eindeutig ausgesprochen hat.

Mein Gott, der Bernhard ist tot, wird ihm von Neuem klar.

Er verbietet sich, wegzuschauen. Die Emilia muss an irgendetwas Halt finden, und wenn es sein Gesicht ist, in das sie gerade hineinstarrt. Ihre Züge sind wie eingefroren. Dann fangen ihre Augen zu glänzen an und sie schaut nach unten, auf ihre Hände, die sie wie zum Beten ineinander verschränkt hat. »Aber das kann doch nicht sein … Er war doch mit Ihnen unterwegs, die ganze Nacht?«, flüstert sie fast.

Der Arno denkt an das Telefonat zurück, in dem er Bernhards Alibi für sein Schäferstündchen mit der Vevi quasi bestätigt hat. »Ja … nein, das … wir haben uns dann ja nicht mehr getroffen, später«, stammelt er. »Ich weiß nicht, was weiter passiert ist, nachdem wir telefoniert haben.«

Wie aufs Stichwort klingelt ein Handy. Besser gesagt trällert es dieses unfassbar aufdringliche Schlagerlied: »Schatzi, schenk mir ein Foto, schenk mir ein Foto von dir …« Bernhards Telefon. Dem Arno wird ganz kalt. Keiner rührt sich. Die Witwe senkt ihren Kopf und weint. Nach einer gefühlten Ewigkeit verstummt das Gerät endlich.

Bestimmt hat's die Vevi gerade beim Bernhard probiert, weil sie's nicht glauben will, denkt der Arno. »Der Bernhard ist gestern nicht mehr da gewesen, oder?«, fragt er und deutet zum Gerät, das in Arnos Kopf munter weiterklingelt. Der Ohrwurm ist wieder da, hurra.

Sie schüttelt den Kopf. Eine Träne tropft von ihrem Kinn. Dann sagt sie: »Ich habe in der Früh noch versucht, Sie anzurufen, Herr Inspektor, wegen Ihres Flugs, ich wollte Sie ja nach Innsbruck bringen, aber Sie …«

»Ja … Sehen Sie, ich bin auch angegriffen worden in der Nacht, alle meine Sachen sind weg. Frau Franz, ich kann Ihnen gar nicht sagen, wie leid mir das alles tut. Ich verspreche Ihnen, wir werden alles tun, um diejenigen zu finden, die das angerichtet haben.«

Sie nickt langsam, blinzelt neue Tränen weg und schaut dann wieder auf ihre Hände. »Wie ist er denn gestorben?«, fragt sie.

»Er wurde erschlagen«, antwortet der Arno leise, nach einer viel zu langen Pause, und merkt, wie brutal es trotzdem noch klingt. Er sieht den Bernhard vor sich liegen, mit dem deformierten Hinterkopf … Nein, es klingt nicht nur brutal, es *ist* brutal, jemanden auf diese Weise zu töten. Wie viel blindwütiger Hass muss dafür nötig sein?

»Erschlagen«, wiederholt sie leise. »Kann ich ihn denn noch … sehen?«

»Vorerst nicht«, antwortet er und erinnert sich, dass ihn auch die Vevi danach gefragt hat. Was ihn zur Affäre der beiden zurückbringt. Aber er kann die Emilia jetzt unmöglich damit konfrontieren. Er will ihr Bild vom Bernhard nicht unnötig beschädigen. »Der Fundort wird gerade untersucht«, erklärt er.

»Wo?«, fragt sie.

»Oben am See.«

»Aber wer sollte denn so etwas machen? Mein Bernhard war doch immer so ein feiner, zartfühlender Mensch, der hat doch stets versucht, es allen recht zu machen … wer sollte denn so jemanden … umbringen wollen?«

Da fängt die Katz zu reden an: »Frau Franz, ich verspreche Ihnen, dass wir alle Ressourcen einsetzen, die wir zur Verfügung haben, um den Fall aufzuklären. Ich weiß, es ist schwer, aber wir müssen Ihnen jetzt noch ein paar Fragen stellen. Fällt Ihnen etwas ein, egal wie unwichtig es Ihnen vorkommen mag, das uns einen Hinweis auf ein mögliches Motiv geben könnte? Kommt Ihnen vielleicht spontan eine Person in den Sinn?«

Emilias Augen wandern schnell hin und her. »Diese Aktivistin«, sagt sie dann.

Der Arno erschrickt.

»Ja bitte?«, hakt die Katz gleich ein. »Die Frau von der Insel?«

Die Witwe nickt, dem Arno wird ganz heiß.

»Der Bernhard hat sich über sie beklagt, dass sie ihm ihren Ausweis nicht zeigen wollte, und dass sie fast handgreiflich geworden wäre … Sagen Sie, Herr Inspektor, halten Sie das für möglich, dass diese Frau meinen Bernhard erschlagen hat?«, fragt die Emilia und schaut jetzt den Arno an.

Der muss sich erst einmal räuspern und tief Luft holen, bevor er überhaupt etwas sagen kann. »Das äh … ist nicht wahrscheinlich. Die … Frau Gams ist schon vor längerer Zeit abgereist. Sie kann gar nicht …«

»Wieso nicht?«, fragt die Emilia und wirkt plötzlich hart, eine Seite, die sie bisher nicht gezeigt hat. »Wieso denn nicht? Mein Bernhard hatte Angst vor ihr, und sie hat ihn bedroht. Wieso schließen Sie diese Person einfach so aus?«

Es schnürt ihm regelrecht die Kehle zu. Er grübelt, was für ihre Unschuld spricht: *Weil sie fort ist. Weil ich in der Nacht von Luggis Mord bei ihr war. Weil …*

Endlich hilft die Katz: »Frau Franz, wir werden diesem Hinweis nachgehen. Gibt es sonst noch jemanden, dem Sie es zutrauen würden?«

Sie schüttelt den Kopf.

»Sie kennen Herrn Weller?«, bringt die Katz den Tschiggcharly ins Spiel.

»Den Charly? … Ja natürlich kenne ich den, der hilft ja immer wieder bei uns, im Garten und überall. Wieso fragen Sie? Glauben Sie vielleicht …«

»Nein, wir haben keine konkreten Hinweise. Aber gab es vielleicht mal Zoff zwischen Herrn Weller und Ihrem Gatten?«

»Immer wieder, natürlich. Der Charly ist ja kein Heiliger,

das wissen Sie bestimmt, mit all seinen Drogen und sonstigen Geschichten. Aber der Bernhard hat immer ein Auge zugedrückt, solange es nur um Cannabis und Schwarzarbeit ging. Der Charly muss doch von irgendetwas leben, sein Laden läuft nicht, also hilft er jedem, der ihm Geld dafür gibt.«

Der Arno merkt, wie die Emilia langsam wieder ins Reden kommt, gedämpft von der Hiobsbotschaft, aber doch. Trotzdem fühlt sich's völlig falsch an, sie so hartnäckig auszufragen, wo sie doch eben erst von Bernhards Tod erfahren hat.

»Gab es vor Kurzem Streit?«, lässt die Katz trotzdem nicht locker.

Wieder wandern die Augen der Witwe hin und her, als versuchte sie sich zu erinnern. »Nein – richtigen Streit haben sie nie gehabt, der Bernhard und er. Der Charly würde nie so etwas tun … Aber Sie verdächtigen ihn doch, Frau Katz. Wieso denn? Was ist mit dem Charly?«

»Im Moment sammeln wir nur Informationen. Hat Ihr Gatte sonst noch etwas erwähnt?«

Die Emilia schüttelt den Kopf.

»Hier, meine Karte. Würden Sie mich sofort anrufen, wenn Ihnen noch etwas einfällt?«

»Ja natürlich.«

»Brauchen Sie was zur Beruhigung, Frau Franz?«, fragt der Arno im Aufstehen. »Sollen wir Sie zum Doktor bringen?«

Sie verneint und begleitet sie dann noch hinaus.

»Es tut mir so leid«, sagt der Arno und schüttelt ihr die Hand.

Die Emilia nickt und schließt die Tür, langsam, und

durchs Glas sieht der Arno, wie sie dahinter stehen bleibt, sich mit dem Rücken an die Tür lehnt und ihre Hände aufs Gesicht legt.

»Das war ein Koons«, sagt die Katz, als sie in den Wagen steigen.

»Was?«

»Ein echter Jeff Koons!«

»Das Luftballonding?«

»Ja. Wissen Sie, was so einer heute wert ist? Millionen! Und das steht mal eben so in Stubenwald herum. Ich glaube, es hackt!«

Der Arno bleibt still. Die Kunst ist ihm ja selber schon aufgefallen, die Architektur auch, aber von beidem versteht er ähnlich viel, nämlich nix.

Sie ziehen die Autotüren zu. Die Katz startet den Wagen und fährt los.

»Die Dame kommt aus der Schweiz.«

»Mhm.«

»Die anderen Werke da drin sind auch nicht von schlechten Eltern. Kunsthändlerin?«

Der Arno bleibt still.

»Viele Menschen gibt's nicht, die sich so etwas leisten können. Wie hieß sie denn, die Gute, vor ihrer Eheschließung?«

Und noch einmal ist der Arno überfragt, aber dafür kann er jetzt wirklich nichts. »Lässt sich ja herausfinden. Beim Standesamt zum Beispiel«, sagt er leicht angesäuert. Der Hunger wird langsam wieder unerträglich.

»Ich merke schon, die holde Kunst ist nicht Ihr Metier, wa', Bussi?«

»M-mm.«

»Womit kennen Sie sich denn aus?«

»Was meinen Sie?«

»Na ja, jedem Bienchen sein Spleenchen. Welches ist Ihres?«

Der Arno bleibt still. Könnt er gar nicht so spontan sagen. Vespafahren? Kaffeetrinken? Essen kann er auch hervorragend, wenn er denn jemals wieder was zwischen die Zähne bekommt … am liebsten hätt er jetzt …

»Sie hatten was mit dieser Laura«, sagt die Katz, wie er sich gerade die Wahnsinns-Käsesahne vom Luggi in seinem Mund vorstellt und sich prompt am imaginären Stück verschluckt.

»Was?«, tut er entrüstet, als er nicht mehr husten muss. Dazu spürt er, wie aufgeregt sein Herz trommelt.

»Muss Ihnen nicht peinlich sein. Gut gebaut ist sie ja, die Dame, genau wie Sie, Herr Bussi. Beide sind Sie jung – muss man nur eins und eins zusammenzählen.«

»Blödsinn.«

»Sie haben das Fräulein gerade ja ziemlich in Schutz genommen.«

Er schweigt.

Sie schweigt.

Etwas klingelt, einmal nur. Die Katz schaut schnell auf ihr Handydisplay und fährt dann rechts ran. »Das ist jetzt aber interessant«, sagt sie kurz darauf.

»Was denn?«, will der Arno wissen, froh um jeden Themenwechsel.

»Der Ergänzungsbericht aus der Gerichtsmedizin. Mit Baldaufs Blutanalyse.«

»Und?«

»Propofol. Aber auch Amobarbital.«

Bei *barbital* klingelt etwas. »Barbital … Barbiturat – ein Schlafmittel?«, rätselt er laut.

»Nicht schlecht, Herr Bussi, aber leider falsch …« Die Katz starrt ein Loch ins Armaturenbrett, mit zitternden Augenlidern, wie sie's immer zu machen scheint, wenn sie die Datenbanken in ihrem Oberstübchen durchforstet. »Ein sogenanntes Wahrheitsserum«, spuckt sie schließlich das Ergebnis aus. »Kommt in den Vereinigten Staaten immer noch zur Anwendung. Wird als Folter kritisiert.«

Jetzt piepst sie gleich, die Katz, denkt er. Aber Wahrheitsserum klingt interessant. Was der Luggi wohl für eine Wahrheit zu verraten hatte?

Sie liest weiter. »Hören Sie zu, Bussi … *Beide Medikamente hätten schon in ihrer Einzeldosierung den Tod herbeiführen können*. Da wollte wohl jemand auf Nummer sicher gehen.«

»Dieser Jemand wollte vor allem etwas vom Luggi wissen«, verbessert der Arno.

»Und was wäre das wohl? Ein Kuchenrezept?«

Das wär sogar möglich, denkt der Arno an die unglaubliche Käsesahne, mit der der Luggi ein Vermögen machen hätte können, aber dann weiß er noch etwas Besseres: »Sein Mörder wollte wissen, was den Luggi bis in den Schlaf hinein verfolgt hat«, präzisiert er den Verdacht, der ihn beim Wort *Wahrheitsserum* sofort beschlichen hat, und redet gleich weiter: »Von siebzehn die siebte – Sonne wohl thront.«

Die Katz starrt zu ihm rüber. »Haben Sie sich etwa einen Sonnenstich zugezogen, Herr Bussi?«

»Blödsinn … Das soll der Luggi im Schlaf gemurmelt

haben, immer wieder, in den Tagen vor seinem Tod. Seine Frau hat's mir erzählt. Von siebzehn die siebte – Sonne wohl thront.«

»Von siebzehn die siebte – die siebte was denn?«, stellt die Katz die Frage, die auch ihn seither beschäftigt. »Glühbirne? … Pusteblume? … Fußgängerampel?«

»Keine Ahnung.«

»Und … Sonne wohl thront?«

»Sonne wohl thront.«

»Klingt irgendwie nach einem Gedicht.«

»Eher nach einem Rätsel.«

»Und ein Rätsel klingt wiederum nach Wahrheitsserum. Gut gemacht, Herr Bussi! Wohin jetzt?«, fragt sie.

Er überlegt. Dieses Amobarbital ist bestimmt nicht leicht zu beschaffen, Propofol genauso wenig. Woher kommen die Substanzen also? *Ein Arzt*, denkt der Arno. *Der* Arzt im Ort, Doktor Lutz. Aber bestimmt ließe sich das viel zu einfach zurückverfolgen, über Medikamentenregister, Rezeptdatenbanken und was weiß der Arno nicht.

Die Vevi vielleicht? Sie hilft ja immer wieder mal beim Lutz und noch dazu ist sie ausgebildete Krankenpflegerin. Hat sie etwas aus seinen Vorräten mitgehen lassen? Aber was hätte wohl ein Wahrheitsserum darin zu suchen?

»Woher kommt das Zeug?«, gibt er die Frage an die Katz weiter.

»Das Propofol? Und das Amobarbital?«, fragt sie zurück.

»Mhm.«

»Na aus dem Darknet«, sagt sie, als wäre das eine Selbstverständlichkeit.

Natürlich weiß der Arno etwas mit dem Begriff Darknet

anzufangen – der anonyme Teil des Internets, beliebt, um allerlei Illegales zu beschaffen, Waffen, Drogen und so weiter, aber wie selbstverständlich die Katz das findet, wundert ihn dann doch.

»Ich hatte vor Kurzem mit einem Kollegen vom Rauschgift zu tun«, erklärt sie, »das Feld hat sich völlig gewandelt. Übers Darknet können Sie heute alles bekommen, bestellen und liefern lassen, per Post, falls nötig per Eilkurier. Ich habe schon veranlasst, über die Chargennummer auf der Propofolampulle die Quelle ermitteln zu lassen. Aber das dauert ewig und ein klares Ergebnis ist unwahrscheinlich.«

»Hm«, macht der Arno. *Der Segen der Vernetzung.* Wieso kann's denn nicht einfach ... einfach sein? So einfach wie Aschenwalds Totenkopfknopf neben dem toten Luggi zum Beispiel? Ein Gedanke, der ihn wieder auf den Bäcker bringt, und mit ihm auf den Spruch, der ihn so sehr beschäftigt haben soll. »Wir müssen noch einmal mit der Klara reden«, beschließt er spontan.

»Mit der Klara?«

»Der Bäckerswitwe. Wenn uns jemand mit diesem Siebzehn-sieben-Gemurmel weiterhelfen kann, dann sie.«

26

»Gehen Sie schon ma' vor. Ich will nur kurz was nachsehen«, sagt die Katz, als sie vor der Bäckerei anhalten.

Der Arno tut's, schreitet zum Seiteneingang des Hauses und betätigt die Klingel. Aber niemand macht auf, was ihn nicht wundert, weil drinnen etwas surrt, das ihn nicht nur an einen Staubsauger erinnert, sondern wohl auch einer ist. Also läutet er noch einmal, pocht dann mit links gegen die Tür, weil's rechts ja nicht geht, aber immer noch nix.

»Nicht zu Hause, die Gute?«, fragt die Katz schließlich in seinen Rücken.

»Doch doch. Aber sie hört's nicht. Staubsauger.«

»Hm. Sollen wir später wiederkommen?«

Das wär zwar logisch – schließlich müssen sie auch endlich den Tschiggcharly in die Mangel nehmen –, aber der Arno will zuerst alles über dieses kryptische Gemurmel vom Luggi wissen, von dem er ahnt, dass es wichtig ist. Noch einmal läutet er Sturm und klopft dann mit der linken Faust gegen die Tür, so fest, dass nicht nur sein gebrochener Arm in der Schlinge protestiert, sondern fast noch das Holz nachgibt.

Endlich geht der Staubsauger aus. Der Arno hämmert gleich noch mal. »Hallo … Frau Baldauf, bitte aufmachen!«

Endlich öffnet die Klara die Tür.

»Herr Inspektor …?«, fragt sie mehr, als dass sie grüßt, und linst ihn durch ihre dicken Brillengläser an. Ihre Wangen sind rosig, Schweißperlen stehen ihr auf der Stirn. Sie trägt eine Haushaltsschürze, an der sie sich gleich wieder die Hände abwischt. »Haben Sie sich verletzt?«, will sie wissen.

»Grüß Gott, Frau Baldauf. Ja, leider. Missgeschick. Wir müssten noch einmal mit Ihnen reden. Geht's jetzt?«

»Aber ich weiß doch nix«, wehrt sie sich sofort.

»Können wir's trotzdem versuchen?«

»…«

»Bitte?«

»Mhm.«

Die Klara führt die beiden nach oben, in die Küche, in der sie gestern schon mit dem Doktor Lutz gesessen und ihre Käsesahne verputzt hat. Jetzt ist hier alles blitzblank und stinkt geradezu nach Putzmittel.

Sie setzen sich hin, die Katz packt ihr Tonbandgerät aus, schaltet es ein und legt es auf den Tisch. Die Klara schaut das Ding an, als könnte es sie jeden Moment anspringen.

»Frau Baldauf, das ist Frau Katz vom Landeskriminalamt«, stellt der Arno seine Kollegin vor.

»Tag«, sagt die Katz und schüttelt Klaras Hand.

Fast will er ihr das mit dem Mord am Franz Bernhard sagen, entscheidet sich aber spontan dagegen. Falls die Bäckerswitwe nicht eh schon Bescheid weiß, wird sie wohl demnächst davon erfahren. Die Katz und er müssen jetzt vor allem eines: schnell weiterkommen. »Frau Baldauf, wir sind noch einmal wegen der Sachen da, die der Luggi im Schlaf gemurmelt hat.«

Ihre Mundwinkel sinken nach unten, als wär ihr der Tod ihres Mannes eben erst selbst wieder bewusst geworden. Dann nickt sie langsam.

»Wir müssen bitte ganz genau wissen, was er gesagt hat. Jedes einzelne Wort.«

Wieder nickt sie und schließt ihre Kulleraugen. Dann sagt sie: »Von siebzehn die siebte … Sonne wohl thront.«

So weit waren sie ja schon. »Was noch?«

Sie öffnet die Augen wieder. »Was meinen Sie?«

»Na, was hat er sonst noch gesagt? Das ist doch bestimmt nicht alles gewesen.«

»Ich weiß aber nur mehr das.«

»Sind Sie sicher, dass es genau dieser Wortlaut war? Ich mein, im Schlaf redet man ja meistens undeutlich, oder?« Nicht dass der Arno das so genau wüsst, mangels langjähriger Schlafpartnerin, auch Geschwister hat er keine gehabt, denen er beim Schlafen zuhören hätte können, aber er behauptet's einfach einmal.

»Ja … ich weiß nicht … ich hab's halt so verstanden. Von siebzehn die siebte … Sonne wohl thront. Und …«

»Und?«, fragen der Arno und die Katz zugleich.

Die Klara presst die Lippen aufeinander und schaut drein, als müsste sie ihr Gehirn wie eine Zitrone auspressen. Mit demselben Ausdruck schüttelt sie schließlich den Kopf.

»Da war doch noch was?«, lässt der Arno nicht locker.

»Hm …« Jetzt rollt sie die Augen, was durchs Vergrößerungsglas der Brillen grotesk ausschaut. Ihn tät's gar nicht wundern, wenn sich plötzlich das eine Auge links- und das andere rechtsherum drehen würde. Aber am Ende folgt wieder nur bedauerndes Kopfschütteln.

»Frau Bald-auf«, spaltet die Katz den Nachnamen, der eigentlich einsilbig ausgesprochen gehört, »ich werde Ihnen helfen, sich zu erinnern.« Der Arno denkt gleich an Amobarbital, und die Katz wird doch jetzt nicht um Himmels willen ihr Spritzenzeug auspacken wollen, da redet sie schon weiter: »Hypnose«, sagt sie mit langem o.

Der Arno macht die Augen groß, ebenfalls mit langem o, quasi Hokuspokus-Alarm, und auch die Witwe sagt erst einmal nix.

Dafür die Katz umso mehr: »Ich beherrsche die Technik der hypnotischen Regression, mit der ich Sie dazu bringe, sich minutiös an vermeintlich vergessene Ereignisse zu erinnern. Hierfür versetze ich Sie zuerst in einen Zustand tiefer …«, erklärt sie und macht immer weiter, und für den Arno klingt's irgendwie so ähnlich, als setzte sie einem Waterboarding-Kandidaten die Details der bevorstehenden Folter auseinander.

Die Witwe rollt auf einmal doppelt so schnell mit den Augen und spuckt dann aus, direkt in die Erklärungen der Katz hinein: »Von siebzehn die siebte, wo Sonne wohl thront … einen Meter zu Berge, blicken … lohnt.«

Aha!, denkt der Arno.

»Vielleicht heißt's auch Sonnengold wohnt, nicht Sonne wohl thront«, wird die Klara ganz gesprächig.

Von siebzehn die siebte, wo Sonnengold wohnt, einen Meter zu Berge blicken lohnt, speichert der Arno gedanklich ab. »Noch was?«, fragt er.

Worauf sich das Spiel mit ihren Augen wiederholt. »Montezuma«, überrascht sie ihn.

»Montezuma?«

»Montezuma.«

Die Katz schaut den Arno an, der Arno zurück, planlos hüben wie drüben.

»Hm«, macht er schließlich und fragt: »Irgendwas noch?«

»Nein. … Ganz bestimmt nicht. Ich schwöre es. Nur das, was ich gesagt habe. Bitte!«, fleht die Klara um Gnade, »Bitte nicht hypnotisieren!« Eine Schweißperle läuft ihr von der Stirn über die Nase, sie fährt mit der Hand hin und wischt sie anschließend an ihrer Schürze ab.

Der Arno schaut zur Katz, ihre Blicke treffen sich, und der Arno glaubt, einen Moment lang den Schalk zu sehen, der ihr gerade im Nacken sitzt.

»In Ordnung«, erlöst er die Klara. »Danke, Frau Baldauf.«

Diese schaut drein, als fiele ihr ein Hinkelstein vom Herzen.

»Sie haben keine Ahnung von Hypnose«, sagt der Arno, als sie wieder im Auto sitzen.

»Nö«, antwortet sie schlicht. »Und, was haben wir gewittert?«

»Hm?«

»Ihr Gesprächikus interruptus eben. Hat doch was geklingelt im Oberstübchen, oder?«

»Mhm.«

»Und was? … Muss ich Sie auch gleich hypnotisieren für, wa?«

»Eine Schatzkarte«, antwortet er trocken und verkneift sich ein Grinsen. Irgendwie mag er es, wenn sie neugierig wird.

»Wie?«

»Das Gemurmel. Es ist eine Schatzkarte. Von siebzehn die siebte, wo Sonnengold wohnt, einen Meter zu Berge … blicken lohnt. Ich glaube, ich weiß, wo das ist. Auf der Lärchenseeinsel. Und zwar genau dort, wo letzte Nacht etwas ausgegraben wurde.«

»Hm. Aber was für siebzehn denn?«

»Lärchen. Könnte hinkommen.«

»Aber welche siebte?«

»Wo Sonnengold thront.«

»Hä? … Ach, Sonnengold!«

»Mhm.«

»Das ist ja ein Ding. Warten Sie …« Und wieder fällt sie in den Robotermodus, mit halb geschlossenen Augen und zitternden Wimpern. Dann spuckt sie das Ergebnis aus: »Die siebte Lärche, die von der Sonne angestrahlt wird. Also die siebte von Osten.«

»Genau. Von dort noch einen Meter bergwärts, und zack.«

»Das haben Sie direkt gecheckt, als Frau Bald-auf es aufgesagt hat?«

»Baldauf.«

»Was?«

»Es heißt Baldauf. Nicht Bald-auf.«

»Als Frau … *Baldauf* … es aufgesagt hat«, würgt die Katz den Nachnamen hervor, als müsste sie einen Zungenbrecher aufsagen. Irgendwie süß.

»Mhm.«

»Na wunderbar, Herr Bussi. Dann wolln'wa jetzt mal nach unserem Charly sehen.«

»Mhm.«

Schatzi-hm-hmhmhm-Fo-to …

»Weilen Sie wieder unter den Lebenden, ja?«, begrüßt die Katz den Tschiggcharly, als sie ihn beim Lutz auf der Behandlungsliege sieht. Er starrt an die Decke. Wenigstens ist er nicht mehr so leichenblass wie vorhin, als er auf jeder Dorfbühne den Verstorbenen spielen hätte können, ganz ohne Schminke.

»Sein Zustand ist stabil«, sagt der Doktor, und der Arno fürchtet, dass sich dieser gleich wieder für seinen Patienten starkmachen wird, indem er ihnen verbietet, mit dem Charly zu sprechen, bevor der vollständig genesen ist. Aber der Lutz geht einfach raus und zieht die Tür hinter sich zu, die inzwischen von den Niedersackentalern bewacht wird.

Die Katz schaltet ihr Tonbandgerät ein.

»Wir sind vorhin bei Ihren Verletzungen stehen geblieben«, sagt der Arno und deutet auf die dick verbundene rechte Hand des Trafikanten. »Der Bernhardiner hat Sie gebissen, oben am See«, wiederholt er seinen Verdacht, der mittlerweile zur Überzeugung geworden ist.

»Blödsinn«, sagt der Tschiggcharly und schaut weg.

»Kommen'S. Was wollten'S denn da droben?«

»Haben'S ja gesehen. Die Mopeds vom Arthur holen.«

»Die beiden Jetskis?«, fragt die Katz, vermutlich fürs Protokoll.

»Ja.«

»Heute Früh?«, legt sie nach.

»Ja.«

»Und wieso?«, fragt der Arno.

»Weil's halt gemacht werden muss.«

»Aber wieso ausgerechnet von Ihnen?«

»Ja mein Gott – Ich hab dem Arthur damals geholfen, die

Dinger zu besorgen, und die waren schweineteuer. Die kann man nicht ewig da oben herumstehen lassen.«

»Sind Verbrennungsmotoren denn erlaubt, in so 'nem Bergsee?«

»Nein … aber der Arthur hat sie ja nicht für Stubenwald gekauft, sondern für Kroatien.«

»Kro-atien?«, staunt die Katz, wieder einmal mit einer Silbe zu viel.

»Der hat da ein Ferienhaus.«

»Aha!«, tut sie jetzt, als hätte das irgendeine Relevanz.

»Und dann, oben am See? Haben'S da sonst noch was gesehen?«, fragt der Arno, weil er keine Lust hat, sich gleich noch Urlaubsanekdoten anzuhören.

Der Charly nickt.

»Was denn?«, fragt die Katz.

»Den Bernhard … tot! Und seinen Hund.«

»Na sieh ma' einer an. Und dann?«

»Dann bin ich hin und hab geschaut, ob ich noch helfen kann. Dabei ist dieses Mistvieh völlig ausgeflippt.«

Der Arno traut's dem Bernhardiner schon zu, irgendwie – aber wieso hat der Charly nicht Abstand gehalten, wo das Tier ihn doch bestimmt vorgewarnt hat? Er denkt daran zurück, wie der Bernhard ihn von der Insel geholt und durch den See gezogen hat, um Hilfe für sein Herrchen zu holen. Irgendwas passt da nicht. Der Hund hätt bestimmt nicht so fest zugebissen, hätte der Charly bloß nachschauen wollen, ob der Bernhard noch lebt. »Wieso hat der Bernhard Sie angefallen?«, fragt er.

»Der Köter spinnt doch! Der gehört eingeschläfert!«, schimpft der Trafikant.

Irgendwie passt nix so richtig an der Geschichte, denkt der Arno. Rauffahren, Jetskis holen, Leiche finden, gebissen werden. Er grübelt. *Was wäre, wenn …* »Zeigen'S mir einmal die andere Hand«, sagt er, noch bevor er sich der vollständigen Tragweite seines Gedankens bewusst werden kann.

»Wieso?«

»Nur so.«

»Raus damit!«, übernimmt die Katz die Rolle des bösen Cops.

Der Tschiggcharly hält dem Arno seine Linke wie zum Handkuss hin.

»Umdrehen.«

»Wieso?«

Dieses Mal muss die Katz sich bloß räuspern, damit er folgt. »A-ha!«, kommentiert sie gleich darauf die frischen Blasen, die zum Vorschein kommen.

»Haben Sie in der letzten Nacht möglicherweise … gegraben?«, fragt der Arno.

»Blödsinn.«

»Was sonst?«

»Die Jetskis geholt, halt.«

»Mit der Seilwinde am Hänger? Geht die Kurbel so schwer, dass einer wie Sie davon gleich Blasen bekommt, ja?«

Der Tschiggcharly fährt sich linkshändig durchs strähnige Haar und senkt seinen Blick, irgendwie beschämt.

»Sie haben was ausgegraben«, behauptet der Arno. »Und ich weiß auch, wo. Auf der Insel. Bei der siebten Lärche von Osten, einen Meter bergwärts.«

Der Charly versucht, den multiplen Schreck zu überspielen, der ihm in die Glieder fährt, indem er Augenbrauen und

Mundwinkel zugleich so grimassenhaft hochreißt, dass sich für den Arno jeder weitere Zweifel erübrigt. *Der kennt den Spruch*, denkt er.

»Blödsinn«, wiederholt der Charly. »Ich hab im Garten geholfen. Bei der …«

»Hm? … Bei der?«, hakt die Katz sofort nach.

»Gartenarbeit. Bei einer … einem Bekannten.«

Bei der … bei einer …, denkt der Arno, sicher, dass dem Charly gerade ein Name auf der Zunge gelegen hat, und zwar ein weiblicher, den er im letzten Moment hinuntergeschluckt hat – da erinnert er sich. »Bei der Emilia!«, entfährt's ihm.

Wieder gelingt es dem Charly nicht, seine Überraschung zu verbergen.

»Sie haben nicht nur dem Aschenwald, sondern auch der Emilia *geholfen*, bei ganz bestimmten Angelegenheiten, oder?«, legt er nach.

Da wird der Tschiggcharly fuchtelig. »Das ist eine Unterstellung! Sie wollen mir da etwas unterschieben! Aber nicht mit mir! Das ist Willkür! Ich werde mich beschweren!« Er zittert jetzt am ganzen Leib.

»Muffensausen?«, kommentiert die Katz seine Aufregung. »Also, wo wollen Sie denn sonst im Garten geholfen haben, wenn nicht bei Frau Kunstmäzenin?«

Wieder geht ein Zucken durch Charlys Gesicht.

Der Arno überlegt fieberhaft. *Doch, da ist was. Eindeutig. Emilia … Kunstsammlerin … graben … Schatz …*

»Von Riefenstein«, sagt die Katz so langsam wie bedeutungsschwer, und der Arno versteht gar nichts, der Tschiggcharly aber offenbar umso mehr. Er ist plötzlich wieder ge-

nauso leichenblass wie vor seinem Zusammenbruch, quasi finaler Dolchstoß, Schnitt und Abspann bitte.

»Ich war nicht bei der Emilia. Bitte, das … das geht nicht!«, fleht er so aufgeregt wie ein Mafioso, der gerade den Patron der Familie verraten hat.

Die Katz schaut den Arno an.

Der Arno schaut zurück.

Die Emilia, steht im Gesicht des jeweils anderen geschrieben.

Und da rennen sie auch schon.

27

Sie rasen zur Villa zurück, wieder im Wagen der Niedersackentaler, wieder mit der Katz am Steuer. »Von – was? Reifenstein?«, fragt der Arno.

»Riefenstein!«

»Aha – und was soll das sein?«

»Nicht *was*, sondern *wer*. Emilia von Riefenstein. So hieß die Gute wohl vor ihrer Eheschließung.«

»Und?« Bis auf den Adelstitel klingelt da beim Arno überhaupt nix.

»Die Riefensteins? DIE Schweizer Kunstsammler-Dynastie? Die ewige Diskussion um die Rückgabe von Beutekunst?«

Nix … nix … und wieder nix. Jaja. Den Arno interessiert die Kunst halt leider ungefähr so sehr wie die Eintagsfliege, was morgen ist.

Die Katz steuert den Wagen so zackig ums Eck, dass es den Arno gegen die Beifahrertür drückt. »Meine Güte!«, sagt sie. »Wie kann man in Kunstfragen nur so ungebil … na ja, jeder hat eben seines, nicht wahr? Also, hören Sie: Vorhin, bevor wir bei Frau Bald-auf waren, habe ich im Internet mal recherchiert, wem dieser Koons bisher so gehört hat. Und zack, erste Seite – den von Riefensteins. Eins und eins zusammengezählt, Emilia von Riefenstein, Bildersuche und …«

»Zack?«, schlägt der Arno vor, weil die Katz gerade jemandem ausweichen muss und nicht gleichzeitig weitererzählen kann.

»Genau. Zack! Grinste mich die jüngere Emilia vom roten Teppich so einer Charity-Gala an. Was mich zur Frage führt …«

»Was sie wohl hier zu suchen hat, in Stubenwald«, fällt ihr der Arno ins Wort.

»Bingo.«

Die Antwort gibt er sich gleich selber: »Einen Schatz.«

»So sieht es wohl aus.«

»Aber was für einen? Noch so ein Luftballonding? Wär vielleicht ein bissl groß, um's auf der Insel zu vergraben, oder?«

»Banause«, quittiert die Katz seine Vermutung. »Die Welt der Kunst ist so mannigfaltig, dass es alles sein könnte, vom Salzfässchen über eine verschollene Mozart-Partitur bis hin zu einem Warhol-Polaroid.«

Sie sind fast da. »Es muss was mit dem Wasser zu tun haben«, denkt der Arno laut.

»Dem Wasser?«

»Irgendwas … Verhextes!«

»Pff …«

»Ich weiß … Achtung!«

Vor ihnen taucht etwas auf, etwas Dunkles, Monströses, und der Arno kann gar nicht drüber nachdenken, was es ist, weil es so schnell näher kommt, dass sein Überlebensinstinkt einen Alarmstart hinlegt, »Achtung!«, schreit er gleich noch einmal, lauter, panischer, da fliegt er schon der Katz entgegen, nicht freiwillig, sondern fliehkraftbedingt, weil sie ebenfalls vom Überlebensinstinkt getrieben den Wagen nach rechts reißt. Sein Gipsarm stößt irgendwo an, er stöhnt auf, da fliegt das Dunkle, Monströse schon an ihnen vorbei und weiter, und endlich weiß er auch, was es ist: der Maybach.

»Das war sie!«, ruft er.

»War wer?«

»Die Emilia … Reifenstein!«

»Riefenstein!«

»Egal! Der Maybach ist ihrer! Die haut ab!« Der Arno dreht den Kopf nach hinten und sieht, wie das dunkle Ungetüm hinter ihnen beschleunigt. »Los, ihr nach!«, ruft er. Die Katz stößt zurück, wendet und lässt das Polizeiauto fliegen, wobei, *fliegen* … Im Vergleich zum Maybach sind sie mit ihrem untermotorisierten Volkswagen eine lahme Ente, Sparmaßnahmen lassen grüßen, und als sie unten an der Einmündung in die Landesstraße ankommen, verschwindet das Mercedes-Luxusgeschoss bereits hinter der nächsten Biegung.

»Wir müssen die Straße wieder sperren lassen!«, ruft die Katz.

»Und wer soll das bitte machen? Die Niedersackentaler sind ja beim Charly – und wir sitzen in ihrem Auto!«

»Mist!«

»Mhm. Kommen Sie, Gas!«

»Ich steh schon voll drauf! *Pedal to the metal!*«, trumpft sie mit englischem Rennfahrervokabular auf, aber nix Rennfahren, nur dem natürlichen Gefälle der Straße ist es zu verdanken, dass sie halbwegs akzeptabel beschleunigen, während die Emilia schon gar nicht mehr zu sehen ist. »Wenn die bis in die Schweiz kommt, wird's schwer für uns. Hier, Kurzwahl eins. Alarmfahndung«, sagt sie und reicht dem Arno ihr Handy hinüber, das er linkshändig an sich nimmt. Aber links ist nicht rechts, und vor lauter Fliehkräften und Ruckelei kommt der Arno kaum dazu, die Kurzwahlfunktion ihres Handys zu finden, er stöbert durch die Telefon-App, als die Katz heftig bremst und dann wieder Gas gibt, und der Arno ist ja wirklich nicht empfindlich, aber schlecht könnt einem schon werden. Er verwirft den Plan mit der Kurzwahl und tippt die Nummer des Notrufs ein …

»Festhalten!«, schreit die Katz, es quietscht und alles will nach vorne.

Vollbremsung.

Der Arno schaut auf und glaubt, das war's jetzt, Lebensfilm und Exitus, weil sie auf eine dunkle Wand zurasen, die viel rascher größer wird, als es gut für sie wäre, und diese Wand ist der Maybach, der quer auf der Fahrbahn steht und gerade zu wenden versucht, weil die Straße blockiert ist.

Betonmischwagen links, Traktor rechts und kein Spalt dazwischen.

»Aaah!«, schreit er und macht sich schon auf den Einschlag gefasst, er schließt die Augen und schreit immer noch, als sie mit einem Ruck zum Stillstand kommen. Kein Krachen, nur Quietschen und dann nix mehr. Also riskiert er doch einmal einen Blick.

»Knapp, wa'?«, kommentiert die Katz den Maybach, von dem sie nur wenige Zentimeter trennen. Die Emilia schaut durchs Seitenfenster zu ihnen rüber und erinnert jetzt weniger an eine Diva als an den Uhu nach dem Waldbrand.

Der Arno hebt die linke Hand zum Gruß.

Die Emilia tut nix.

Das Handy von der Katz scheppert. Eine Männerstimme. *Der Notruf*, fällt dem Arno ein. »Verwählt«, sagt er und legt auf. Er gibt der Katz das Handy zurück, fasst mit links an den Türöffner und steigt aus, seine Beine sind Wackelpudding, trotzdem müssen sie die Emilia jetzt irgendwie an der Weiterfahrt hindern.

Der Arno will die Fahrertür des Maybachs öffnen, aber natürlich ist die versperrt, der Motor heult wieder auf, der Arno will sich schon mutig in den Weg stellen, da ertönt ein Schuss und gleich darauf ein zweiter, und dann steht die Katz da wie eine eins, mit ihrer Glock im Anschlag und der Emilia im Visier. Und der Arno glaubt ja viel, aber dass das monströse Auto gepanzerte Scheiben hat dann doch wieder nicht, weil: Die Emilia mag reich sein, aber deswegen ist sie noch lange kein afrikanischer Staatspräsident oder so. Der Arno macht einen Schritt zur Seite. Er schaut der Katz ins Gesicht, und mein Gott, also *er* würde ja wirklich niemals so von ihr angeschaut werden wollen, quasi *schreib dein Testament, wenn du noch Zeit dafür hast.*

Die Emilia scheint diesen Eindruck zu teilen, denn der Motor des Maybachs geht zuerst in den Leerlauf und stirbt dann ab. Schließlich öffnet sie die Fahrertür, die Katz tritt an die Seite, reißt die Schweizerin heraus und lässt sie Sekunden später an der Dachkante schnuppern.

Mein Gott, denkt der Arno gleich noch einmal. Langsam wundert's ihn nicht mehr, dass die Katz quasi die Karriereleiter hinauffällt. Es traut sich einfach keiner, sich ihr in den Weg zu stellen, Verbrecher, Vorgesetzte, egal.

»Was wollen Sie von mir?«, fragt die Emilia, viel langsamer als sie sonst immer redet. »Ich habe nichts gemacht!«

»Dann haben'S ja auch nix zu befürchten«, meint der Arno und schaut der Katz dabei zu, wie sie der Flüchtigen Handschellen anlegt und diese anschließend auf den Rücksitz des Polizeiautos bugsiert.

»Fahrt'S mit dem Protzkübel ab, aber dalli!«, blafft ein Mann aus der Richtung der Baustellenfahrzeuge.

Der Arno wundert sich ein bissl, dass ihr Polizeieinsatz hier so gar kein Verständnis in der Zivilbevölkerung zutage fördert, und will dem Kerl schon ordentlich Bescheid sagen, aber dann hat er noch eine bessere Idee, und die hat mit dem Maybach zu tun. *Automatik geht auch mit Gips*, denkt er. »Okay!«, sagt er nur schnell und steigt in den Mercedes ein, orientiert sich, und mein Gott, also Oberklasse ist ja gar kein Ausdruck, da fühlt er sich doch gleich wie *Bond, James Bond*, wobei der ja mehr auf Aston Martin steht, es sei denn, BMW zahlt besser – egal. Jedenfalls *fährt* der Arno wenig später nicht bloß, er schwebt der Katz hinterher, und als sie in Stubenwald vorm Gemeindeamt anhalten, will er am liebsten gar nicht mehr aussteigen, was er schließlich, mit einem Seufzer auf den Lippen, doch tut.

Die Katz dirigiert die Emilia ins Gemeindeamt hinein, der Arno folgt den beiden und blickt drinnen in lauter verdatterte Angestelltengesichter. Alles ist blitzblank und riecht nach Putzmittel. Von der Larcher Heidemarie keine Spur. Ein Radio läuft. Der Arno muss kaum hinhören, um den staatlichen Pop-Sender zu identifizieren, bei dem's ihm spätestens nach fünf Minuten die Zehennägel aufringelt – aber jeder wie er will. Im Radio ein Gong, zwölf Uhr, die Nachrichten.

»Sensationsentdeckung in Wien …«

»Wir brauchen noch einmal den Raum von vorhin«, sagt der Arno zu einer der Bediensteten.

»In einem Paket an die Wiener Albertina …«

»Da muss ich erst die Bürgermeisterin fragen«, wehrt sich die Frau und geht nach oben, wo die Larcher ihr Büro hat.

»… die goldene Sonnenmaske des Montezuma …«

Arnos Magen knurrt so laut, dass er zuerst nicht versteht, worüber da im Radio gesprochen wird.

»… jahrzehntelang verschollen und zerstört geglaubt«, sagt ein Interviewter, der sich ziemlich nach Museum anhört.

»Gehen wir einfach rein«, drängt die Katz.

»Schschsch!«

»Bitte wie?«

»Ich will das hören!«

»… mit der Sonnenmaske des Montezuma wurde Beutekunst von unermesslichem Wert wiederentdeckt. Nun gilt es, die Besitzverhältnisse zu klären.«

»Sonnenmaske des … *Montezuma?*«, erinnert sich der Arno an den berühmten Aztekenherrscher, dessen Namen der Luggi ebenfalls im Schlaf gemurmelt haben soll, und sieht dabei, wie die Emilia noch blasser wird, als sie eh schon ist.

Und da geht ihm das nächste Lichtlein auf.

Nachdem ihnen die Larcher gestattet hat, ihren Besprechungsraum ein weiteres Mal zu benutzen, verbunden mit der Forderung, »ihn nicht wieder vollzusauen«, sitzen sie der Emilia genauso gegenüber wie vorhin dem Tschiggcharly. Die Katz stellt ihr Tonbandgerät an, nennt Uhrzeit und Namen der Anwesenden, bevor sie die erste Frage stellt.

»Wohin wollten Sie denn so überstürzt?«

»Ich sage nichts«, macht's die Emilia kurz, völlig anders als die Quasseltante, die der Arno kennengelernt hat.

Die Katz wartet ein paar Sekunden, dann trommelt sie mit den Fingern auf die Tischplatte herum und sagt: »Gut, dann werden wir uns eben in Innsbruck …«

»Die Sonnenmaske des Montezuma«, fällt ihr der Arno ins Wort, weil er von Innsbruck aber schon überhaupt nix wissen will, jetzt, wo sie so knapp vorm Ziel stehen. »Blöd gelaufen, oder? … Ich mein, da muss erst der Luggi sterben, damit Sie erfahren, wo Sie graben sollen, und jetzt ist der Schatz plötzlich im Museum in Wien.«

Die Emilia bleibt still. Aber der Arno spürt, wie angespannt sie ist.

»Das war ja eine schöne Komödie, die Sie uns da aufgetischt haben, in der Früh. Wie war das denn wirklich mit dem Bernhard und Ihnen? Hat er Ihnen bei Ihrer Suche eigentlich … geholfen?«, fragt er.

Jetzt werden ihre Augen glasig.

»Frau *von Riefenstein?*«, provoziert er sie weiter, hilft ja nix.

»Ich habe ihn *geliebt!*«, poltert sie und starrt den Arno an. Eine Träne rinnt über ihre Wange, aber ihr Gesicht zeigt keine Regung.

»Was ist schiefgelaufen, gestern auf der Insel? Haben Sie gestritten?«

»Ich sage nichts.«

Der Arno seufzt und denkt an den Tschiggcharly. An seine Aktion mit den Jetskis. An die offenen Blasen an seinen Händen. »Das war eine Verzweiflungstat«, sagt er dann. »Oder?«

»Was meinen Sie?«

»Alles. Das mit der Insel. Und dem Bernhard. Er hat Sie und den Charly erwischt.«

Wieder zeigt sie keine Regung, was immerhin bedeutet, dass sie es auch nicht abstreitet. Der Arno denkt an das Gewitter auf der Insel zurück, könnte aber nichts über die Statur der Person sagen, die ihn von hinten überrascht und niedergeschlagen hat. Gut möglich, dass es die Emilia war. Alle Fakten zusammengenommen, war es jetzt sogar wahrscheinlich.

»Also haben Sie ihn erschlagen!«, geht er in den Angriff über, schon ahnend, dass es anders war.

Sie schüttelt den Kopf. Langsam.

»Haben Sie oder haben Sie nicht?«, blafft die Katz, und der Arno tät ihr am liebsten sagen, dass sie still sein soll.

Die Emilia verschränkt ihre Arme vor der Brust.

Der Arno beugt sich zur Katz hinüber und flüstert in ihr Ohr: »Wir brauchen den Charly hier. Holen Sie den bitte?«

Sie reißt den Kopf herum. Ihre Gesichter kommen sich viel näher als beabsichtigt. Schnell weicht der Arno zurück. Sie stiert ihn an, dann entspannen sich ihre Gesichtszüge, und sie sagt so kurz wie schnippisch: »Gut!« Sie steht auf und lässt den Arno mit der Emilia und dem Tonbandgerät alleine.

Der Arno spürt, dass er die Emilia am ehesten über den Bernhard drankriegen kann. »Sie haben ihn geliebt«, sagt er einfühlsam und kommt sich vor wie der letzte Mensch.

»Er war die Liebe meines Lebens.«

»Aber er hat es nicht verstanden. Er war so ein … Sturschädel«, legt er ihr die Worte in den Mund.

Sie lacht kurz auf und weint zugleich, und der Arno

könnte fast mit einstimmen, wie er an den alten, wortkargen Schnauzbart zurückdenkt. »Er hat sich Ihnen in den Weg gestellt, oben am See. Und dann ist alles herausgekommen. Aber er hat es nicht akzeptieren können.«

»Nein.«

Was, nein?, überlegt er. »Er hat's nicht akzeptiert?«, fragt er zurück.

»Nein ... hat er nicht.«

Bumm. Er hat die Emilia am Haken. Aber stolz ist er nicht. Trotzdem muss er sie jetzt rausziehen, die Wahrheit, noch bevor die Katz mit dem Tschiggcharly auftaucht, und am besten erscheint es ihm, beim wilden Spekulieren zu bleiben: »Der Charly hat den Bernhard erschlagen. Mit der Schaufel. Dabei hat ihn der Hund gebissen. Und heute in der Früh ist er mit dem Truck vom Aschenwald rauf, nicht um die Jetskis abzuholen, sondern um die Spuren der Nacht zu verwischen.«

Die Emilia zeigt keine Regung.

»Oder haben Sie Ihren Mann vielleicht erschlagen?«

Kopfschütteln.

»Ja oder nein?«, wird er lauter.

»Nein!«

»Also war's der Charly.«

Zuerst zeigt sie keine Reaktion, doch dann nickt sie, zaghaft, aber eindeutig. *Bumm*, die Zweite. Aber leider ist ein Nicken auf Tonband völlig nutzlos ...

»Der Charly hat den Bernhard erschlagen. War es so? Sagen Sie's.«

»Ja ... aber es sollte nicht so kommen. Nie, bitte glauben Sie mir! Ich konnte doch nicht sehen, wer es war. Der Charly ist mir vorausgegangen, und dann war da dieses Gebell und Gebrüll, und ich kam nicht dagegen an, bitte, ich wollte das wirklich nie! Nie!«

Er lässt ihr kurz Zeit. Dann fragt er: »Hat der Charly gewusst, wen er vor sich hat?«

Sie schüttelt den Kopf. »Ich weiß es nicht. Er hat drauflosgeschlagen, und ich bin fortgerannt. Ich weiß, ich hätte das nicht tun dürfen, aber ich hatte solche Angst …«

»Blödsinn«, entfährt's dem Arno.

Sie schaut ihn verdattert an.

»Vorhin haben Sie gesagt, er hätte die Wahrheit nicht akzeptiert. Sie haben genau gewusst, dass es der Bernhard war. Sie hätten dazwischengehen können. Oder wenigstens helfen.«

Sie senkt ihren Blick. Tränen sammeln sich an ihrem Kinn und tropfen auf den Boden.

»Haben Sie das mit der Vevi und dem Bernhard eigentlich gewusst?«, fährt er fort.

Die Emilia schaut ihn wieder an, mit leicht zur Seite geneigtem Kopf.

»Sie *haben* davon gewusst, oder? Dass er Sie betrügt. Die *Liebe Ihres Lebens* hintergeht Sie. Wie lange ist das schon gelaufen, mit der Rosswirtin? Das muss Sie doch furchtbar wütend gemacht haben.« Es schmerzt ihn ja selber, so zu reden, aber es hilft nix, irgendwie muss er einen Zugang zur Wahrheit finden. »Dass Sie ihn mit all Ihrem Geld nicht bei sich halten konnten, den Bernhard.«

»Sie verstehen das nicht!«, keift sie.

»Was denn, Frau *von Riefenstein*? Was versteh ich nicht? Wie es ist, reich zu sein?«

»Sie verstehen nicht, wie das ist, damit leben zu müssen. Immer dieses Zeug. Dieses verdammte Zeug!«

»Das Sie bei sich daheim herumstehen haben. Koons und so. Millionenwerte.«

»Ich würde alles eintauschen für ein einfaches Leben. Für … für den Bernhard.«

»Trotzdem hat er sich in eine andere verliebt. Während Sie bloß wieder hinter Ihrem Zeug her waren. Auf der Insel. Bei der siebten Lärche einen Meter bergwärts hätt's vergraben sein sollen, das Zeug … wie hieß es? Das Ding, das heute in Wien aufgetaucht ist? Gold-Montezuma?«

Die Emilia schnauft tief durch. Der Arno überlegt schon, ob er's übers Herz bringen kann, noch ein Schäuferl Gemeinheit nachzulegen, da sagt sie: »Die Sonnenmaske des Montezuma.«

Und *bumm*, die Dritte. Der Arno kennt nur die Rache des Montezuma, die hat er ja selbst erlebt, als er aus dem Stubenwalder Dorfbrunnen getrunken hat. Und als hätte sein Magen ein eigenes Bewusstsein entwickelt, knurrt dieser so lang wie laut und erinnert ihn an den Bärenhunger, den er schon seit … seit wann auch immer hat. Und damit an den Luggi und seine Käsesahne. Und den Wastl und seine Saiblinge …

Wastl, der Dieb auf der Flucht … Rückkehr aus dem Ausland … Hexerei … Wasser … Montezuma … von Riefensteins … Beutekunst …

»Der Wastl hat Sie bestohlen. In der Schweiz«, platzt er heraus.

Die Emilia schnappt nach Luft.

»Sie konnten den Verlust nicht melden, weil es sich bei

diesem goldenen Maskendings um Beutekunst handelt. Es hätt Ihnen gar nicht gehören dürfen. Der Wastl hat es hierhergebracht und versteckt. Vergraben auf der Insel. Also musste er sterben. Und später auch noch der Luggi, weil der den Spruch kannte, *von siebzehn die siebte* und so weiter. Sie haben sie beide umgebracht.«

Wieder dieses langsame Kopfschütteln. Dann lässt Emilias Körperspannung plötzlich nach. Der Arno weiß, was das bedeutet: Finale. »Sie haben die beiden Baldaufs getötet.«

»…«

»Kommen Sie. Machen Sie es nicht noch schwerer, als es eh schon ist. Diese Sonnenmaske hat Ihnen schon so viel weggenommen. Der Bernhard hätte nie sterben müssen. Machen Sie endlich Schluss damit. Es ist nur blödes Zeug, nichts weiter. Also.«

Sie nickt und sagt: »Ja.«

»Ja … was?«

»Ich habe die Baldaufs …«

»Getötet.«

»Ja.«

»Weil Sie die Sonnenmaske wiederhaben wollten.«

»Ja.«

Der Arno atmet durch.

Er hat's tatsächlich geschafft. Er hat seinen Cold Case gelöst und den Mord am Luggi gleich mit. Ganz ohne irgendwelche Fundortanalysen. *Oldschool.*

Aber damit ist es leider nicht getan. Jetzt muss er das Geständnis untermauern. Wobei ihm hilft, dass er gerade völlig klar im Kopf ist. An den Schmerzmitteln vom Lutz, die nicht nur den Armbruch, sondern ganz nebenbei auch sein Kopfweh halbwegs erträglich gemacht haben, liegt's wohl nicht. Vielleicht am fehlenden Essen? Man behauptet ja von Hungerkuren, dass die nicht nur die Kilos purzeln lassen, sondern auch das Oberstübchen ordentlich durchlüften, weil der Verdauungsapparat keine Energie für sich beansprucht und der Körper entgiftet wird und so weiter. Könnte schon was dran sein, wie er findet. »Der Wastl hat Ihnen die Maske gestohlen«, kommt er auf seine Behauptung zurück.

Die Emilia spricht ganz langsam. »Nicht … mir. Meinem Vater. Sebastian war unser Koch. Er und die Sonnenmaske sind am selben Tag verschwunden. Es war Vaters Lieblingsstück, seit Jahrzehnten im Familienbesitz. Der Verlust hat ihn umgebracht. Herzinfarkt. Nur eine Woche nach dem Diebstahl ist er gestorben. Ich musste ihm versprechen …«

»Die Maske wiederzufinden.«

»Was hätte ich denn machen sollen? Ich war doch sein liebstes Kind.«

»Also sind Sie zum Wastl.«

»Das war nicht so einfach. Der Name, den ich kannte, war nicht sein richtiger. Ich habe ihn fünf Jahre lang nicht finden können.«

Der Arno erinnert sich, dass der Wastl schon vor zehn Jahren nach Stubenwald zurückgekehrt ist. »Aber vor fünf Jahren dann plötzlich schon«, kombiniert er.

»Ja.«

»Und wie?«

»In einem Society-Magazin. *Münchner Hautevolee am Lärchensee* war die Schlagzeile.« Sie verzieht ihren Mund, als kaute sie auf etwas furchtbar Bitterem herum. »Ein Bericht über so ein Saiblingessen im Seewirt. Auf dem Foto habe ich ihn erkannt.«

»Also sind Sie hergekommen und haben ihn umgebracht.«

Sie wehrt sich: »Nein. Ich wollte ihn zur Rede stellen. Ihn fragen, was er denn überhaupt mit der Maske wollte. Und ihm klarmachen, was er mit dem Diebstahl angerichtet hat.«

»Aber er hat nix wissen wollen.«

»Ausgelacht hat er mich!«

»Also haben Sie ihn getötet.«

Sie schweigt.

»Kommen Sie, Frau Franz. Sie haben's bereits gestanden. Sie haben ihm eine Überdosis Propofol gespritzt und ihn in den See geworfen.«

Weiterhin reagiert sie nicht. Der Arno stellt sich bildlich vor, wie die Frau den besinnungslosen, vielleicht schon toten Wastl aus dem Gebäude schleift, in ein Boot hinein, ihn auf den See hinausfährt und ins Wasser bugsiert. Irgendwie ziemlich schwer vorstellbar, bei Emilias Statur. Hat sie vielleicht einen Gehilfen gehabt? Da kommt ihm auch gleich einer in den Sinn …

»Hat Ihnen der Charly damals schon … geholfen?«

»Nein«, sagt sie so beiläufig, als sei es gar nicht mehr wichtig.

»Wer sonst?«

Sie schaut weg.

»Frau von Riefenstein!«

»So heiße ich nicht mehr!«

Einen Moment lang schweigen sie sich an.

»Sie haben ihn wirklich geliebt, Ihren Bernhard«, schwenkt er auf den Alten zurück.

Sie senkt ihren Kopf und weint.

Er gibt ihr etwas Zeit, weiß aber, dass jeden Moment die Katz mit dem Charly auftauchen wird. Er will unbedingt noch mehr aufs Tonband bringen.

»Der Charly war dabei, als Sie den Ludwig in seiner Bäckerei getötet haben«, fällt er ihr ins Wort.

»Ja.«

Er atmet einmal tief durch und fragt weiter: »Woher hatten Sie das Wahrheitsserum? Frau Franz?«

»…«

»Und das Propofol?«

»Ach!«

»Was, ach?«

»Ist das denn wichtig?«

»Der Charly hat das Propofol besorgt und die leere Ampulle im Müll vom Aschenwald deponiert, oder?«, fährt er fort. »Und den Totenkopfknopf organisiert. Weil Sie dem Aschenwald beide Morde unterschieben wollten.«

»…«

»Hat er oder hat er nicht?«, wird der Arno ungeduldig.

»Ja!«, schleudert sie ihm entgegen. »Hat er!«

Der Arno lässt die Worte verhallen. Dann fährt er leiser fort: »Haben Sie mich auf der Insel ausgeknockt? Oder war das der Charly?«

»Das … war wohl ich. Und das tut mir sehr leid«, sagt auch sie jetzt ruhiger. »Ich hoffe, das heilt bald wieder.« Sie deutet zuerst auf seinen Gipsarm und dann auf seinen Kopf.

»Mhm.« *Mein Glück, dass sie es war,* denkt er. Hätte der Charly zugeschlagen, würde er jetzt wohl so ähnlich ausschauen wie der Bernhard. »Also gut, Frau Franz. Wir haben's gleich. Nur noch einmal zurück zum Wastl. Bei dem waren Sie damals auch nicht alleine«, mutmaßt er.

»Nein. … Mein … Zwillingsbruder war dabei«, überrascht sie ihn.

»Okay? … Und wo finden wir den?«

»Auf dem Friedhof Fluntern. In Zürich.«

»Oh.«

»Sie sagen es.« Sie schaut weg, durchs Fenster. Nach einiger Zeit spricht sie weiter: »Sehen Sie … Benjamin war Chirurg, aber selbst schwer krank, damals schon. Ich bin die Einzige, die von unserer Familie noch übrig geblieben ist. Als läge ein Fluch auf uns.«

Jetzt erschrickt der Arno, von wegen Fluch und Hexerei und Sonnenmaske des Montezuma. Der Fluch ist dann ja munter auf die Baldauf-Familie übergegangen, wie es scheint. Und mit dieser auf ganz Stubenwald. Fast möcht er denjenigen bemitleiden, der dieses Dings jetzt zurückbekommen wird. Aber was zählt, sind die Fakten …

»Als Chirurg kam Ihr Bruder ganz leicht an das Propofol ran, damals.«

»Ja.«

»Und nach dem Mord sind Sie aus der Schweiz hierher übersiedelt, um in Ruhe nach dieser Maske suchen zu können?«

»Ach! … Mich hat nach Benjamins Tod einfach nichts und niemand mehr in Zürich gehalten. Ich war es leid. Zudem hatte ich mich in Stubenwald verliebt. Und in den Bernhard. Den Bernhard …«

»Sie müssen doch furchtbare Angst gehabt haben«, lenkt er sie gleich wieder ab.

»Wovor?«

»Dass Sie erwischt werden. Wegen des Mordes am Wastl.«

»Anfangs schon. Aber nachdem ich gelesen hatte, wie sehr die Kriminalpolizei im Dunklen tappt, dachte ich, das kann ja gar nicht wahr sein. Außerdem musste ich doch weitersuchen. Ich hatte es meinem Vater versprochen.«

»Sie haben sich gleich das Haus bauen lassen?«

»Nein ... Anfangs habe ich noch bei der Vevi gewohnt, als gewöhnliche Touristin. Bis ich den Bernhard kennengelernt habe.«

»Und aus der Suche wurde Liebe«, wird der Arno fast lyrisch.

»Ja.«

»Wieso haben Sie sich wegen dieser Sonnenmaske erst so spät an den Ludwig ... gewandt?«

»Ich wusste ja nicht, was ihm sein Bruder erzählt hat. Ich konnte nur die Augen offen halten und mit den Leuten hier reden. Aber als diese Chalets dann kommen sollten ...«

»Haben Sie Angst gekriegt.«

Sie nickt. »Wer weiß, was sie mit diesen Baggerschaufeln alles zerstören hätten können!«

»Oder finden.«

»Ja. Aber dann hieß es plötzlich, Ludwig Baldauf hätte die Insel verpachtet, und Klara erzählte mir, er würde ganz merkwürdige Sachen murmeln, seit er Sebastians alte Unterlagen durchgesehen hat. Ich habe gleich vermutet, dass es eine Art Schatzkarte sein könnte, die nur der Ludwig versteht.«

Der Arno schließt kurz die Augen. Die Klara, dieser Unglücksrabe. Aber wie hätte sie schon ahnen sollen, was die Emilia im Schilde führt? »Also haben Sie beschlossen, ihn zu … interviewen. Mit dem Serum.«

Die Emilia senkt den Kopf – und schüttelt ihn.

»Nein?«

»Er hat mich erpresst.«

»Was?«, staunt er.

»Der Ludwig hat sich bei mir gemeldet und gesagt, er sei auf etwas gestoßen. Zusammen mit dem, was die Klara mir erzählt hat, musste ich nur noch eins und eins zusammenzählen. … Er wollte Geld, Herr Inspektor. Sehr viel Geld. Um seine Bäckerei zu retten.«

»Aber wie soll er denn auf Sie gekommen sein?«

»Er … hat ein altes Foto gefunden, von Sebastian und mir. Aus seiner Zeit in der Schweiz. Da ist ihm klar geworden, dass ich etwas mit dem Tod seines Bruders zu tun habe … und wohl auch, dass ich nicht zufällig hier bin, sondern ein Ziel verfolge.«

Der Arno muss erst einmal Luft holen. Dann fragt er: »Wie viel wollte er von Ihnen haben?«

»Ach!«, stößt die Emilia erneut aus. »Das ist doch unwichtig. Es wäre niemals gut gegangen, egal ob eine oder zehn Millionen. Früher oder später hätte er mich doch trotzdem an die Polizei verraten. Blut ist dicker als Wasser.«

»Also haben Sie beschlossen, ihn aus dem Weg zu räumen und es dem Aschenwald unterzuschieben.«

Zuerst schaut sie nur auf ihre Hände. Dann hebt sie den Blick und sagt: »Ich konnte nicht anders. Ich … musste.«

Der Arno lässt ihre Worte verhallen. Innerlich atmet er auf.

»Haben Sie dann jetzt alles beisammen?«, fragt die Emilia, und fast klingt's, als hätte sie noch dringende geschäftliche Termine zu erledigen. Aber logisch, dass es ihr jetzt reicht. Man wird die ganze Geschichte noch ein paarmal von ihr hören wollen, bevor sie dann für fünfzehn, zwanzig oder noch mehr Jahre hinter Gitter kommt. Aber das ist dann nicht mehr sein Bier. Er überschlägt die Lage im Kopf. Ja, das Wichtigste hat er vermutlich. Aber eine Kleinigkeit stört ihn noch. »Wozu waren Sie in der Polizeiwache?«

»Was?«, tut sie überrascht.

»Sie haben vergessen, zuzusperren. Der Bernhard hat immer zugesperrt. Immer.«

Sie schüttelt den Kopf.

»Sie haben es nicht bloß unterlassen, dem Bernhard zu helfen, als der Charly ihn erschlagen hat. Sie haben seine Schlüssel an sich genommen, weil Sie in die Wache wollten. Weil Sie fürchteten, dass er längst Bescheid wusste.« Der Arno wird sich erst jetzt bewusst, was er dem Bernhard damit außerdem unterstellt: Dass der bloß auf pensionsreif gemacht hat, in Wahrheit aber Informationen zurückgehalten hat, um seine Gattin zu decken … »Hat er Sie in der Hand gehabt?«, spricht er seine wilde Theorie aus. »Der Bernhard? … Hat der über alles Bescheid gewusst?«

»Nein«, sagt sie sofort.

»Aber Sie haben es vermutet.«

»Das musste ich doch. Aber der Bernhard … der Bernhard …«

»War ahnungslos?«

Sie nickt.

»Sie haben die Wache durchsucht?«

»Ja«, bestätigt sie und heult.

Der Arno lässt sie. Sein Mitleid mit ihr ist längst versiegt. Drei Leute sind wegen dieser blöden Maske tot. Und während ihm langsam zu schwanen beginnt, was für ein Monstrum von Fall er da gerade gelöst hat … reißt jemand die Tür auf.

Die Katz.

Mit dem Tschiggcharly im unsanften Schlepptau.

Die Niedersacktaler dahinter, zusammen mit dem Bernhardinerbernhard, der sofort zu bellen beginnt.

»Lassen Sie den Hund draußen!«, bellt die LKA-Frau über ihre Schulter zurück. »Also dann, wollen wir mal«, sagt sie zum Tschiggcharly, tritt ein und schließt die Tür.

Wollen wir mal, wiederholt der Arno in Gedanken und entschließt sich, das ganze Prozedere ein bissl abzukürzen. »Herr Weller!«, begrüßt er den Komplizen, »schön, dass Sie Zeit haben. Also, aufgepasst: Sie haben Beihilfe zum Mord an Ludwig Baldauf geleistet. Sie haben der Emilia das Propofol und das Wahrheitsserum im Darknet besorgt, den Totenkopfknopf vom Aschenwald organisiert, und außerdem hat der Hund Sie nicht heute Morgen gebissen, sondern in der Nacht, als Sie den Franz Bernhard eigenhändig erschlagen haben.«

Bumm, bumm und nochmals bumm. Der Tschiggcharly schaut so verdattert aus der Wäsche, dass er an ein frisch überfahrenes Wiesel erinnert, und die Katz auch, halt weniger überfahren als vielmehr erstaunt.

»Ja, spinnst du, oder was?«, geht der Tschiggcharly in die Offensive und schaut dabei nicht etwa den Arno an, sondern die Emilia. Genau wie's der Arno gehofft hat. »Ich hätt ja wissen müssen, dass du deine Klappe nicht halten kannst, du elende schweizerische …«

Zweites Schifferl versenkt, denkt er und lehnt sich zurück.

Und während sich der Tschiggcharly immer tiefer in sein Verderben redet und die Emilia gleich mit, denkt der Arno an eine Sache, die jetzt erst einmal alle weiteren verdrängen darf.

Wo gibt's was zu essen?

28

Eine Stunde später liegt die Antwort auf dem Tisch, nicht bloß im übertragenen Sinn, sondern tatsächlich, in Gestalt zweier dampfender Paar Frankfurter, die der Arno linkshändig in seinen Magen abseilt, mit einer Extraportion Senf und Kren obendrauf. Er hat die Katz auf dem Weg nach Innsbruck beim erstbesten Metzger zum Anhalten genötigt. Und mein Gott, wie es ihm schmeckt! Sein Magen jubelt, seine Geschmacksknospen jubeln, nur die Katz jubelt nicht, sondern rührt griesgrämig in ihrem Kaffee herum. Klar. So ehrgeizig, wie sie ist, hätt sie den Fall bestimmt lieber im Alleingang gelöst. Aber ganz ehrlich: Das wär dann doch ein bissl unfair gewesen, angesichts der Strapazen, die er auf sich nehmen hat müssen, um aus der Quelle der Erkenntnis zu trinken, sozusagen.

Draußen am Gehsteig spaziert ein schwarzer Labrador vorbei, bleibt stehen und schaut sehnsüchtig ins Wurstparadies herein, was den Arno an den Bernhardinerbernhard denken lässt, den armen Hund, der ihm an Stubenwald wohl am meisten fehlen wird. Trotz ihres denkbar schlechten Starts. Aber wie sie dann gemeinsam durch den See geschwommen sind und der Arno einen tiefen Blick in die Hundeseele werfen hat können, hätt er fast geglaubt, dass sie zwei Freunde werden könnten, und ein Herz für Tiere hat er ja sowieso …

Aber was nützt's. Der Arno wird bald wieder in Wien sein, und so ein ausgewachsener Bernhardiner, noch dazu ein ausgesprochener Schneeliebhaber, würde sich in der Weltstadt niemals wohlfühlen.

Also hat er den Bernhard vorhin schweren Herzens zur Vevi gebracht, die ja jetzt quasi seine nächste Angehörige ist und nix nötiger hat als einen guten Freund, der sie tröstet. Der Arno hat auch gar nix sagen müssen, bloß die Leine reichen und zuschauen, wie sie sich runterbückt, den Bernhardiner umarmt und der Hund und sie gleichzeitig losheulen, so ergreifend, dass er klammheimlich ein bissl mitheulen hat müssen.

»Mann, können Sie fressen«, kommentiert die Katz die zweite Semmel, die sich der Arno gerade in den Mund schiebt. »Man könnte ja fast glauben, Sie hätten da oben tagelang nichts zu essen gehabt.«

»Hab ich auch nicht!«, wehrt er sich vollmundig.

»Ach.«

»Mhm.«

»Warum haben Sie denn nichts gesagt?«

Wär die Katz ihm vor einer halben Stunde mit so einer Ansage gekommen, hätt er für nix mehr garantieren können. Aber *satt* reimt sich nicht bloß zufällig auf *matt*, und matt ist der Arno, aber wie. Das Adrenalin in seinem Kreislauf wird weniger, das Schmerzmittel wirkt nach, die Fälle sind geklärt und die ganze lästige Nacharbeit darf die Katz erledigen, während er nach Wien zurückkehrt, in seine schicke Wohnung am Alsergrund, mitten in der Metropole mit ihrer ganzen Kultur, ihren Parks, ihren historischen Bauwerken …

Der Arno seufzt, aber irgendwie nicht so richtig vorfreudig.

»Dann könn' wa jetzt weiter?«, drängt die Katz. »Damit Sie den Zug noch schaffen.«

»Mhm«, antwortet er.

Als sie zwanzig Minuten später auf die Autobahn auffahren, fühlt sich die Weite des Inntals merkwürdig ungewohnt an.

Die Katz drückt aufs Gas. »Aber wie ist die Sonnenmaske des Montezuma nach Wien gekommen?«, fragt sie, nachdem sie sich in den Verkehr eingeordnet hat.

»Keine Ahnung«, antwortet der Arno so beiläufig wie möglich. Natürlich hat er sich die Frage selbst schon gestellt und auch eine plausible Theorie im Kopf, die mit der Laura zu tun hat. Aber die will er der Katz nicht auf die Nase binden. Bestimmt kommt sie auch von selber drauf, wenn sie ein bisserl nachdenkt. Und außerdem ist's ja eh wurscht. Die Sonnenmaske geht an den rechtmäßigen Besitzer zurück, der sich auf einen zünftigen Fluch gefasst machen darf.

Der Arno ist erledigt. Er muss dringend mindestens drei Nächte Schlaf nachholen. So ein Knochenbruch braucht Zeit, um zu heilen, und die vielen, vielen Moskitostiche fangen langsam auch wieder zu jucken an. Doch am deutlichsten registriert er die bleierne Müdigkeit, die sich über ihn legt. Er schließt einen Moment lang die Augen – und erwacht erst wieder, als die Katz ihn am Innsbrucker Hauptbahnhof mit einem ziemlich unsanften »Zug fährt ab!« aus dem Tal der Träume reißt.

Wenige Minuten und einen schlaftrunkenen Fahrkartenkauf später springt der Arno in den Railjet der Österreichischen Bundesbahnen, der ihn zurück nach Wien bringen wird.

»Wiedersehen, Bussi«, sagt die Katz mit einem verschmitzt-ironischen Unterton.

»Wiedersehen, Katz«, echot der Arno und tät ihr gern noch etwas sagen, von wegen wirklich wiedersehen und bald einmal, aber ihm fällt nix Schlagfertiges ein.

»Falls ich noch Fragen habe …«

»Dann schick ich Ihnen meine neue Nummer«, antwortet er.

Der Zugbegleiter bläst in seine Trillerpfeife und steigt ein paar Waggons weiter vorne ein.

»Vielleicht kaufen Sie Ihre Hosen künftig etwas weiter«, sagt die Katz und starrt jetzt demonstrativ auf seinen Schritt, der immer noch in der Arzthose vom Lutz gefangen ist, mangels Alternativen.

Der Arno schnappt nach Luft. Aber noch bevor er sich gegen diese Frechheit wehren könnte, ist die Zugtür zu.

Die Katz grinst.

Er … grinst auch.

Sie winkt.

Er winkt.

Und dann ist sie weg.

Schade eigentlich.

Der Arno sucht sich einen freien Platz und schaut zur Nordkette hoch, deren markanter Grat von der Sonne angestrahlt wird, fast so, als wollte seine Heimat zum Abschied noch einmal mit ihren Vorzügen prahlen. Er sieht die Höttinger

Alm, die Seegrube, das Hafelekar. Schon schön, das alles, und eigentlich vermisst er die Berge ja fast so sehr wie ein Lawinenhund den Schnee. Aber trotzdem heißt's für den Arno erst einmal zurück nach Wien. Wo ihn ein ungewisses Schicksal erwartet. Denn weder vom Qualtinger noch von dessen Adjutanten, Hofrat *Kermit* Klein, hat er seit dem letzten Telefonat etwas gehört, und so wird's ohne Handy auch bleiben, und eigentlich ist's ja gut so.

Denn der Arno hat seinen Auftrag erfolgreich ausgeführt, mehr noch: übererfüllt, indem er nicht nur den alten, sondern gleich dazu noch zwei neue Mordfälle gelöst hat. Und auch wenn die wahren Täter nicht in Qualtingers politischen Kram passen, wird auch der die Wahrheit anerkennen müssen. Außerdem haben sie ja einen Deal. *Lösen Sie den kalten Fall und kehren Sie in den aktiven Dienst zurück.* Genau so hat er's gesagt, der Qualtinger. Also wird der Arno gleich morgen Früh im Innenministerium vorbeispazieren und den Hausherrn an sein Versprechen erinnern, und dann wird er schon weitersehen.

Er schließt kurz die Augen – und als er sie das nächste Mal wieder öffnet, sind sie schon an Linz vorbei.

Sechster Tag

29

Jetzt noch einmal kurz zur Politik. Genauer gesagt, zur Spitzenpolitik.

Also der gelernte Österreicher findet ja das Wort an sich schon komisch, von wegen Achtung, ein Widerspruch in sich: Politik und Spitze. Aber andererseits ist ja wieder alles relativ, wie schon gesagt, und jedes Volk hat genau die Politiker, die es verdient, wie auch schon gesagt, und am Ende ist's tatsächlich die Speerspitze der Politik, die man tagtäglich vorgeführt bekommt, zum Beispiel im Frühstücksradio …

… zum Beispiel den Qualtinger, der verkündet, mit sofortiger Wirkung eine sechsmonatige Bildungskarenz anzutreten, während der er sich von einer Spitzenbeamtin aus dem Innenministerium vertreten lassen werde.

Was er sich denn habe zuschulden kommen lassen, will ein Reporter gleich wissen, von wegen ein weiterer Widerspruch in sich: Spitzenpolitik und Bildung, aber die Antwort hört der Arno nicht, weil ihm vor Schreck die Espressotasse aus der linken Hand gefallen ist und der Kaffee gerade seinen linken Fuß verbrüht.

»Aua! Sch… verdammt«, flucht er und hüpft einbeinig in seiner Küche herum, was wiederum sein rechter Arm nicht gut findet. Und wie er so stillsteht und die Schmerzen langsam nachlassen, geht's im Radio munter weiter. Der Reporter spricht: »Sie haben es gehört – Friedolin Qualtinger hat heute Früh völlig überraschend erklärt, sich für ein halbes Jahr von der politischen Bildfläche zu verabschieden. Inwieweit ein Dossier damit zu tun haben könnte, das gestern aus dem Umfeld der Opposition aufgetaucht ist und systematisches Mobbing von Spitzenbeamten im Innenministerium aufzeigen soll – auch Vorwürfe sexueller Belästigung und bizarrer Sonderwünsche beim Umbau des Ministerbüros wurden laut –, wird noch zu prüfen sein. Inzwischen …«

»… hab ich den Salat«, vervollständigt der Arno den Satz. Er schaltet das Radio aus und muss sich vor Schreck erst einmal hinsetzen. *Als Minister in Bildungskarenz davonstehlen, das geht auch nur bei uns*, denkt er frustriert. Er weiß, dass Qualtingers Abwesenheit für ihn beträchtliche Konsequenzen haben wird. Seinen tollen Deal – geklärter Fall gegen Versetzung in den aktiven Dienst – kann er erst einmal vergessen. Für ihn geht's damit wohl oder übel zurück in die Kriminalstatistik, zu den staubtrockenen Excel-Tabellen und Listen, und ob der Qualtinger sich nach seiner Rückkehr überhaupt noch an ihre Abmachung erinnern kann, steht in den Sternen.

»Ein so ein Mist«, klagt er, steht wieder auf und schlurft

mit seinem espressogetränkten Socken ins Bad, wo er ihn auszieht und die restlichen Sachen gleich mit. Er wird heute nirgendwo mehr hingehen. Er wird höchstens in sein Bett zurückkriechen, sich selbst bemitleiden und später dann ein ärztliches Attest besorgen, mit dem er sich so lang wie möglich vom Bundeskriminalamt fernhalten wird. Und ein bissl weinen.

Ja, weinen wird er auch.

Einen Monat später

30

Aber weil's im Leben ja bekanntlich erstens anders kommt und zweitens als man denkt, wendet sich Arnos Blatt ein weiteres Mal. Und jetzt – man höre und staune – zum Positiven. Er wird nämlich geehrt.

Der Festsaal des Innenministeriums ist bis auf den letzten Platz gefüllt. Der Arno steht mit drei weiteren Polizeibeamten ganz vorne neben dem Rednerpult, dem Publikum zugewandt, in der Repräsentationsuniform, die er extra für diesen Anlass bekommen hat. Seit letzter Woche hat er keinen Gips mehr, die übrigen Blessuren aus Stubenwald sind auch längst verheilt und so strahlt er – übrigens der weitaus jüngste der vier zu Ehrenden – wie der sprichwörtliche neue Schilling.

Arnos Mama sitzt in der ersten Reihe und weint vor Stolz. Zur Sicherheit ist sie schon gestern gekommen und hat sich wie immer in Arnos Wohnung einquartiert. Sie hat ihm eine ihrer Wahnsinns-Käsesahnetorten mitgebracht und sich mordsmäßig gewundert, dass der Bub nur ein einziges Stückl geschafft hat. Zu allem Überdruss hat die Mama dann vor Aufregung die ganze Nacht kein Auge zugemacht und ist in der Wohnung herumgegeistert, weshalb auch dem Arno einige Stunden Schlaf fehlen.

Die Stubenwalder Bürgermeisterin und Jetzt-doch-Parteichefin der Roten, Heidemarie Larcher, hat sich's ebenfalls nicht nehmen lassen, bei Arnos Ehrung dabei zu sein, obwohl das Innenministerium ja von ihren politischen Erzfeinden geführt wird. Wie immer ist sie ganz in Rot gekleidet, die Haarsträhnen frisch nachgefärbt. Obwohl sie sich fast nur mehr in Wien aufhält, kümmert sie sich weiterhin um ihre Schäfchen in Stubenwald, und damit auch um den Aschenwald Arthur und seine zwölf Chalets, deren Bau nun plötzlich wieder in den Sternen steht. Denn die nicht enden wollende Fernsehberichterstattung vom Lärchensee hat dazu geführt, dass sich ganz Österreich in den See verliebt hat, und halb Deutschland noch dazu, weshalb der Rosswirt von der Vevi *trotz Sommer* rappelvoll ist und im Internet gegen das Chalet-Projekt gewettert wird, dass nur so die Fetzen fliegen. Und wie man weiß, muss man als Politiker vor allem eines sein, situationselastisch nämlich. Soll heißen: Man muss seine Meinung drehen können wie ein Fähnchen im Wind. Die Larcher Heidemarie hat's genau so gemacht und sich flugs auf die Seite der Projektgegner geschlagen. Jaja.

Das Geschmetter der Bläserfanfare lässt den Arno kurz zusammenzucken. Manche lachen, andere tuscheln, eine Dame fasst sich erschrocken an die Brust.

Danach steht plötzlich die stellvertretende Innenministerin Irmtraut Waldmüller am Rednerpult, nur zwei Meter neben dem Arno. »Werte Anwesende«, grüßt sie die Versammelten, »herzlich willkommen zu diesem freudigen Ereignis, dem ich heute als interimistische Bundesministerin für Inneres vorstehen darf. Verzeihen Sie mir daher, wenn ich das eine oder andere noch üben muss, und, liebe Kolleginnen und Kollegen: Falls ich Sie bei der Verleihung mit der Ehrennadel piekse, dann geschieht das nicht mit Absicht.«

Allgemeines Gelächter. Auch die Katz, die in der zweiten Reihe sitzt, findet die Ansage komisch. Ja, auch sie ist extra zu Arnos Ehrung nach Wien gekommen. Obwohl er ihr die Klärung der drei Mordfälle ja quasi vor der Nase weggeschnappt hat. Aber dass sie nicht nachtragend ist, weiß er schon länger. In den letzten Wochen haben sie nämlich immer wieder einmal miteinander telefoniert, vor allem wegen der Verbrechen in Stubenwald, aber auch so. Deshalb weiß der Arno inzwischen auch, was die Katz eigentlich nach Tirol verschlagen hat: die Scheidung ihrer Eltern. Mit zwölf musste sie ihrer Mutter in deren alte Heimat folgen. Aber mochte man dem Kind auch die Großstadt nehmen, die Berliner Schnauze blieb. Wie eine Fahne des Protests hat sie diese durch Schule und Polizeiausbildung bis ins Berufsleben hineingetragen. Irgendwann habe die Katz ihren Frieden mit Tirol gemacht – mit der Sprache aber nie.

Die Waldmüllerin redet weiter. Der Arno versucht, sich zu entspannen und ihr zuzuhören – da streift ihn der Blitz vor lauter Schreck. Er hat gerade noch jemanden im Publikum gesehen. Ganz hinten.

Die Gams Laura.

Oder wie auch immer sie tatsächlich heißt. Seine Lara

Croft. Die Frau, die er seit dieser magischen Nacht auf der Lärchenseeinsel gesucht hat, ohne den geringsten Erfolg. Auf einmal ist sie da. Und er muss strammstehen.

Sie grinst.

Ihm wird ganz schummrig.

Er weiß genau, dass sie die perfekte Gelegenheit hatte, die Sonnenmaske des Montezuma auszugraben und der Wiener Albertina zukommen zu lassen. Die Banner und Transparente gegen das Chaletdorf waren nix weiter als ein Sichtschutz, um in Ruhe nach dem Schatz graben zu können. Er wüsste zu gerne, welche Spur sie überhaupt nach Stubenwald geführt hat …

Sie grinst immer noch mehr, als könnte sie seine Gedanken lesen.

Du scheinheiliges Biest!, denkt der Arno und muss sich gleich selber korrigieren, denn so einen unermesslich wertvollen Schatz wie die Sonnenmaske des Montezuma einfach an ein Museum zu geben und sich gar keine Gegenleistung dafür zu erwarten, das ist nicht biestig, sondern fast schon heilig. *Verdächtig* heilig. Was hat sie davon gehabt? Gehört sie möglicherweise einer Organisation an, die sich der Rückgabe von Beutekunst widmet? Oder ist sie Privatdetektivin und wurde von jemandem beauftragt, von einem Kunstmäzen vielleicht? Der Arno ahnt, dass seine Fragen offen bleiben werden. Dass sie gleich wieder verschwunden sein wird, genau wie damals in Stubenwald. Außer er rennt jetzt sofort los und überrascht damit nicht nur sie, sondern alle anderen Anwesenden gleich mit …

»Herr Gruppeninspektor Bussi«, erschreckt ihn die stellvertretende Innenministerin, und dem Arno kommt's fast vor, als hätte sie seinen Namen nicht zum ersten Mal ins Mikrofon gesprochen. Also dreht er sich zackig in ihre Richtung und sagt: »Jawohl!«, was ein paar Leute im Publikum ziemlich lustig finden.

»*Vor*treten!«

Also tritt der Arno halt vor, während ihm glühende Lava ins Gesicht steigt.

»Herr Gruppeninspektor Bussi, für Ihren herausragenden Erfolg im aktiven Dienst verleihe ich Ihnen hiermit in Vertretung des Bundespräsidenten das Silberne Verdienstzeichen der Republik Österreich.« Die Waldmüllerin sagt's, schaut ihn ein bissl schräg an, von wegen *hast du ADHS oder was?*, und steckt ihm das Ehrending an die Brust, übrigens ohne Pieks, während der Arno an ihr vorbeilinst und sieht, wie die Laura ganz hinten im Saal beide Daumen hochreckt, als Erste applaudiert, das übrige Publikum damit ansteckt – und sich wie befürchtet rausschleicht.

Mist!, denkt er und zwingt sich zu einem Lächeln, während er ahnt, dass die Laura längst über alle Berge sein wird, wenn die Ehrung vorbei ist, denn diese läuft in alphabetischer Reihenfolge ab, und da ist ein Arno Bussi naturgemäß früher dran als ein, sagen wir, Zacharias Zeppelin. Und wie er so wartet und applaudiert und weiterwartet, sieht er die Laura in Gedanken schon in ein Flugzeug steigen und entschwinden, nach New York, Tokio oder wohin auch immer …

Und so kommt's, dass sich der Arno nach der Ehrung nicht einmal halb so feierlich fühlt, wie es der Anlass verlangen würde. Er schlürft den Schampus, den die Waldmüllerin springen hat lassen, vermutlich aus Qualtingers Beständen, macht Small Talk hier und Small Talk da und gibt einem Radiosender ein kurzes Interview, während Arnos Mutter mit den Angehörigen der anderen Geehrten um die Wette strahlt.

Die Larcher Heidemarie hat ihm gleich als Erste gratuliert und gemeint, er solle doch einmal bei ihr vorbeischauen, sie habe noch was für ihn. Einen Schnaps vielleicht, denkt der Arno, eine Flasche Brunnenwasser oder sonst ein Andenken an Stubenwald – besonders scharf ist er ehrlich gesagt nicht darauf. Gleich anschließend hat die Larcher sich davongemacht.

Die Waldmüllerin war auch nicht viel länger da, hat bloß ein halbes Glas runtergestürzt und sich dann entschuldigt, der Bundeskanzler habe gerufen, und den könne man ja schlecht warten lassen. Schade eigentlich, denn der Arno hat gehofft, sie gleich um einen Termin bitten zu können. Schließlich hat er jetzt schon irgendwie was gut im Innenministerium. Aber nix.

Und so steht er da, der Arno, und weiß nicht recht, wohin er sich wenden soll. Am liebsten tät er ja ebenfalls gehen. Und als er schon sein Glas auf einen der Stehtische stellt und seine Mutter anvisiert, spricht ihn jemand von hinten an.

»Herr Gruppeninspektor Bussi?«, fragt ein junger Mann mit Innenministeriums-Namensschildchen und streckt dem Arno ein Kuvert entgegen. »Das lag auf einem der hinteren Stühle – mit Ihrem Namen drauf.«

Der Arno zieht die Augenbrauen hoch und nimmt es an sich, dreht sich ein bissl weg, reißt die Lasche auf und zieht ein Foto heraus, das ihm erst einmal den Atem raubt.

Weil: Er sieht sich selbst. Besser gesagt: seinen Körper. Nackt, mit Schlamm beschmiert, am Boden liegend.

Mit einer Maske vorm Gesicht.

Die Sonnenmaske des Montezuma, erkennt er das Ding, das in den letzten Wochen ungefähr eine Million Mal in allen Medien gezeigt wurde.

Im Bildvordergrund zwei Finger, die das Victory-Zeichen machen.

»Die Laura«, staunt der Arno und muss grinsen.

Da spricht ihm schon wieder wer ins Genick.

»Na, hat Ihnen 'n Schatzi 'n Foto geschickt, wa, Herr Bussi?«

Danksagung

Liebe Leserin, lieber Leser,

seit Arno Bussi in Tirol ermitteln darf, ist auch in meinem Autorenleben einiges geschehen, mit dem ich so nicht gerechnet hätte. Mehr noch: Der warmherzige Empfang für meinen neuen Krimihelden und die vielen positiven Reaktionen auf seinen ersten Fall »Der Tote im Schnitzelparadies« haben mich geradezu umgehauen. Einige von Ihnen schrieben mir, Arno Bussi habe ihnen geholfen, schwere Zeiten zu überbrücken, oder sie dem Alltag entkommen lassen. Andere erzählten, sie hätten so sehr gelacht, dass sie ihren Mitmenschen erklären mussten, was denn so komisch sei.

Ich finde die Vorstellung faszinierend, dass nicht nur Spannung, sondern auch Heiterkeit geduldig zwischen Buchdeckeln darauf warten kann, sich in anderen Menschen zu entfalten. Humor ist die beste Medizin, heißt es, und so hat es mir noch mehr Freude gemacht, mit diesem zweiten Fall tief in den Lärchensee und die Dorfgemeinde von Stubenwald einzutauchen. Ich hoffe, ich konnte Sie wieder für einige Stunden in »mein« Tirol entführen, zum Miträtseln animieren und Ihnen dabei auch das eine oder andere Lachen entlocken – das wäre schön!

Ein besonderer Dank gilt meinem Kölner Verlag, der so

fürsorglich mit mir und meinen Geschichten umgeht, dass die Zusammenarbeit eine wahre Freude ist. Danke Kerstin Gleba, danke Stephanie Kratz, danke Christian Neidhart und dem ganzen Team von Kiepenheuer & Witsch. Ihr seid WUNDERBAR.

Und weil *nach* dem Buch zugleich auch immer *vor* dem Buch ist, geht es für mich zurück an den Schreibtisch. Der Arno wieder in Wien und ich immer noch in Tirol – beste Voraussetzungen, ihn gleich ein drittes Mal in seine alte Heimat zu entführen, finden Sie nicht? In welcher Ecke des Landes wird er wohl dieses Mal landen? Welche hundsgemeinen Hindernisse wird er überwinden und welche biblischen Qualen ertragen müssen, stets im Dienste der Gerechtigkeit? Und vor allem: Wann wird's denn jetzt endlich was mit ihm und der Liebe, abseits von ministeriellen Verstrickungen, Filmrissen und anderem Kopfweh?

Hm …

Inzwischen DANKE, bis zum nächsten Mal und alles Gute!

»Arno Bussi ist ein großer Spaß – und hochspannend obendrein.«

Tirolerin

Die Krimireihe des österreichischen Bestsellerautors Joe Fischler rund um den liebenswerten und stets unglücklich verliebten Inspektor Arno Bussi ist ein spannendes Lesevergnügen. Nicht nur für Freunde der Berge!